中國學術思想 研究輯刊

十四編

林慶彰 主編

第 17 冊

六朝子學之變質：
以《金樓子》爲探討主軸

陳宏怡 著

花木蘭文化出版社

國家圖書館出版品預行編目資料

六朝子學之變質：以《金樓子》為探討主軸／陳宏怡 著 — 初
版 — 新北市：花木蘭文化出版社，2012〔民101〕
目 4+238 面；19×26 公分
（中國學術思想研究輯刊 十四編：第 17 冊）
ISBN：978-986-322-027-5（精裝）
1. 魏晉南北朝哲學
030.8   101015383

中國學術思想研究輯刊
十四編 第十七冊   ISBN：978-986-322-027-5

六朝子學之變質：以《金樓子》爲探討主軸

作　　者　陳宏怡
主　　編　林慶彰
總 編 輯　杜潔祥
出　　版　花木蘭文化出版社
發 行 所　花木蘭文化出版社
發 行 人　高小娟
聯絡地址　新北市永和區中正路五九五號七樓
　　　　　電話：02-2923-1455／傳眞：02-2923-1452
網　　址　http://www.huamulan.tw 信箱 sut81518@gmail.com
印　　刷　普羅文化出版廣告事業
封面設計　劉開工作室
初　　版　2012 年 9 月
定　　價　十四編 34 冊（精裝）新台幣 56,000 元

六朝子學之變質：
以《金樓子》爲探討主軸

陳宏怡　著

作者簡介

陳宏怡，臺灣臺東人，一九七九年生，臺灣大學中國文學系畢業，臺灣大學中國文學系碩士。曾任教於台北市私立衛理女中、臺中市私立曉明女中，現任教於國立台中二中。

提　　要

　　在中國學術史的討論範疇中，六朝子學相較於六朝文學、玄學、史學、經學，向來頗受冷落。儘管歷代史志之中多立有「子部」，但人們對於「子學」的印象卻始終停留在先秦諸子；對於「六朝子學」的理解，則侷限於少數幾本注《老》、注《莊》之作，以及特定幾部子書之中，所關注之議題則集中於所反映的玄學思想。本文之寫作即在探討六朝子學相較於先秦、兩漢時期之子學，究竟有何異同？理解先秦諸子所奠定的子學傳統，經歷了兩漢以迄魏晉、南北朝，其間發展之變化。

　　研究方法方面，可分為兩大部分：

　　第一、以一種較為全面的眼光考察傳統子學之定位及其演進歷程。分別從各時期「子家的寫作態度與目的，與其內在精神風格」，「子書的性質與撰作體例」作分析，對照當時外在的環境因素，作一綜合比較，以呈現自先秦以迄六朝，子學發展之內在軌跡。並從中觀察六朝子學在此一子學發展歷程中的轉型與變質。

　　第二、藉由對蕭繹《金樓子》的深入閱讀與分析，探討此書之學術特質，以此印證由輯佚資料顯示出的六朝子學確實有異於傳統諸子，六朝子學之新風確實存在。前人對於《金樓子》的評價並不高，然而藉著分析此書的「寫作意向」、「思想內涵與特質」、「關注議題與表現形式」，可發現此書雖無甚高論，但卻能充分且具體地反映六朝子學之變質情形。

　　接續而下，本文嘗試分析現象背後的原因，即：何以六朝子學會發生變質而有異於先秦、兩漢時期之諸子？分別就「六朝子家之心態轉變」與「六朝學風的發展」兩部分，為六朝子學之變質原因提出可能的解釋。

　　在上述討論之後，鑑於歷來學者對蕭繹《金樓子》評價多不甚高，故於此釐清此書的成就與地位。畢竟《金樓子》經歷了時代的淘選得以存於今日，我們不必因此給予過度的讚許，卻也應該公允地重新考察其內容，作出客觀的評價。

目次

第一章 緒 論

第一節 研究動機與研究目的

當今對於六朝學術的研究已有相當豐碩的成果，與六朝文學、玄學、史學、經學相關的研究論著更是多不勝數、琳瑯滿目。但提及「六朝子學」，卻令人感到陌生，儘管歷代史志之中多立有「子部」，但人們對於「子學」的印象卻始終停留在先秦諸子，甚至迄今仍無一部「中國子學史」之作；對於「六朝子學」的理解，則侷限於少數幾本注《老》、注《莊》之作，以及特定幾部子書之中，所關注之議題則集中於所反映的玄學思想。考察《隋志》、《兩唐志》的記載，可發現六朝時期子部之書在數量上其實頗為可觀，然而傳世者卻寥寥可數。此一現象一方面反映出當時子書撰作之盛況，但另一方面卻也顯示出此時期大部分的子書並未通過時間的考驗，在後人眼中，其學術價值似乎不高。對此，不禁使人產生疑惑：為何六朝子書傳世者甚少？是當時子學不夠發達嗎？但又為何當時子書在數量上如此龐大？且時人多有寫作子書之意圖？究竟六朝子學實際發展的情況為何？而六朝子書之內容與先秦諸子又有何異同？這些疑惑便構成了本論文的研究動機。

北朝顏之推曾言：

> 魏、晉以來，所著諸子，理事重複，遞相模效，猶屋下架屋，床上施床耳！〔註1〕

近代學者劉永濟則言：

〔註1〕 王利器：《顏氏家訓集解》（北京：中華書局，2002年8月），頁1。

> 戰國諸子，學有本源，文非苟作，雖各得大道之一端，而皆六經之
> 枝條也。

> 漢代已遜其宏深，魏晉尤難以比數。〔註2〕

此二家之言，或可代表古今學者對於六朝子學的評價，即認爲魏晉以降之子
書雖爲數頗多，然就其思想內容觀之，則已遠不逮於先秦、兩漢之諸子。這
或許可以解釋爲何六朝子書著作與傳世之比例懸殊的問題，也促使我們思
考：六朝子書及其以前之子書究竟有何異同？若各種學術門類溯本尋源，最
後皆能探得一「典型」與「傳統」，如中國文學中的抒情傳統，或史學中的褒
貶傳統等，則子學是否也存在著一種典型與傳統？若有，則此一典型與傳統
之內涵又爲何？而六朝子學相對此子學傳統而言，又有多少繼承與革新？六
朝子書多不能傳世是否可歸因爲當時之子學發展已歧出此一子學傳統之精神
與型態？順此思路而下，則構成本論文之研究目的：從六朝以前之諸子書中
尋繹出傳統子學的典型性與典範性，並以此觀照六朝子學的發展趨勢，進而
探討六朝時期子學之變遷，乃至於當代整體學術之變遷。在實際操作上，則
嘗試透過一部足以反映當時子學變遷之子書，如本論文選取之《金樓子》，以
爲一討論主軸，與傳統子學發展歷程對照觀之，具體呈現子學變遷之若干現
象及現象背後所蘊含之意義。本文之寫作意圖不在於提出一種超越前人的視
野與論點，而是欲在前人研究六朝學術的基礎上，藉著考察「子學」由先秦、
兩漢，以迄於魏晉、南朝之轉變，釐清六朝子學於整個中國學術史中的定位
與價值，並提供另一種觀察六朝學術變遷的可能途徑。

第二節　研究範圍與研究方法

　　關於「子學」、「諸子學」，範疇甚廣，張蓓蓓曾指出：

> 中國學術系統中的子學，就是研究歷代思想家的一家之言的。〔註3〕

先秦諸子爲其主體內容，此外歷代儒學家、玄學家、佛學家、理學家所著述
之具有一家之言的著作，亦包含於內，可見其範疇之廣泛。具體而言，子學
範疇中的相關著作，有以下幾類：其一、包含歷代繼承、重新詮釋各家思想

〔註2〕 劉永濟：《文心雕龍校釋》（臺北：正中書局，1954 年），頁 115。
〔註3〕 氏著：〈子與子學〉，《認識國學》，中華民國中山學術文化基金會中山文庫人
　　　　文系列（臺北：臺灣書店，2000 年），頁 163。

之子書。這類子書明顯有其思想依歸，或宗儒、或崇道，但多能汲取先秦諸子之思想精華，融合己意，而別有特色，如漢代多部子學，即爲此類。其二、以注解前代子書或單篇論文之形式出現的子部著作。隨著六朝時期玄學蔚爲顯學，玄學家們藉著注《老》、注《莊》論析名理之著作，或由單篇論文抒發其哲理玄思之作，因同樣涉及了先秦諸子之學，且以述爲作亦能見其思想，故也歸於子部。其三、佛道經典疏義講論之作。在佛教傳入、盛行之後，帶動了道教的興盛，於是弘揚佛道二教義理之著作亦隨之繁多，此部分涉及之思想雖遠於先秦諸子，其性質卻同屬子部。其四、唐宋以至明清，子類性質之著作漸漸變相浸入文集之中，然其中大家之單篇議論文字或宋明諸子之白話語錄，也在子學範疇中佔有一席之地。其五、雜學類的專家之書。由於秦漢至魏晉，雜學日興，與科技、藝術等有關之學術日益發達，許多專門著作大量產生，在《隋志・子部》「天文」、「曆數」、「五行」、「醫方」等項目中便收有多種此類著作；傳統諸子如「農家」、「兵家」之中，亦增入以討論專門技術爲主的書籍，子學之範疇於此又向外擴張延伸。〔註4〕此類著作雖無涉思想，卻也可視爲專家之學，歸爲子部亦無不可。歸納言之，狹義的子學乃指先秦諸子與歷代欲效法先秦諸子、欲自爲子書，立一家之言，以呈現個人之思想、見解者。廣義的子學則涵蓋了研究歷代諸子之學、玄學、佛道之學，以及軍事、科技、藝術等專門之學。本論文在研究範圍上，所討論的「子學」、「諸子學」以前述著作中「欲自爲子書，立一家之言，以呈現個人之思想、見解」之子書爲主，論及「六朝子學」時，也選取三國以還，至南朝時期同樣類型之子部著作爲討論焦點。以存者爲重心，佚者則據輯佚資料、歷代書目提要，以及書名略加推論。佛道爲新學，不及之；玄學則爲當時學術之大轉變，暫不列入；至於日益增多且漸趨專門的、實用性、科學類之子部著作，亦不擬詳論。

　　本論文之研究方法，擬先對六朝以前之子書做一全面的考察，藉此尋繹出所謂的「子學傳統」及其定位，並以此與六朝子學做一對照、比較，從而分析、論述由先秦至六朝、整個子學的發展歷程，凸顯出六朝子學發展之特質與其學術地位與價值。然而，順此方法，卻面臨六朝子書傳世不多所帶來的問題，即六朝子書中尚能較完整保存於今世者，僅佔六朝子書中極小部

〔註 4〕　此段內容參考張蓓蓓之意見，其說詳見氏著：〈子與子學〉，《認識國學》，同前註，頁 172～173。

分，而此時期大部分的子書只能從輯佚資料中略見其殘篇。能完整保存者，各以某些特質而傳世，自有一定的學術價值，但其卻未必具備明顯的典型性，故若以此爲討論中心，則恐有以偏概全之嫌。此外，若以輯佚所得之零碎資料爲主要參考文獻，則又無法釐清其中的片言隻語究竟是其書中之主體，抑或只是特例。因此亟需一部子書，囊括了各種輯佚所得零碎資料的共同特徵，以便我們更加全面的看出六朝子學之演變趨勢。南朝、蕭繹《金樓子》，正好符合此一需求。現存之《金樓子》雖亦由輯佚資料拼湊而成，已非原貌，且歷代對其之評價皆不甚高。然而就其內容而言，卻恰好與其他輯佚所得之六朝子書特質相互映照，彼此之間隱然可以描繪出六朝子學變遷的脈絡。儘管此書不如其他現存六朝子書受人重視，但卻反而具有更高的典型性，足以反映當代子學之發展大勢。有鑑於此，本論文之寫作，一方面對六朝子籍作一整體的檢視、梳理；另一方面，則以《金樓子》爲研究主軸，連結其他子書所表現的特質，以求論述之完整性與有效性。以下則依此架構，先論傳統子學之定位及其演進歷程，次論《金樓子》之學術特質及其評價，最後則就六朝子學變質原因作一探討。總之，期能藉此題目之研究，對六朝子學之發展，及其與整個六朝學術重心變遷之關聯，有較爲完整且客觀的考察。

　　本論文之研究架構大體如上所述，在文獻處理方面，以下先談談現存《金樓子》的版本流傳及其中存在的研究難題。據《南史》、《舊唐書・經籍志》、《新唐書・藝文志》、《崇文總目》、《郡齋讀書志》、《直齋書錄解題》、《宋史・藝文志》等書目均載《金樓子》十卷十五篇。〔註5〕今日可見之《金樓子》僅存六卷十四篇，篇目如下：

	卷 一	卷 二	卷 三	卷 四	卷 五	卷 六
篇目	一、興王 二、箴戒	三、后妃 四、終制 五、戒子 六、聚書 七、二南五霸 （此篇有目無書）	八、說蕃	九上、立言 九下、立言	十、著書 十一、捷對 十二、志怪	十三上、雜記 十三下、雜記 十四、自序

〔註5〕《四庫全書總目提要》云：「《隋書經籍志》、《唐書》、《宋史》藝文志俱載其目爲二十卷，晁公武《讀書志》謂其書十五篇。」今查考歷代書目可知《提要》所言之「二十卷」恐爲訛誤，應以「十卷」爲是。

另外，今本《金樓子》有六卷本、一卷本之別，詳細資料以表示之：〔註6〕

六卷本	・《四庫全書》本（簡稱「庫本」） ・清鮑廷博輯、鮑志祖續輯《知不足齋叢書》本（簡稱「鮑本」） ・《百子全書》本 ・近人鄭國勛輯《龍溪精舍叢書》本 ・《叢書集成初編》本
一卷本	・元陶宗儀輯《說郛》（宛委山堂本） ・明歸有光輯《諸子匯函》本 ・《五朝小說》本 ・清馬良俊輯《龍威秘書》本 ・《五朝小說大觀》本

考察一卷本的內容多出自〈志怪〉、〈雜記〉兩篇，並加以刪整、精簡，篇幅既少，又非原貌，文獻價值不如六卷本。六卷本則分爲兩大系統，一爲四庫館臣輯錄之《四庫全書》本，簡稱「庫本」；一爲清鮑廷博輯、鮑志祖續輯《知不足齋叢書》本，簡稱「鮑本」。庫本、鮑本皆輯自《永樂大典》，然二者之間卻不完全相同，且多少皆有脫漏訛誤的情形，並無優劣之分，唯庫本字體優美，版面清晰，閱讀舒適度較高。此外如《百子全書》本、《龍溪精舍叢書》本、《叢書集成初編》本則爲鮑本之翻刻。庫本、鮑本非《金樓子》全貌，然其內容已依十五篇之目作一番校理，頗接近原書架構。〔註7〕本論文之寫作以庫本爲主要依據，鮑本爲輔，並於諸家版本之外參看《永樂大典》、《太平御覽》中輯錄之資料。《金樓子》的取得並不困難，眞正的研究難題在於：我們該如何解讀此書內容？在比對各版本內容，並再三精讀此書之後，發現《金樓子》確如前人所言是一部以纂錄、雜記爲主，缺乏個人思想議論的著作，若要透過書中陳言雜纂探討蕭繹的「一家之言」、「思想體系」無異於緣木求魚。然而，陳言雜纂是否全無研究價值？透過許德平《金樓子校注》〔註8〕一書對《金樓子》的詳細考證、校理，已能讓我們瞭解蕭繹書中之言究竟出自

〔註6〕 此表內容參考自穆克宏：《魏晉南北朝文學史料述略》（北京：中華書局，1997年），頁149。

〔註7〕 關於《金樓子》各版本內容特色及流傳之詳細情形可參看鍾仕倫《金樓子研究》（北京：中華書局，2004年），第二章第二節〈《金樓子》的版本流傳情況〉，頁37～43；第三章〈庫本、鮑本《金樓子》疑誤舉例〉，頁53～70。

〔註8〕 許德平：《金樓子校注》（臺北：嘉新水泥公司文化基金會，1969年），此書爲許氏之博士論文，指導教授爲王夢鷗。

哪些典籍，若再藉由歸納、分析此書中陳言選錄的標準、關涉的論題，以及蕭繹少數的個人評論，或也可看出蕭繹所看重的子家思想、關注議題，進一步推測其思想內涵與此書之特質。因此，在本論文中，筆者嘗試打破《金樓子》原有的篇目界線，歸納出此書中幾個反覆出現的主題，再將相近主題之資料歸爲一類，重新整合篇章內容，由此觀察蕭繹的思想主張及其撰作用心。

與此工作同時進行者，乃是對其他六朝子書內容作一番分析歸納，釐清他們所共有的特徵，以便與先秦、兩漢諸子書以及《金樓子》相互對照，考察傳統子學轉變之迹。這項任務又更爲繁複、耗時，因據史志記載，六朝時期子書數量甚大，存者多只是斷簡殘編，且還須藉由翻檢史書、類書才能窺其大要。幸運的是，清代及民國學者嚴可均、馬國翰、姚振宗、劉咸炘已在資料輯佚、考證以及評論方面，對六朝子學之研究奠定良好的基礎，本文之寫作即在此諸家對六朝子學的討論意見上，作進一步的發揮。以下便對此四人對六朝子籍整理、子學研究的貢獻略作介紹。嚴可均（1762～1843），字景文，號鐵橋，研究文字聲韻之學，撰有《說文聲類》、《說文校議》及《鐵橋漫稿》等，並輯有《全上古三代秦漢三國六朝文》。於《全上古三代秦漢三國六朝文》書中除收有歷代重要人物之書信、序跋、碑帖之外，還收有早已亡佚的子籍。〔註9〕如魏文帝曹丕所撰之《典論》，歷來爲世人所知者，只〈論文〉一篇，然嚴氏此書卻由《博物志》、《意林》、《初學記》、《太平御覽》、《北唐書鈔》、《藝文類聚》、《三國志》中考證、彙輯出《典論》中的可能篇章，使我們能夠對此書有更進一步的認識。除了輯佚歷代子書內容外，嚴氏於各作者條下還附上此人生平、事蹟、著作等考證資料，有助於我們知人論世，間接觀察其寫作背景、意圖。

馬國翰（1794～1857），字詞溪，號竹吾，致力於古籍輯佚，輯有《玉函山房輯佚書》，嘗爲此書「殫心搜討，不遺餘力」〔註10〕，〔註11〕此書分經、史、諸子三編，凡七百多卷。此書與嚴可均《全上古三代秦漢三國六朝文》作的工作極爲類似，同樣是由古代經、史、文集、類書中篩選出屬於六朝子

〔註9〕 關於嚴氏生平著作、事蹟，詳參陳韻珊、徐德明：《清嚴可均事蹟著述編年》
（臺北：藝文印書館，1995年12月）。

〔註10〕 原出處《續歷城縣志》。轉引自王重民：〈清代兩個大輯佚書家評傳〉，《輔仁
學志》，3：1（1932），頁20。

〔註11〕 上述資料參考丁原基：〈十九世紀山左學者馬國翰與許翰之文獻學〉，《國家圖
書館館刊》，94：2（2005），頁175。

書的篇章，將散落於茫茫書海中的遺文殘編拼湊還原，重現世人眼前。此書與嚴氏之作有互補之用，如嚴氏書中未錄三國、吳、唐滂《唐子》，則可於《玉函山房輯佚書》覓得。此外，《玉函山房輯佚書》相較於《全文》有以下幾點特色：一、馬國翰已先確立子部的範疇，再將亡佚之子籍蒐羅並置於書中「子類」，每本子書先按思想分置，如「子編儒家類」、「子編道家類」……等，各類之中再按時間先後排序，卷頭還有目錄，在閱讀、查找時一目了然。二、馬氏於所輯子書前皆有詳細考證，除明白交代作者字號、生平外，還特別針對此一子書內容作一介紹、評論，並詳述其由何處輯得此書，又據何理由將此資料判定為子書內容。在閱讀漢晉諸子時，常會對大量出現的奏議書疏感到困惑：這些應用文書究竟是不是子書中原有的內容？以顧譚《新言》為例，此書佚文除可見於《太平御覽》外，顧譚之遺文還有《三國志》本傳中所收的一篇疏，但這篇疏是否可視為《新言》的片段？據馬氏推測：

> 《隋志》無譚集，疏當在《新言》中，如賈誼〈治安疏〉在《新書》，董仲舒〈天人策〉在《春秋繁露》之類，陳壽作譚傳，即從譚書採之。末故詳言著書篇目，其曰：「〈知難篇〉，蓋以自悼傷也。」則此疏又為〈知難篇〉之佚文可知。〔註12〕

雖然我們無法尋得更多資料來印證馬氏的推論是否為真，但就現有材料觀之，他的看法確實也頗為合理。以此而言，其他六朝子書中大量出現的奏議書疏似乎並不是輯佚家巧合的誤會，而可視為當時子書的一種特色了。另外，由於馬氏對於歷代書籍皆有一定的瞭解，他對於六朝子書所下的斷語往往一針見血、點出各子書的關鍵特質。如其對晉、王嬰《古今通論》就有以下的評論：

> 書主考核而時涉讖緯，如說地里數用河圖之類。後漢諸儒風尚如此，然則嬰蓋晉初人也。〔註13〕

馬氏此言不只是精確地點出《古今通論》的特色，甚至引導我們思考：眾多子書中與「考核」、「讖緯」有關之語，是王嬰之書所獨有、或是漢末以來子書中潛伏的趨勢？如此一來，其評論似非僅限於一書，甚至隱約觸及了整個子學發展的傾向。在此將嚴氏、馬氏二人之書作一比較，並不是要論斷其優

〔註12〕馬國翰：《玉函山房輯佚書》（揚州市：廣陵書社，2004年，1990年據光緒十年楚南湘遠堂刊本整理、影印後出版社重印），子編儒家類，頁2586。

〔註13〕同前註，頁2608。

劣，這兩部書對於我們瞭解六朝子書的內容皆有不可磨滅的貢獻，二書雖稍有差異，然而兩位學者在輯佚方面所下的苦心、精力都是值得欽佩的。若能瞭解二書特色、合併觀之，勢必能對六朝子學有更爲周詳的理解。

除此二人，清代學者姚振宗、劉咸炘對於六朝諸子的討論意見也是本文主要依循、參考的對象。姚振宗（1842～1906），字海槎、金生，爲清代目錄學大家，耗費大量時間精力對歷代正史藝文志和經籍志作增補、注解的工作，完成《漢書・藝文志拾補》、《漢書・藝文志條理》、《後漢藝文志》、《三國藝文志》、《隋書經籍志考證》及《七略別錄佚文》和《七略佚文》等七種目錄學著作。〔註14〕《隋書經籍志考證・子部》是以《隋志・子部》爲底本，廣收歷代史志、類書著錄之資料，並參考史傳詳考《隋志》著錄之子籍作者與流傳情形，此書對我們初步認識六朝子籍，實有莫大助益。筆者在閱讀嚴、馬二人輯佚出的六朝子書資料前，曾先就《隋書經籍志考證》整理出各家子書的特點，經過此番整理，對於六朝子學整體的發展即能有一整體的概念，此後面對龐大且零散的輯佚資料，也不致迷失方向。另外，由於姚氏在《隋志》上用力頗多，故往往能在紛雜的書目中洞察子學變異的端緒，如其於「子部・雜家」、「梁有子林二十卷孟儀撰，亡。」後云：

> 案：此爲梁、庾仲容《子鈔》之先聲，是可知《意林》之先有《子鈔》，《子鈔》之先有《子林》。《四庫提要》「雜家」別爲一類曰「雜纂」，「雜纂」之體，蓋始於此書，東晉時也。〔註15〕

在《隋志・子部》中有許多註明「梁有……，亡」的子書，這些書在《隋志》編輯的年代就已經失傳，其價值顯然不高，很容易爲人所忽略。但是姚氏卻能由「梁有子林二十卷孟儀撰，亡。」〔註16〕短短數字思考《隋志》中其他名稱相近的子書，加以聯繫、推論其間可能存在的理序，於是儘管《子林》一書早已亡佚，我們仍能覺察它在六朝子學發展中扮演的角色。如果嚴可均、馬國翰對六朝子學的貢獻是讓我們透過輯佚資料瞭解六朝子籍的內容；姚振

〔註14〕關於姚氏之生平事蹟與著作參考自陳訓慈：〈山陰姚海槎先生小傳〉，《文瀾學報》，第一期（1935），頁353～354。陶存煦：〈姚海槎先生年譜〉，《文瀾學報》，第一期（1935），頁335～352。

〔註15〕姚振宗：《隋書經籍志考證・子部》，（北京：北京圖書館出版社，2005年，爲續修四庫全書影印本，收入《隋唐五代五史補編》第貳冊）卷三十，子部七、雜家，原書頁碼478，新頁碼222。

〔註16〕同前註。

宗的貢獻，則是經由目錄學的考證功夫，對無法輯佚的六朝子籍內容、特色作出合理的推測與評論，甚至連綴子書之間的相似點，有助於我們看出子學發展過程中可能存在的脈絡。

劉咸炘（1896～1932），字鑑泉，號宥齋，著述凡二百三十一種，四百七十五卷，涉及哲學、諸子學、史志學、校讎目錄學及其它雜著，今有《推十書》收其著作六十餘種。《推十書》中所收《舊書別錄》、《子疏》兩書，有許多針對六朝諸子所提出的寶貴意見。劉氏對六朝子學所下的功夫，不在輯佚、考證，而是消化大量輯佚、考證資料後，對子學的源流、發展作一整體的論述。如《舊書別錄·卷四·魏晉六朝諸子》〔註17〕、《子疏·遠流第十四》〔註18〕兩篇，便是今日可見、專門討論六朝諸子發展特徵的文章。歷來論及子學，多聚焦於先秦諸子之學以及清代以先秦諸子為研究主體之諸子學，少有論及漢末以迄南朝之諸子者，劉氏之作在其中更顯重要，其主張將在後文中討論，此處暫不贅述。

六朝子學的發展看似遺留許多空白，然而若詳細比對現有的材料，並善用表格將子書之間的共通特質作歸納整理，仍能就現有的零散材料，合理地擬構出六朝子學發展可能的路徑。正是因為上述諸家在輯佚、考證、評論各方面皆已有建樹，我們才能詳探六朝子學之特質，進而作出有效的推論。本論文之完成實仰賴上述四位學者對六朝子學所投注的心血，文中凡涉及六朝子書特點之歸納以及許多重要的表格、統計數字多以他們輯佚所得資料以及提出之觀點為主要依據。以下則依前述研究動機、目的及範圍、方法，進行討論。

〔註17〕收入《推十書》（成都：成都古籍書店，1996年），頁953～974。
〔註18〕同前註，頁873～875。

第二章 傳統子學之定位及 其演進歷程

　　若將《漢志‧諸子略》與《隋志‧子部》合而觀之，則可說是一部由先秦至六朝的子書總目錄。《隋志‧子部》對於「子書」的定義略異於《漢志‧諸子略》，將原本分屬於《漢志》〈兵書略〉、〈數術略〉、〈方技略〉的著作一併納入「子部」之中，「諸子略」一變而爲「子部」。如果我們依然用《漢志‧諸子略》的分類眼光去審視《隋志‧子部》中的著作，則會發現其中許多書籍和西漢以前的子書，已有很大的差別，兩者對於「子書」、「諸子」的定義似有差異。「子」這個字，在古代原本是對男子的尊稱、通稱，在春秋戰國時期，百家爭鳴，私家著述多稱「某子曰」、「子某子曰」、「子曰」，或徑以「某子」爲書名，「子」於是可以用來指稱子書或是子書之作者，而「諸子」則是對各家學派的子家、子書的總稱。〔註1〕《漢志》中的「諸子」本是不同於「兵書」、「數術」、「方技」的學術門類，是限於九流十家中的諸子而言；但是《隋志》卻將這四個部分合併爲一，成爲「子部」。這樣一來，許多原本在《漢志》中不被視爲「諸子」或「子」的著作，皆有了子書之名，子書之名愈益寬泛，而子書的地位卻漸趨

〔註1〕 清代學者汪中曾於《述學》（北京：學苑，2005 年，清代學術筆記叢刊影印清代稿本百種匯刊本，收於第三十二冊），〈釋夫子〉一文中詳論「子」字用法、源流，今節錄其說以與本文相互相照：「古者孤卿大夫皆稱子，子者五等之爵也。……春秋傳列國之卿當小國之君，小國之君則子、男也。子、男同等，不可以並稱，故著子去男，從其尊者，王朝則劉子、單子是也；列國則高子、國子是也。……稱子而不成詞則曰夫子。……凡爲大夫自適以下皆稱之曰夫子。……孔子爲魯司寇，其門人稱之曰夫子，後人沿襲以爲師長之通稱，而莫有原其始者。」，全文見《述學‧別錄》第二條，頁 1。

低落，似乎只要是不屬於經、史、集的著作，即是子。到了清代的《四庫全書‧子部總序》甚至認爲「自六經以外，立說者皆子書也。」並將兵家、醫家、天文算法、術數、藝術、譜錄、類書、佛道二教各種書籍全部收入子部。也讓人對於「諸子」、「子」的定位感到困惑，究竟怎樣的書才能算是「子書」，才能躋身「諸子」的行列呢？收在子部的書就算是子書、算是諸子了嗎？可是它們和先秦諸子畢竟存在者很大的差距。呂思勉曾言：「子書之精者，迄於西漢。東漢後人作者，即覺淺薄。然西漢子書之精者，仍多述先秦之說，則所謂子書之作，迄於先秦可也。然遠求西周以前，則又無所謂子，然則子者，春秋戰國一時代之物也。」〔註2〕即認爲「子書」是春秋戰國時期所獨有的時代產物，儘管後世之人亦有此類著作，然而多是淺薄之作，或有精者，卻也多因襲先秦諸子，難有新意。依此而言，先秦諸子可說是傳統子書的典範，是後世子書所難以超越的。章太炎亦說：「所謂諸子學者，非專限於周秦，後代諸子亦得列入，而必以周秦爲主。」〔註3〕亦強調先秦諸子的重要地位。若要爲「諸子」、「子書」尋求定位，勢必得從先秦諸子書中來探求其究竟有哪些開創性與典型性。因爲，不論歷代史志如何選取、歸類，先秦諸子始終是子部中最重要的組成分子。在子學的發展歷程中，由先秦諸子開了頭，而後世諸子追蹤、承繼之，儘管在此過程中，子書的定義、範圍有所改變，但在改變與差異之中，卻隱約可見其彼此之間相互銜接、一脈相承的子學傳統。此一子學傳統在兩漢子書中依然清晰可見，但至六朝時，卻若存若亡。

在下文中，將分爲先秦、兩漢、六朝，三個階段，依序討論子學傳統的發展與演變。以時代作爲區分必然有其缺陷與不足，然而爲了討論的方便，不得不大致分類。關於第一個階段「先秦諸子」的部分，討論的內容包括春秋、戰國時代以迄秦統一天下這一段時期內的諸子。第二階段「漢代諸子」，則是包括從西漢初年到東漢末年，曹魏勢力興起以前的諸子。第三階段「六朝諸子」，則是包括從曹丕篡漢（西元220年）之後到南朝滅亡以前的諸子。這三個階段中的子書數量相當多，所牽涉的範圍亦不限於九流十家，但因本章所關注的問題在於子學傳統發展演進的過程，故討論將聚焦於這些子書的共性，及其發展所依循的主線。所討論的子書亦集中於與此共性、主線有關

〔註2〕 氏著：《經子解題》（上海：華東師範大學出版社，1995年），頁88。

〔註3〕 語出章太炎：〈諸子學略說〉，《國粹學報》第二年、第八期，1906年9月8日。今可見於《章太炎政論選集》上册（北京：中華書局，1977年），頁285。

者，至於其他類型的子書則作為對照、參考的對象。

　　以下主要從兩個面向來考察子學傳統的發展歷程：其一、分析各時期子家的寫作態度與目的，與其內在精神風格。其二、分析各時期子書的差異與撰作體例。此外，則配合當時外在的環境因素、史志中關於著述風尚的記載，作一綜合的對照與比較，以呈現自先秦以迄六朝，子學發展歷程的大致輪廓，期能藉此釐清各階段子學的特色及其彼此之間接續發展的內在軌跡。

第一節　先秦諸子──典範的形成

　　先秦諸子之所以足為後世子家追慕、仿效的典範，乃因具備兩項要素，一是開風氣之先；二是其內在風格與精神以及外在的形式表現，均為後世諸子奠定了絕佳的典型。其之所以能開風氣之先，實因為當時特殊的時空背景。此意錢穆在論及先秦諸子時已明確指出：

> 古者治教未分，官師合一，學術本諸王官，民間未有著述。此在周時猶然。自周室之東，而天子失官，大人不悅學。於是官學日衰，私學日興，遂有諸子。……開諸子之先河為孔子。……孔子以平民儒士，出而批評貴族士大夫之生活，欲加以糾正，則亦非先例之所許也。故曰：「天下有道，則庶人不議。」明其為不得已焉。然貴族階級之頹運中不可挽，則孔子正名復禮之主張徒成泡影，而自此開平民講學議政之風，相推相盪，至於戰國之末，而貴族、平民之階級終以泯絕。則去孔子之死，其間二百五十年事耳。所謂諸子學者，雖其議論橫出，派別紛歧，未可一概，而要為「平民階級之覺醒」，則其精神與孔子為一脈。此亦氣運所鼓，自成一代潮流。〔註4〕

歸納言之，先秦諸子之所以能開啟一時代之學術思潮，肇因「周文疲弊」。〔註5〕由於「周文疲弊」而導致當時之政治、社會、經濟、教育等層面均出現了前所未有的劇變，諸如周王室以及封建制度日益衰微，各種禮法以及世官世祿制度瓦解，世族衰替而平民崛起，王官之學散落民間。面對當時之種種問題，孔子率先發難，對當時貴族之一切非禮之行為提出批評，並將原有

〔註4〕語見錢穆：《國史大綱》（北京：商務，2003 年），第二章〈先秦諸子〉，頁 29～39。

〔註5〕關於「周文疲弊」，可參看自牟宗三《中國哲學十九講》（臺北：學生書局，2002 年），〈第三講、中國哲學之重點以及先秦諸子之起源問題〉，頁 60。

之王官學傳播至民間，此後諸子相繼而起，其所討論之議題雖各有其所偏重的層面，然而多是針對「周文疲弊」所引發的種種問題而作出的批判、反省以及補救。無論是參與政治或是聚眾講學、閉門著述，諸子所提出的學說大體皆有一己之創見，其觀點亦多爲前人所未發，此即先秦諸子百家爭鳴之學術盛況。此意見可說是多數學者對於諸子興起之因所具有之共識。〔註6〕當時之子家對此現象亦已有所覺察，《孟子・滕文公下》：

> 聖王不作，諸侯放恣，處士橫議。〔註7〕

《莊子・天下篇》亦言：

> 天下大亂，聖賢不明，道德不一，天下多得一察焉以自好。……天下之人各爲其所欲焉以自爲方。〔註8〕

至漢代《漢書・藝文志》則總結此一時期諸子爲〈諸子略〉，並言：

> 諸子十家，其可觀者九家而已。皆起於王道既微，諸侯力政，時君世主，好惡殊方，是以九家之說，蠭出並作，各引一端，崇其所善，以此馳說，取合諸侯。〔註9〕

要皆點出當時受到外在環境劇烈變動影響之下的，思想言論自由開放之學術風氣與盛況。

然而，先秦諸子之所以能成爲後世子學之典範，不僅只因其首開風氣，更因其展現了獨特的內在精神以及外在表現形式。此一時期由先秦諸子所奠定的「子家精神（風格）」與「子書形式（體例）」既是後代欲成一子、欲成

〔註6〕 學者不論是從學術演變的角度或是由思想史、哲學史的角度來談，提及先秦諸子之興起大體皆圍繞著「周文疲弊」此點立論。除了前文所引錢穆的意見外，其他如馮友蘭論「子學時代哲學發達之原因」時，亦將諸子之興歸因於先秦時期「政治制度」、「社會組織」、「經濟制度」各分面所發生的巨大改變所形成的「大解放時代」，與隨之而起的「思想言論之自由」。其意詳見氏著：《中國哲學史》（臺北：商務，1990年），〈第一篇、第二章汎論子學時代〉，頁28～37。牟宗三也說：「周文發展到春秋時代，漸漸的失效。這套西周三百年三百年的典章制度，這套禮樂，到春秋的時候就出問題了，所以我叫它做『周文疲弊』。諸子的出現就是爲了對付這個問題。」語見氏著：《中國哲學十九講》（臺北：學生書局，2002年），〈第三講、中國哲學之重點以及先秦諸子之起源問題〉，頁60。

〔註7〕 語出朱熹《孟子集注》卷六〈滕文公下〉，《四書章句集注》（臺北：商務，1990年），頁379。

〔註8〕 見王叔岷《莊子校詮》（臺北：中央研究院歷史語言研究所，1999年），〈雜篇天下第三十三〉，頁1298。以下引文皆用此本，不再說明。

〔註9〕 見《漢書》卷三十。

一家之言者效法的典範，亦是歷代學者們辨章學術時，用以衡量何人足以名為一子，何人之書可謂一家之言的標準。以下分別探討先秦諸子之內在精神與外在表現形式，以觀其何以足為後世典範。

一、子家精神的奠定

　　劉勰在《文心雕龍·諸子篇》中，對「諸子」作一定義，其言：

　　　諸子者，入道見志之書。〔註10〕

這句話提示出諸子書中兩個重要的成分，一是「道」，一是「志」。雖然劉勰並未進一步闡明「道」與「志」之意涵，然而不妨將「道」理解為「道術」、「道理」，而將「志」理解為「志向」、「情志」。兼具了闡明「道術」、「道理」，又能抒發其個人「志向」、「情志」之書，方可謂為「諸子」。因此，若欲探討先秦子家之精神，即須先明瞭其所言之「道」與「志」之內涵、特色。究竟先秦諸子所談的「道」為何？所懷之「志」又為何？章學誠《文史通義·言公上》云：

　　　諸子之奮起，由於道術既裂，而各以聰明才力之所偏，每有得於大
　　　道之一端，而遂欲以之易天下。〔註11〕

章氏所言主要在說明諸子興起之緣由，但卻同時清楚指出諸子之「道」的特徵在於「有得於大道之一端」；諸子之「志」則是「欲以之易天下」。章氏之言實延續了《莊子·天下篇》與《漢書·藝文志》中的意見，〈天下篇〉言：

　　　古之所謂道術者，果惡乎在？曰：「无乎不在。」……古之人其備乎！
　　　配神明，醇天地，育萬物，和天下，澤及百姓，明於本數，係於末
　　　度，六通四辟，小大精粗，其運无乎不在。其明而在數度者，舊法
　　　世傳之史尚多有之。其在於詩書禮樂者，鄒魯之士搢紳先生多能明
　　　之。（詩以道志，書以道事，禮以道行，樂以道和，易以道陰陽，春
　　　秋以道名分。）其數散於天下而設於中國者，百家之學時或稱而道
　　　之。天下大亂，賢聖不明，道德不一，天下多得一察焉以自好。譬
　　　如耳、目、鼻、口，皆有所明，不能相通。猶百家眾技也，皆有所
　　　長，時有所用。雖然，不該不偏，一曲之士也。〔註12〕

〔註10〕見范文瀾：《文心雕龍注》（臺北：臺灣開明書局，1993年），卷四、〈諸子第
　　　　十七〉，頁7。下引《文心雕龍》皆據此本，不再詳註。

〔註11〕見氏著：《文史通義》，《文史通義校注》（北京：中華書局，2004年），〈言公
　　　　上〉，頁171。以下所引《文史通義》皆為此本，不再說明。

〔註12〕《莊子·天下篇》，頁1297～1298。

〈天下篇〉於此處欲強調者在於諸子之起肇因於「天下大亂，賢聖不明，道德不一」此一特殊的時代背景，諸子之學說則各得於古代道術、道體之一端，其中包含了對舊有王官典章制度，以及六藝之學之反省與改造，百家之學皆出自古代道術，然其學則各有所長，但是皆非周全、完備的「道」，只能爲「一曲之士」。此正如章學誠所言「有得於大道之一端」，爲「諸子之道」共有之特徵。相較於古代道術，諸子之學固然是「不該不徧」，各有偏長，然其說卻各有宗旨，足以名家。章學誠曾以辨章學術的觀點，認爲足以名爲一子的條件之一，即是其言論內涵「旨無旁出」。〔註13〕儘管先秦諸子只是「各引一端，崇其所善」〔註14〕、「各推所長，窮知究慮，以明其指」〔註15〕、「有得於大道之一端」，〔註16〕然今觀當時之子書，之所以能區分爲九流、十家，實因其學說各有其思想體系，有其貫串其中的思想核心。如《文心雕龍·諸子篇》所言：

> 逮及七國力政，俊乂蜂起。孟軻膺儒以磬折，莊周述道以翺翔，墨翟執儉确之教，尹文課名實之符，野老治國於地利，騶子養政於天文，申商刀鋸以制理，鬼谷脣吻以策勳，尸佼兼總於雜術，青史曲綴以街談，承流而枝附者，不可勝算。並飛辯以馳術，饜祿而餘榮矣。〔註17〕

即分別論述了九流十家之各有風格的思想特徵與學說宗旨。而諸子雖分屬於各派之中，然卻仍具有其思想之主體性。如同屬儒家之孔子、孟子、荀子，其學說之主體、思想之核心亦不盡相同；又如法家之商鞅、申不害、慎到，亦有重法、重術、重勢之別；再如道家之老子、莊子，其學說之偏重焦點亦各有特色。

再看《漢書·藝文志》：

> 諸子十家，其可觀者九家而已。……各引一端，崇其所善，以此馳說，取合諸侯。其言雖殊，辟猶水火，相滅亦相生也。仁之與義，敬之與和，相反而皆相成也。《易》曰：「天下同歸而殊塗，一致而百慮。」今異家者各推所長，窮知究慮，以明其指，雖有蔽短，合

〔註13〕語出氏著：《校讎通義》，《文史通義》，頁957。
〔註14〕語出《漢書·藝文志》。
〔註15〕同前註。
〔註16〕語出章學誠：《文史通義·言公上》。
〔註17〕劉勰《文心雕龍·諸子篇》。

其要歸，亦六經之支與流裔。

雖然諸子爭鳴、百家馳說未必如《漢志》所言、和舊有之王官禮樂有著必然之因果關係，爲「六經之支與流裔」，但古代王官六藝之學的衰落，確實促成了百家爭鳴的盛況，而先秦諸子所言之道，雖不必出於此，然卻多對舊有王官學有所反省、檢討，進而汲取道之一偏，衍伸出一家之學。諸子立說之目的則在於「各引一端，崇其所善，以此馳說，取合諸侯。」蓋亦欲結合四方諸侯的政治力量，推廣、實踐其學說，以其學解決外在環境存在之問題，此則爲諸子共通之志向。諸子之道、志大致有上述之特徵，但是進一步需要思考的問題是：諸子之道、志所蘊含的精神風格爲何？先秦諸子之終極關懷又爲何？

　　《莊子・天下篇》中提到諸子之學皆出於古之道術。然而何爲「道術」？〈天下篇〉開頭有云：

> 天下之治方術者多矣，皆以其有爲不可加矣。古之所謂道術者，果惡乎在？曰：「无乎不在。」曰：「神何由降？明何由出？」「聖有所生，王有所成，皆原於一。」不離於宗，謂之天人。不離於精，謂之神人。不離於眞，謂之至人。以天爲宗，以德爲本，以道爲門，兆於變化，謂之聖人。以仁爲恩，以義爲理，以禮爲行，以樂爲和，薰然慈仁，謂之君子。

對於此段中的「道術」二字，陳鼓應有以下解釋：「所謂『道術』，就是對宇宙人生作全面性、整體性的把握的學問。」此言確實將〈天下篇〉所談的、「無乎不在」的「道術」作了一個良好的解釋。〈天下篇〉提出的「天人」、「神人」、「聖人」、「君子」，一方面是「能對宇宙人生的變化及其根源意義作全面性、整體性體認的人」；〔註18〕另一方面則是在體認道術、提升個人內在修養的同時，還能夠以道術調和萬物，達成「王有所成」的外王目標。此一「道術」既有其形而上的意義，指涉宇宙人生整體的存在價值；同時也可落實爲現實人生操作面上的「治道」、「治術」，並以「內聖外王」爲最高的人格典範。既涵蓋了現實性也具備了理想性。再看〈天下篇〉中其他論及「道術」處，云：

> 以法爲分，以名爲表，以操爲驗，以稽爲決，其數一二三四是也。
> 百官以此相齒。以事爲常，以衣食爲主，蕃息蓄藏，老弱孤寡爲意，皆有以養，民之理也。古之人其備乎！配神明，醇天地，育萬物，

〔註18〕語出陳鼓應《莊子今註今譯》（臺北：商務，1999年），〈雜篇、天下〉，頁870。

和天下，澤及百姓，明於本數，係於末度。是故內聖外王之道，闇
而不明，鬱而不發，天下之人各爲其所欲焉以自爲方。悲夫，百家
往而不反，必不合矣！後世之學者，不幸不見天地之純，古人之大
體，道術將爲天下裂。

由第一段引文可以看出，所謂的道術即存在於事物的法度與名號之中，而依
此法度、名號而設立百官，並以之治事、養民。這裡所說的道術，即是「治
道」、「治術」。而第二段引文中則提出了各家各得於道術之一端，未能見道體
的大全，因此「內聖外王之道」不能彰顯，於此，道術除了實際上與立官分
職、安養人民的「治道」、「治術」之外，還包含了更高一層的內聖、外王之
道。由此而言，《莊子‧天下篇》的作者心目中的諸子百家之學是與「治道」、
「治術」、「內聖外王之道」息息相關的。進一步檢視其對於各家學說的描述，
並分析歸納之，可發現其中除了名家之惠施、桓團、公孫龍，其學說較偏向
於名辯、邏輯外，其他如墨家之墨翟、禽滑釐，名家之宋鈃、尹文，法家之
彭蒙、田駢、慎到，道家之關尹、老聃、莊周，則大多涉及「治道」、「治術」、
「內聖外王之道」。如其言墨家之學「以繩墨自矯而備世之急」；宋鈃、尹文
「言願天下之安寧以活民命」、「以禁攻寢兵爲外，以情欲寡淺爲內」；言慎到
「棄知去己而緣不得已，泠汰於物以爲道理」、「至於若无知之物而已，无用
賢聖，夫塊不失道」；言老子、關尹「以濡弱謙下爲表，以空虛不毀萬物爲實」；
言莊周「獨與天地精神往來而不敖倪於萬物，不譴是非，以與世俗處。」其
所注意到的、諸子的共通性，在於諸子之學說皆與立身處世有關，入世者關
注於外在環境，提出具體可行的實際治術已改善之；出世者關注個人的安身
立命，講求由內在功夫著手，先改變個人之心態，進而影響外在群體與環境。
另外少數的諸子，如惠施、公孫龍等，則是偏向純粹學術的討論，把心力花
費在探求或顛覆既有的秩序與觀念，提出一種新的思維方式，然而其思想中
亦涉及「去尊」、「偃兵」的思想，未可說是全然與治道無關。整體而言，〈天
下篇〉的作者已經注意到諸子與「治道」密切相關的共性。

　　到了西漢司馬談〈論六家要旨〉，則進一步指出「夫陰陽、儒、墨、名、
法、道德，此務爲治者也。」〔註19〕強調諸子之學與「治道」的關係。本身
亦是子書作者的淮南王劉安又是怎樣看待諸子的呢？在《淮南子‧要略篇》
中，有一部份即是關於古代學術源流的討論。在這個部分，我們可以看到子

―――――――――――――――――――

〔註19〕司馬談：〈論六家要旨〉。

書的出現皆是出自一種「不得不」的實用目的，如其言：

> 申子者，韓昭釐之佐。韓，晉別國也，地墩民險，而介於大國之間；晉國之故禮未滅，韓國之新法重出；先君之令未收，後君之令又下，新故相反，前後相繆，百官背亂，不知所用，故刑名之書生焉。〔註20〕

其認為法家類的子書，如申不害所作之刑名之書，即有見於當時之新舊法相淆亂而導致的政治亂象，所提出的改善之道。其他各家之書，亦是針對其所面臨的問題而提出的救治方案。歸納其內容，可發現，當時子家所關心的問題多是政治上的問題，如：

> 文王欲以卑弱制強暴，以為天下去殘除賊而成王道，故太公之謀生焉。〔註21〕

> 墨子學儒者之業，受孔子之術，以為其禮煩擾而不說，厚葬靡財而貧民，（久）服傷生而害事，故背周道而用夏政。〔註22〕

> 桓公憂中國之患，苦夷狄之亂，欲以存亡繼絕，崇天子之位，廣文、武之業，故管子之書生焉。〔註23〕

> 齊景公內好聲色，外好狗馬，……，梁丘據、子家噲導於左右，故晏子之諫生焉。〔註24〕

當然，與當時實際之子書作一對照，與政治相關的內容只是一部份，亦有與政治較不相關者，如同《莊子‧天下篇》曾提過的惠施、公孫龍之學說，或是較為重視內在修養的老、莊之流，值得注意的是，這些子書是〈要略篇〉中未曾提起的。劉安所注意到的是諸子學說中與「政治」、「治道」相關的部分，至於其他，則不是他要強調的重點。這或許是受到他個人的寫作目的影響下的觀點，但卻和〈莊子‧天下篇〉以及〈論六家要旨〉相吻合，同樣皆發現、提出了諸子書中與「政治」、「治道」相關的共性。

　　這樣一種觀點在《漢書‧藝文志‧諸子略》中，更被進一步的推闡之。

〔註20〕漢、淮南王劉安：《淮南子‧要略篇》，何寧：《淮南子集釋》（北京：中華書局，1998 年 10 月），卷二十一，頁 1462。以下所引《淮南子》原文，皆出自《集釋》本，不再說明。

〔註21〕同前註。

〔註22〕同前註。

〔註23〕同前註。

〔註24〕同前註。

且看其對於諸子的描述：

諸子流派	所 出 之 官 與 其 所 長
儒家	蓋出於司徒之官，助人君順陰陽明教化者也。
道家	蓋出於史官，歷記成敗存亡禍福古今之道，然後知秉要執本，清虛以自守，卑弱以自持，此君人南面之術也。
陰陽家	蓋出於羲和之官，敬順昊天，歷象日月星辰，敬授民時，此其所長也。
法家	蓋出於理官，信賞必罰，以輔禮制。《易》曰「先王以明罰飭法」，此其所長也。
名家	蓋出於禮官。古者名位不同，禮亦異數。孔子曰：「必也正名乎！名不正則言不順，言不順則事不成。」此其所長也。
墨家	蓋出於清廟之守。茅屋采椽，是以貴儉；養三老五更，是以兼愛；選士大射，是以上賢；宗祀嚴父，是以右鬼；順四時而行，是以非命；以孝視天下，是以上同：此其所長也。
從橫家	蓋出於行人之官。孔子曰：「誦《詩》三百，使於四方，不能專對，雖多亦奚以爲？」又曰：「使乎，使乎！」言其當權事制宜，受命而不受辭，此其所長也。
雜家	蓋出於議官。兼儒、墨，合名、法，知國體之有此，見王治之無不貫，此其所長也。
農家	蓋出於農稷之官。播百穀，勸耕桑，以足衣食，故八政一曰食，二曰貨。孔子曰「所重民食」，此其所長也。
小說	蓋出於稗官。街談巷語，道聽塗說者之所造也。孔子曰：「雖小道，必有可觀者焉，致遠恐泥，是以君子弗爲也。」然亦弗滅也。

先不論諸子之學是否出於王官，值得注意的是，第一、〈諸子略〉將諸子學說的源流一一對應到古代王官。第二、各家諸子在〈諸子略〉中皆有助於君王之施政、教化。就此兩點而言，〈諸子略〉似乎是過於強調諸子與政治的關係，而忽略了諸子書中離開政治議題而獨立存在的學術內容。但卻也反映出當時可見的諸子書多是以與「政治」、「治道」有關的內容爲主體的事實。記載了古代知識、學說的諸子書，在劉歆、班固看來，其價值在於「合其要歸，亦六經之支與流裔。使其人遭明王聖主，得其所折中，皆股肱之材已。」他們一方面以實用的、政治化的眼光去定位諸子；另一方面也抽繹出子學傳統中以「興治」爲主的精神風格。藉由對《莊子・天下篇》、司馬談《論六家要旨》、《淮南子・要略篇》以及《漢書・藝文志》等相關文章的討論，可知傳統諸子所樹立之精神典範其中一項便是諸子對於「治道」的關注，對於「興治」

的追求。先秦諸子所談論之議題，大致不出此一關懷，錢穆嘗云：

> 要之自春秋之末，貴族階級一旦崩壞，而社會組織於以大變，此實
> 爲當時一大事。故自孔子以下，學者精神所注，莫非討論人類「政
> 治」與「生活」之兩問題。其他論點，則均本此而引申。〔註25〕

錢氏所言，甚爲精當。當時子家精神之所寄與其關注之議題，大抵皆是圍繞
著人類「政治」與「生活」之兩問題。前者有關於子家身處之時代所面臨之
種種外在環境之問題，除政治方面，尚涉及社會組織、經濟制度各方面；後
者則是關於在此劇變之世風影響下，個人存在、生活之問題，包含有爲人處
世之理，以及修養心性之法。先秦諸家雖各得於道術之一端，學說各有所偏，
卻有著相近的關懷意向。如法家偏重治國；名家重視「名實之辨」，其道言事、
言治的成分極多，言人、言修養的成分極少；而農家、縱橫家、陰陽家，亦
是如此，所談皆是一種專門的治術與方法。然而他們的學說大體不出「政治」
以及「人生」兩大範疇，以此而言，儘管先秦諸子歷來被視爲中國哲學史、
思想史中最光輝燦爛的一頁，但是諸子所關懷者卻不在哲學的思辯，而在於
對於政治現實、人生安頓等人文價值的探尋，其中所反映的興治抱負、人生
理想更成爲傳統子學、甚至是整個中國文化中的重要成分。

此外，先秦諸子所具有之興治精神還反映於子家著述立論的態度中，促
成先秦諸子能「越世高談，自開戶牖」〔註26〕的重要關鍵亦在於此。分析先
秦子家寫作、言論之動機大都緣於一種不得不然之勢，不得已而爲言、著書。
章學誠即言：

> 以文字爲著述，起於官師之分職，治教之分途也。夫子曰：「予欲
> 無言。」欲無言者，不能不有所言也。孟子曰：「予豈好辯哉？予
> 不得已也。」後世載筆之士，作爲文章，將以信今而傳後，其亦
> 尚念欲無言之指，與夫不得已之情，庶幾哉言出於我，而所以爲
> 言，初非由我也。……蓋必有所需而後從而給之，有所鬱而後從
> 而宣之，有所弊而後從而救之，而非徒誇聲音采色，以爲一己之
> 名也。〔註27〕

由於春秋、戰國之時，舊有制度的崩解導致政治、社會、經濟各個層面均衍

〔註25〕錢穆《國學概論》（北京：商務印書館，2003 年），頁 60。
〔註26〕劉勰《文心雕龍・諸子篇》。
〔註27〕氏著：《文史通義・原道下》，頁 139。

生出新的、亟需解決的問題，這即是促成先秦諸子不得不言之「勢」。子家有感於外在環境存在之問題，而欲以其學易天下，故發爲議論以成子書。其成書之動機是爲了救時之弊，而非爲一己之名。其著述背後的態度與目的，大抵可以「務爲治」三字概括。司馬談〈論六家要旨〉言：

> 易大傳：天下一致而百慮，同歸而殊途。夫陰陽、儒、墨、名、法、
> 道德，此務爲治者也，直所從言之異路，有省有不省耳。

即點出了此一時期子家們的共通心態。因此，此時期之子書，其內容雖博明萬事，但多涉及治國理民之議題，對政治的關懷是其共通的精神。雖然各家理論「旨無旁出」、「各有宗旨」，然其目的皆是爲了改變外在大環境，百家爭鳴是爲了尋求王官學崩落之後的新價值觀與新體制。正因此種心態，大部分的子家們藉著發表言論以尋求國君之支持，以實踐其理論、學說，進而改善社會。如《漢書‧藝文志》言：

> 諸子十家，其可觀者，九家而已。皆起於王道既危，諸侯力政，時
> 君世主，好惡殊方。是以九家之術，蠭出並作，各引一端，崇其所
> 善，以此馳説，取合諸侯。

「取合諸侯」不是諸子立論著書的目的，而是過程，其立論著書之終極目標是「務爲治」、「思以其學易天下」。〔註28〕由此而言先秦諸子之精神，其一是其對於外在環境的關懷之情；其二則是其積極參與政治，〔註29〕進而改善外在環境的志向。

綜上所論，先秦子家精神之奠定，一在於其道「各得於道之一端」，然「旨無旁出」，有其主體性、獨創性；一在於其「務爲治」、「思以其學易天下」之追求目標。一言以蔽之，先秦子家之精神，即是「述道言治」。〔註30〕在此階段，子家們所面對的時代問題或有不同，其所採取的解決方法與關注的面向亦各有風格，然而其所展現的共同精神，即是依其所長，論述其一家之學問，而此套學問的宗旨則與治道息息相關。這樣的子家精神亦可見於後世傑出子家著述之中，且爲後世欲爲一子、欲成一家之言者之典範。

〔註28〕語出章學誠《文史通義‧言公上》：「諸子之奮起，由於道術既裂，而各以聰明才力之所偏，每有得於大道之一端，而遂欲以之易天下。」，頁171。

〔註29〕道家之老、莊之思想或有與此相反者，然而其說亦是出自對外在環境所存在之各種議題的反省、批判，亦是欲藉其說改善擾攘動亂之世風。

〔註30〕語出《文心雕龍‧諸子篇》。

二、子書形式的奠定

　　先秦諸子之典範性，除了奠基於其書之中「入道見志」的精神外，亦在其「道」、「志」之載體——子書形式的奠定。此時期子家之言論，背後皆有其不得不言的動機與目的，因此其言絕非無的放矢、空發議論，而是「以道術爲體，而以文章爲用，文章特其道術之所寄而已」，〔註31〕且以「立意爲宗，不以能文爲本」，〔註32〕但卻渾然天成、巧妙應用、融合各種文學技巧，展現文學之美、趣，文質兼具，而能爲後世之典範。〔註33〕此時期子書在文學、藝術等層面的成就，不需贅述。然而，本文所欲探究者乃爲此時期子書之形式在歷代子學發展的歷程中，具有何種典範性。此處所言「子書之形式」乃是相對於前文所論「子家之精神」而言，其意包含兩個部分，其一是指子書的體例（文體）而言；其二則是指子書中的內涵、性質。余嘉錫於《古書通例‧明體例》中言：

> 余謂周、秦諸子，皆有以自名其學，而思以其道易天下，故無不窺世主之好惡，度時君之所能行以爲之說，其達而在上，則其條教書疏，及其所著書。其窮而在下，則與其門人弟子相與講求之，或著之簡策，或傳之口耳，從游者受而記焉。《莊子‧天下篇》之論宋鈃、尹文曰：「上說下教，強聒而不舍也。」夫上說者，論政之語也，其體爲書疏之類。下教者，論學之語也，其體爲論說之類。凡古人自著之文，不外此二者。其他記載言行，解說義理者，則後學之所附益也。〔註34〕

> 周、秦以及西漢初年諸子，或自著，或追記，或自著與追記相雜採，其體例至爲不一。就自著者言之，大抵不外兩種：一書疏，一論說也。〔註35〕

歸納余氏之言，重點有三：其一、周、秦諸子之書之內涵、性質大致可分爲「論政」與「講學」兩類。而隨內涵、性質之不同，其表現之體例亦有「書疏」與「論說」之別。其二、此時子書並非全爲自著，尚有後學追記者，與

〔註31〕語出余嘉錫《古書通例》（臺北：臺灣古籍出版有限公司，2003 年 5 月），頁69。以下所引此書之內容，皆以此版本爲主，不再說明。

〔註32〕語出《昭明文選‧序》。

〔註33〕參考袁行霈主編之《中國文學史》（第一卷）（北京：高等教育出版社，2004年），頁121。

〔註34〕余嘉錫《古書通例》，頁70~71。

〔註35〕同前註，頁72

兼有自著與追記者。其三、此時子書中之出於自著者，其體例以「書疏」與「論說」爲主。其言大致點出此時子書在內涵性質以及體例上的特點，但仍有需要補充者。以下分別依先秦子書之內涵性質及其體例兩個部分，進一步討論之，並論其形式上的典範性。

（一）先秦子書之內涵性質

今觀《漢志・諸子略》所著錄之先秦子書，或已亡佚、或只見殘本，所存者爲數甚少。然其所以能存，必因其具有不可磨滅的價值，本文之重點在探討子書的「典範性」，因此討論之範圍將集中於今日可見、且內容較爲完整之先秦子書，如：《孟子》、《荀子》、《老子》、《莊子》、《韓非子》、《墨子》、《呂氏春秋》等。又《論語》一書雖列於《漢志・六藝略》，地位等同於「經」，然觀其內容實爲孔子之弟子後學記纂其聚眾講學與平日言行之作，其性質屬私家之著述；且孔子首開平民議政、講學之風，爲先秦諸子之首，因此，此處亦將其與其他先秦子書並列，一併討論。

分析上述子書，其所討論的範圍誠然大致不出「議政」、「講學」兩個方面。此與上文所談之先秦子家之精神，息息相關，由於諸子對於外在環境的關懷之情，與其積極參與政治，進而改善外在環境的志向，故諸子雖「各有宗旨」，然其言論之重心與著述之宗旨，皆以「議政」、「講學」爲主要範疇。《莊子・天下篇》論宋鈃、尹文時嘗言：

> 見侮不辱，救民之鬥，禁攻寢兵，救世之戰。以此周行天下，上說
> 下教，雖天下不取，強聒而不舍者也，……

此言點出了宋鈃、尹文之學的特色，以及其爲了實踐其學而「上說下教，強聒不舍」的作風。但所謂「上說下教，強聒不舍」，欲以其學說救時之弊的精神，同樣存在於當時各家的子書中。子家各以其道遊說時君世主，提出其治國理民之良方；若其說不被君主所採納，則退而著書、立說，將其學說散播於民間。如《史記》言：

> 當是之時，秦用商君，富國彊兵；魏用吳起，戰勝弱敵；齊威王、
> 宣王用孫子、田忌之徒，而諸侯東面朝齊。天下方務於合從連衡，
> 以攻伐爲賢。而孟軻乃述唐、虞、三代之德，是以所如者不合。退
> 而與萬章之徒，序詩書、述仲尼之意，作《孟子》七篇。〔註36〕

〔註36〕《史記・孟子荀卿列傳》，引自（日）瀧川龜太郎《史記會注考證》（臺北：萬卷樓，1996年），頁944。以下所引《史記》內容，皆以此本爲據。

荀卿嫉濁世之政，亡國亂君相屬，不遂大道而營於巫祝，信機祥；
鄙儒小拘如莊周等，又猾稽亂俗，於是推儒、墨、道德之行事興壞，
序列數萬言而卒。〔註37〕

非見韓之削弱，數以書諫韓王。韓王不能用。於是韓非疾治國不務
修明其法制，執勢以御其臣下，富國強兵，而以求人任賢；反舉浮
淫之蠹，而加之於功實之上，以爲儒者用文亂法，而俠者以武犯禁，
寬則寵名譽之人，急則用介胄之士。今者所養非所用，所用非所養。
悲廉直不容於邪枉之臣，觀往者得失之變，故作〈孤憤〉、〈五蠹〉、
〈內外儲〉、〈說林〉、〈說難〉十餘萬言。〔註38〕

要皆點出了諸子之書「議政」、「講學」之性質。子書中關於「議政」之方面，
主要是諸子對於時政的批評與改革之道，旁及對歷代治亂興衰之原因分析，
其發言的對象是上位者，目的是爲了參與政治、救時之弊。「講學」方面，則
是有關於諸子自身整體之學說、理念，涉及政治、哲學、社會、經濟、文學
等各個層面，其目的是爲了建立一家之言，廣播其學，進而對社會產生影響。
其發言之對象一部份是針對其子弟、後學，另一部份則爲他家之學者，前者
出於言道說教，後者則是藉著與他家學說辯駁，確立己說之合理性、正當性。

　　雖然先秦後期，部分子家著書立論之主要目的已由救時之弊，轉而爲以
術數干祿，〔註39〕部分子書已論「術」不論「道」，且由於各家學說本有入世、
出世之別，並非所有子書皆具備關懷社會，參與政治以救時之弊的精神，然
而，今日所存見之先秦子書，仍大致具備以上所說的兩種性質、內涵。而以
子書「議政」、「論學」，上說君主，下教子弟之風，亦爲後世子書所繼承、延
續。

（二）先秦子書之體例

　　由於先秦時期「著作」觀念尚未形成，子書未必出於子家手著，而多爲
其門人、後學所追記、附益而成。因此先秦子書純粹自著者少，而以後人追
記者爲多，而一書之中，又往往夾雜自著與他人追記的部分，因此，體例十
分複雜。

〔註37〕《史記‧孟子荀卿列傳》，頁946。
〔註38〕《史記‧老子韓非列傳》頁856~857。
〔註39〕如申不害「學術以干韓昭侯」，見《史記‧老子韓非列傳》，頁836。亦可參看
　　　　錢穆《國史大綱》（北京：商務印書館，2005年），上冊，頁105～106。

　　子書中全屬後人追記者，以《論語》爲代表。《漢書‧藝文志》記載：

> 《論語》者，孔子應答弟子時人及弟子相與言而接聞於夫子之語也。

> 當時弟子各有所記。夫子既卒，門人相與輯而論纂，故謂之《論語》。

可見《論語》一書實爲孔子之語錄。今觀《論語》之內容，多爲簡要、精粹的格言、對話，錢穆曾譽爲「中國古代散文中無上絕妙之小品文」，〔註40〕如：

> 子曰：「君子不器。」

> 子曰：「巧言令色，鮮矣仁！」

此外則爲孔子與時人、門生之間的問答對話紀錄，如〈先進篇〉中，「子路、曾晳、冉有、公西華侍坐」一章，即記載了孔子與其門生討論志向之言談。諸如此類，直接記載子家議政、講學之說，與其平日言談口語的語錄體，是當時子書常見的體例之一。如《墨子》書中〈耕柱〉、〈貴義〉、〈公孟〉、〈魯問〉等篇，以及《孟子》、《莊子‧外篇》、〈雜篇〉中的部分內容均可見此體例。然而隨著子家說理、議論技巧的逐步成熟，其表述形式亦由格言式的短句、精簡的對話，演變而爲長篇的說理散文與辯論式的對話記錄。以《墨子》爲例，錢穆已指出：

> 《墨子》更見有從口語記述轉變爲行文作論之痕迹。《墨子》諸篇已不再從「子墨子曰」開端，只在篇中夾入「子墨子曰」、「子墨子言曰」，以及「故子墨子言曰」等語。而如〈非攻〉上篇，通體無「子墨子曰」字樣，遂極似後代一論文。……《墨子》書如〈尚賢〉、〈尚同〉、〈非攻〉、〈兼愛〉、〈天志〉、〈明鬼〉、〈非儒〉、〈非樂〉等篇，顯然是後世一篇議論文之體裁，與記言、記事大大有別。〔註41〕

由此觀之，《墨子》書中呈現出的體例、形式之轉變，不僅象徵著中國古代散文的進步，更可說是從古代儒家經典與史籍的舊傳統中，開出一條屬於子書的書寫道路。

　　此時子書中以自著爲主者，以《莊》、《老子》、《荀子》、《韓非子》爲代表。其中《老子》較爲特別，其書韻散交融，語約意豐，其篇幅雖短，且其中尚無結構完密的邏輯推論過程，但其所言卻深具抽象思維之哲理，爲韻

〔註40〕語見錢穆〈中國古代散文——從西周至戰國〉，《中國學術思想史論叢（二）》（臺北：聯經，1995年），頁478。

〔註41〕同前註，頁477。

散結合之論說文。錢穆曾指出：

> 全部《道德經》，寥寥五千言，但一開始便把「道可道，非常道，名
> 可名，非常名」十二個字，扼要提綱標出；這又是文體上的一大進
> 步。〔註42〕

而其他三部子書，雖亦有其風格特色，如「《莊子》恢奇」、「《荀子》平實」、
「《韓非》奇宕」，〔註43〕然就體例言之，同爲論說文，即說理散文。語錄體
子書中某些有主題的篇章，如前述《墨子》十論，以及《孟子》「知言養氣」
之議論，已見論說文的基本特徵，及至《莊子》、《荀子》則已具備後世文學
作品中有主題、且篇章結構完整的要件，尤其《莊子》文中時露造語新奇的
文學趣味，直可視爲「有意爲文」。〔註44〕《韓非子》則可說是先秦時期，以
論說文爲主要體例之子書中集大成者。

　　論說文作爲先秦子書體例之一，與當時子家以其學術「取合諸侯」之風
氣，以及子書中「議政」、「講學」之性質有密切關係。無論是游說上位者採
用自己的學說，或是向上位者解說自身學說的宗旨，又或是聚眾講學，子家
均須以論證說理的形式表述其思想、見解。此外，子家爲確立自身學說的合
理與正當，除了游說君主、下教門徒之外，尚須與他家學說相互辯論，因此
此時子書中之「論說」之體例，又可再細分爲「論體」與「辯體」。對此，劉
師培嘗言：

> 九家之中，凡能推闡義理，成一家者，皆爲論體。互相辯難者，皆
> 爲辯體。儒家之中，如〈禮記・表記〉、〈中庸〉各篇，皆論體也。〈孟
> 子・許行〉等章，皆辯體也。即道家、法家、雜家、墨家之中，亦
> 隱含論辯兩體。〔註45〕

其言乃是針對各家學派之著作，而認爲其中有「論」、「辯」兩種體例。若就
先秦子書之體例而言，亦符合其說。如《荀子・天論》、《莊子・齊物論》等，
即可歸於「論體」；而《莊子》書中的「濠梁之辯」，《孟子》書中的「孟告之
辯」則可歸於「辯體」。

〔註42〕語見錢穆〈中國古代散文——從西周至戰國〉，頁478。

〔註43〕以上三句出處同前註。

〔註44〕此意參考自錢穆的意見，其論詳見〈中國古代散文——從西周至戰國〉，同註
　　　　59。

〔註45〕語出劉師培《論文雜記》，收於洪治綱主編之《劉師培經典文存》（上海：上
　　　　海大學出版社），頁252。

綜而言之，先秦子書之體例，由著作者方面而言，有追記與自著之別；而由其組織架構而言，則有語錄體與論說體。其中屬後人追記者，多爲語錄體，而自著者，則多爲論說體。論說體中，又可細分爲論體、辯體二種。然總結以上，先秦子書之體例大致不出格言、對話、說理、辯論四種類型，此四種類型的表述形式在先秦子書中均有淋漓盡致的發揮與相當的成就，後世子書之體例亦是依此脈絡繼續發展。

以上無論是從子家的心態目的、從子書的內容形式去探討，或是從漢代以前之人對於先秦諸子的描述來分析，可以清楚看到的是，先秦子學之所以足爲後世子學的典範，在於三個方面：其一、先秦子家立說、著書的動機充滿了對政治、社會的關懷，且其學說能言人所未言，具有一定的主體性、原創性。其二、先秦子書的內容性質、形式體例，皆爲後世子書追蹤、模擬的範式。第三、整體而言，先秦諸子所樹立的、以「興治」、「治道」爲主體的特色，成爲後世學者欲辨章學術，區分哪些私人著述可以劃歸爲諸子之時，最關鍵的判定標準。此種「興治」精神在後世子書中亦綿延不絕，是傳統子學發展、延續的主要憑依。

第二節　兩漢諸子 ── 繼承與發展

先秦諸子百家爭鳴的學術盛況到了秦始皇統一天下時，稍見緩和的趨勢，時至漢朝建立，大一統的帝國建立之後，諸子「各引一端，崇其所善，以此馳說，取合諸侯」的自由開放且多元的學術風氣已不復見。兩漢四百多年中，可稱得上一子者，寥寥可數。今觀《漢志》、《隋志》所著錄的各家子書，雖只有墨家、名家無漢人之著述，但是漢代諸子所佔的比例卻是上不及先秦，下不及魏晉。不過，兩漢諸子除了《漢志・諸子略》與《隋志・子部》中著錄的子家、子書之外，亦有足以爲一家之言者。梁啓超即言：

> 今所傳漢代著述，除經注詞賦外，其稍成一家言者，有若陸賈之《新語》、賈誼之《新書》、董仲舒之《春秋繁露》、司馬遷之《史記》、淮南王安之《淮南子》、桓寬之《鹽鐵論》、劉向之《說苑》、《新序》、揚雄之《法言》、《太玄》、王充之《論衡》、王符之《潛夫論》、仲長統之《昌言》、許慎之《說文解字》等。〔註46〕

〔註46〕梁啓超：《中國學術思想變遷之大勢》（臺北：臺灣古籍出版社，1995 年 8 月），

便將《隋志》歸於經部的《春秋繁露》、《說文解字》以及歸於史部的《史記》，一併歸入「著書之儒」與諸子著作並列，認為其著作亦成一家之言。由一種較為廣泛的眼光視之，經、史與子三者之間，並非此疆彼界可以清楚劃分，史可以為子；子亦可以上昇為經，其中的界限，並不死板。然而，本論文在此所欲處理的重點，乃是探討漢代諸子對先秦諸子有何繼承與發展之處，以及彰顯其在子學傳統中承上啓下的關鍵地位。因此，僅將討論的範圍限縮於狹義的漢代諸子，即從《漢志‧諸子略》與《隋志‧子部》所著錄的子家與子書之中，選取其書尚存或其書雖亡佚，但經後人輯佚，可見其大概者，作為主要的討論對象。《隋志‧子部》新增的「兵家」、「天文」、「曆術」、「五行」、「醫方」諸類中所著錄的諸子，則因為其過於偏向專門、專科之學，與典型的子學已有差距，故略而不談。此外，桓寬之《鹽鐵論》因專記一議案中之兩方代表之言論，其中雖亦有一套儒家政治思想，但未可稱為一家之言，因亦略去。而董仲舒之《春秋繁露》雖偏於經學中的春秋公羊學，然而其中所展現的子家精神，與先秦諸子若合符節；且《漢書‧董仲舒傳》言：「仲舒所著皆明經術之意，及上書條教，凡百二十三篇。而說《春秋》事得失，《聞舉》、《玉杯》、《蕃露》、《清明》、《竹林》之屬，復數十篇。」此即《漢志‧諸子略》所著錄的《董仲舒百二十三篇》，屬於正統子家言的部分。基於以上二點，雖然《隋志》將董仲舒的著作分別歸於經部、集部，但此處則視其為漢代諸子之一。

　　根據以上的原則，本節所討論的漢代諸子有：陸賈、賈誼、劉安、董仲舒、劉向、揚雄、桓譚、王充、王符、崔寔，王逸、應劭、荀悅、徐幹〔註47〕、仲長統等。

　　雖然兩漢諸子的數量不多，但傳世之比例卻相當高，大部分的漢代子書今日依然可見，由此可見其重要性。考察今日可見之漢代子書，無論是其撰作規模、思想內涵或是寫作意向，皆是接續先秦諸子所奠定的範式，進而發展出屬於漢代諸子自身的特色。以下聚焦於其對先秦子學的繼承與自身發展的特色，探討其於子學傳統中的重要性。

頁 83～84。

〔註47〕《隋志》子部儒家類著錄《徐氏中論》六卷「魏太子文學徐幹撰」，然今考徐
　　　　幹之生平，實為東漢末年之人，故此處將其列為漢代諸子討論之。

一、兩漢諸子對先秦子學的繼承

《文心雕龍・諸子篇》嘗言：

> 若夫陸賈《典語》，賈誼《新書》，揚雄《法言》，劉向《說苑》，王符《潛夫》，崔寔《政論》，仲長《昌言》，杜夷《幽求》，咸敘經典，或明政術，雖標論名，歸乎諸子。何者？博明萬事爲子，適辨一理爲論，彼皆蔓延雜說，故入諸子之流。夫自六國以前，去聖未遠，故能越世高談，自開戶牖。兩漢以後，體勢漫弱，雖明乎坦途，而類多依採。〔註48〕

引文中劉勰所舉出的子書，唯杜夷《幽求新書》爲晉代作品，餘皆爲兩漢子書，其說對於兩漢諸子有一定的針對性，並以兩漢諸子作爲一個斷限，和先秦諸子相互對照比較。且其說有幾個重點：其一、就撰作規模的大小差異而言，劉勰認爲「子」與「論」是不同的文體，「博明萬事爲子，適辨一理爲論」，漢代諸子多以「論」作書名，如《潛夫論》、《政論》等，然而觀其思想內涵，雖不及先秦諸子「博明萬事」，但也皆能「蔓延雜說」，因此能列入諸子之流。其二、劉勰點出了漢代子書的共同特色，即是「咸敘經典，或明政術」。漢代子書所以能列入諸子之流的原因，除了其撰作規模「蔓延雜說」之外，更重要的是其「蔓延雜說」的內容涉及了六藝經典，並與爲政之術息息相關。其三、先秦諸子與兩漢以後諸子的差別還在於，前者能「越世高談，自開戶牖」，具有思想上的原創性；而後者則是「體勢漫弱，類多依採」。據其說，兩漢諸子在傳統子學的發展歷程中，是一個重要的轉折關鍵，他指出漢代諸子雖能列入諸子之流，然而卻較欠缺思想上的原創性，而對前人學術多所依傍，而此一特徵亦存在於兩漢以後的諸子中。事實上，劉勰也穿透了漢代子書的形式，直探其內蘊，察覺出漢代諸子與先秦諸子之間一脈相承的子學傳統，即「咸敘經典，或明政術」。以下分別從「子學精神」、「思想內涵」兩個方面，進一步談談兩漢諸子對於先秦諸子的依傍與繼承之處。

（一）子學精神

概括言之，先秦諸子所樹立的子學精神即是「述道言治」。先秦子家從各個面向出發，針對當時整個時代、環境所衍生之種種現象、問題提出一己之見，試圖建立一套足以爲一王之法的學說，務求政治、社會之治平。諸子之

〔註48〕見劉勰：《文心雕龍・諸子篇》。

道皆有得於古代道術之一端，儘管各有宗旨，要皆圍繞著「治道」而開展，流露出對政治的積極關懷以及興治的理想。這樣的精神在兩漢諸子中依然清晰可見。

　　經歷了秦亡漢興動盪不安的過渡階段，西漢初期之子家，同時亦是一朝之臣，如陸賈、賈誼，其所面對的共同問題是：一個大統一的天下，應該以何種方式來治理，方能使其長治久安？而建國初期所面臨的政權不穩、民生凋弊、社會不安種種難題又該如何解決？因此其著述之動機大部分是爲了解決上述問題。如陸賈《新語》即是爲漢高祖剖析秦亡、漢興之原因，以及歷史上朝代興替消長之理。其書中所言，皆與君王治國理民之道，息息相關。賈誼《新書》則是進一步針對當時政治制度、外交、經濟等具體問題，提出解決之道。《新書》中的部分內容即《漢書》記載的〈陳政事疏〉，班固言：「是時，匈奴彊，侵邊。天下初定，制度疏闊。諸侯王僭儗，地過古制，淮南、濟北王皆爲逆誅。誼上疏陳政事，多所欲匡建」〔註49〕即點出了賈誼所關注的議題，與其亟欲爲君主提供一套治國之方的用心。而於武帝建元二年（西元前 139 年）獻書《淮南子》的劉安，其書「紀綱道德，經緯人事，上考之天，下揆之地，中通諸理。」〔註50〕目的即是爲統治者籌備完整的「帝王之道」，以助其「統天下，理萬物，應變化，通殊類」。〔註51〕同時之董仲舒，其所懷抱的志向與淮南王劉安如出一轍，惟其思想宗旨與理論體系一爲儒家、一爲雜家。而時代稍晚的劉向，其所編撰之《新序》、《說苑》、《列女傳》等，內容大體皆爲古代故事，看似實應列於史部，但考其實質，書中故事的選取與排列都有意義，故事的前、中、後皆有說明、議論，其目的即是欲藉著一連串的小故事以啓示、勸諫君王治平之道。劉向所身處的元、成之世，正面臨著皇權日衰，宦官、外戚頻繁干政的混亂局勢，觀其所上之諫書與其編撰之書，皆足以針砭時弊，並流露其感悟君主任賢去佞、崇儉抑奢，實行仁政以振作圖強之苦心孤詣。故清人譚獻言其「以著述當諫書，皆與封事相發，董生所謂陳古以刺今。」〔註52〕可謂確評。

　　以上所談論之漢代子家，在正統子學的傳承中，皆充分展現了子家積極

〔註49〕語出《漢書・賈誼傳》，標點本，卷四十八，頁 2230。
〔註50〕見《淮南子・要略》卷二十一，引自何寧：《淮南子集釋》（北京：中華書局，1998 年 10 月），頁 1437。以下所引《淮南子》，皆據此本，不再說明。
〔註51〕同前註，頁 711。
〔註52〕譚獻《復堂日記》（河北：河北教育出版社，2001 年），卷六。（頁碼待查）

參與政治、關懷政治以及希冀治平的企圖心，可說實實在在地繼承了先秦諸子之精神。往後之漢代諸子，對於政治的實際參與與關懷之心，日益消減，且其興治的理想亦不如前期諸子高遠恢弘。以揚雄而言，其《太玄》純爲模擬之作，艱深難懂，其書的學術性遠高於政治實用性；而《法言》亦是模擬《論語》而作，雖然其中仍多少提了上位者施政、使民之道，且對於時代環境有觀察、有反省，但更多的部分是在批評當時的學術風氣或是品評歷史人物，其書中的學術討論高於對現實政治的關懷。〔註53〕與其同時之劉向相比，其所具備的子學精神已稍微減弱了。其後之桓譚，亦有此傾向。其書《新論‧本造篇》雖自言欲效法劉向《新序》與陸賈《新語》，且自認其書爲「術辨古今，亦欲興治也，何異《春秋》褒貶耶！」〔註54〕其志雖高，然事實上，目前可見的《新論》尚存十六篇，除了〈王霸〉、〈求輔〉、〈言體〉、〈譴非〉等篇論及政治外，其餘篇章則多爲對卜筮、迷信、讖緯的批判。此外，考察王充《論衡》，其對於先秦、漢初諸子「述道言志」的精神依然能深體默會，其言：

> 孔子作〈春秋〉，周民弊也。故采求毫毛之善，貶纖介之惡，撥亂世，反諸正，人道浹，王道備，所以檢柙靡薄之俗者，悉具密致。夫防決不備，有水溢之害；網解不結，有獸失之患。是故周道不弊，則民不文薄；民不文薄，〈春秋〉不作。楊、墨之學不亂傳義，則孟子之傳不造；韓國不小弱，法度不壞廢，則韓非之書不爲；高祖不辨得天下，馬上之計未轉，則陸賈之語不奏；眾事不失實，凡論不壞亂，則桓譚之論不起。故夫賢聖之興文也，起事不空爲，因因不妄作。作有益於化，化有補於正，……故夫賢人之在世也，進則盡忠宣化，以明朝廷；退則稱論貶說，以覺失俗。俗也不知還，則立道輕爲非；論者不追救，則迷亂不覺悟。〔註55〕

由引文可知，王充明確地指出諸子們不得已而爲文，且言必與政治教化有關的特性，且認爲即便是不能實際參與政治「盡忠宣化，以明朝廷」，也應能「稱

〔註53〕如《太玄‧重黎篇》言：「或問『黃帝終始』。曰：『託也。昔者姒氏治水土，而巫步多禹；扁鵲，盧人也，而醫多盧。夫欲孍僞者必假眞。禹乎？盧乎？終始乎？』」即是批評陰陽五行、讖緯之說。〈問道篇〉則討論諸子學說之優劣短長，如其言：「申、韓之術，不仁之至矣，若何牛羊之用人也？」即是批評法家苛薄少恩。或討論「無爲」、「刑名」等問題。

〔註54〕桓譚《新論》卷上〈本造第一〉（上海：上海人民出版社，1997年6月），頁1。

〔註55〕《論衡‧對作篇》，引自黃暉：《論衡校釋》（北京：中華書局，1996年），卷二十九、第八十四，頁1177～1178。

論貶說，以覺失俗」，但是，往針砭時俗此一路向前進的《論衡》，雖心想矯治社會風俗，化俗啓民，但實際上卻逐漸偏離傳統的子學範疇，學術、思想批判成爲其書中的主體內容，雖有些科學精神，卻無關治道，實爲子學精神之歧出。此後，隨著東漢政治日益衰敗，子家們對於治國、平天下的關切猶在，但卻無暇提出深刻的治國理論，大多只是狹隘地討論當時現實政治的問題，以謀補偏救蔽之法。先秦諸子「博明萬理，各有宗旨」、「欲以其學易天下」的精神，到了東漢末年諸子身上，則轉變爲淺近的政治現實的討論，以及鮮明的批判精神，其用心雖仍值得讚許，但相較於西漢諸子卻少了點眞誠的力量。〔註 56〕西漢諸子亦有批判精神，然而其批判是爲了建立長治久安之道；東漢末年之諸子卻將全部心力集中在對政治制度的腐化、社會風氣的敗壞等方面的批判，因此思想性稍嫌薄弱，也未能建立一己之學說，多只能針對具體弊端提出陳陳相因的、治標的辦法，而缺乏對根本之道的思考。如王符、仲長統、荀悅、崔寔等人所撰著之子書之內容，雖各有風格，但要皆大同小異。傳統子學之精神至此，已略見淡化、轉化的端倪。〔註 57〕

（二）思想內涵

漢代諸子對於先秦諸子的繼承，除了反映於其所具備的子家精神外，亦在於其書中所含蘊的思想內涵。今觀史書記載，漢代諸子的思想背景多是博通經術、百家之學。略舉數人爲例，如陸賈「時時前說稱《詩》、《書》」，〔註 58〕《新

〔註 56〕 以仲長統爲例，其《昌言》雖多爲對政治、社會日益敗壞的激憤關懷與批判，然而其詩中卻言：「叛散《五經》，滅棄〈風〉、〈雅〉。百家雜碎，請用從火。抗志山栖，游心海左。元氣爲舟，微風爲柁。敖翔太清，縱意容冶。」明顯流露出放達出世的意向。與先秦諸子或西漢諸子貫徹到底的興治精神相較，高下自見。所引之詩爲仲長統〈見志詩〉，見逯欽立《先秦漢魏晉南北朝詩》（北京：中華書局，1983 年），第一冊、〈漢詩〉、卷七，頁 205。

〔註 57〕 關於王符、仲長統、荀悅、崔寔等東漢末年諸子的特色，任繼愈已有詳論，在其書《中國哲學發展史（秦漢）》將此諸人共同納入〈東漢末年的社會批判思潮〉一併討論，並指出漢末諸子所提出的改革意見「大都是重複前人編織的幻想，沒有提供什麼新鮮的東西，而且在歷史的必然性面前一一化爲泡影」；「由於社會批判思潮的代表人物把注意力集中到現實的社會政治問題上，而無暇專門研究自然哲學和認識論的問題，他們的哲學理論比較零碎雜亂，不成體系。」任氏之言已明確點出上述諸子無論是對政治現況所提出的改革制度或在哲學思想方面，價值皆不甚高。任氏之語參見氏著：〈東漢末年的社會批判思潮〉，《中國哲學發展史（秦漢）》（北京：人民出版社，1998 年），頁 712。

〔註 58〕 語出《漢書・陸賈傳》，卷四十三、第十三，頁 2699。

語》中既有黃老道家之色彩，亦充滿傳統儒家思想；賈誼亦能「誦《詩》、《書》」，〔註 59〕且「頗通諸家之學」；〔註 60〕董仲舒則爲《公羊春秋》之大家，其說包含了先秦儒家與陰陽家之言；而劉向一方面能「講論五經」，〔註 61〕另一方面則編撰《七略》「剖判藝文，總百家之緒」；〔註 62〕揚雄則是「博覽無所不見」；〔註 63〕王充則能「博通眾流百家之言」。〔註 64〕而考察其書，亦屢見其援引經書以爲己說論證；或化用諸子百家之語，或採用其說。以此可見，漢代諸子對於先秦之學術思想，可說是採取一種開放的態度，其思想雖以儒爲主，也兼採他家。

然而此一傾向並非是指漢代諸子雜湊五經、諸子之說，毫無自身思想之宗旨，而是依據其面臨的現實問題，取其所需，融合爲一種更具現實性、實用性的思想。這樣一種思想傾向，在戰國後期已然存在，如荀子、老子、韓非子皆沾染了他家的思想色彩；《易傳》、《中庸》則兼具儒、道兩家之思想。至呂不韋所編撰之《呂氏春秋》，則可說是此一思想傾向的集大成之作。時至漢朝，此一傾向依然持續發酵，陸賈、賈誼、董仲舒雖皆提倡儒學之仁義，然其思想亦夾雜了道家、名家、法家以及陰陽家之說；而劉安之《淮南子》則承繼《呂氏春秋》而爲先秦百家之理論精華之總結。隨著兩漢四百年多年間政治、社會、經濟等方面所產生的各種變化，各時期諸子們所面臨的問題亦有不同，而其思想內涵之偏重亦隨之有所差別，史志上亦對其作出儒、道、法等各家的區分。若將兩漢分爲：西漢前期、西漢中期、西漢末期、東漢前期、東漢末期等階段，諸子思想之偏重呈現出由黃老道家、法家向儒家轉化的趨勢，繼而再轉向法家、道家。以東漢末期之諸子爲例，《隋志》將王符《潛夫論》、荀悅《申鑒》、徐幹《中論》列於儒家，仲長統《昌言》列於雜家，崔寔《政論》則列於法家，然而今觀此五子之著作，大體皆一方面強調儒家的仁義教化，另一方面又頗爲重視法家循名責實、重刑法等理論。以《申鑒》爲例，其言曰：

> 夫道之本，仁義而已矣。……故凡政之大經，法教而已矣。教者，
> 陽之化也；法者，陰之符也。〔註 65〕

〔註 59〕語出《漢書·賈誼傳》，卷四十八、第十八，頁 2221。

〔註 60〕同前註。

〔註 61〕語出《漢書·劉向傳》，卷四十六、第六，頁 1929。

〔註 62〕同前註，頁 1972～1973。

〔註 63〕語出《漢書·揚雄傳》，卷八十七上、第五十七上，頁 3514。

〔註 64〕語出《後漢書·王充傳》，卷四十九、第三十九，頁 1629。

〔註 65〕見荀悅：《申鑒·政體》（臺北：中華書局，1981 年，四部備要本據漢魏叢書本校刊），頁 1。

故在上者，審則儀道以定好惡，善惡要於功罪，毀譽效於準驗。聽言責事，舉名察實。〔註66〕

賞罰，政之柄也。明賞必罰，審信慎令，賞以勸善，罰以懲惡。〔註67〕

以上可見，荀悅將刑法與教化並提，既重儒家仁義德治之說，亦兼採法治之理。再看崔寔具有鮮明法家色彩的《政論》，書中大談賞罰、威勢對於君主治理天下的重要，卻也摻有儒家養民、愛民的思想，如其云：

人非食不活，衣食足，然後可教以禮義，威以刑罰。〔註68〕

仲長統曾提出十六項政務施行要點，亦兼儒法而論：

敦教學以移情性，表德行以屬風俗。〔註69〕

嚴禁令以防僭差，信賞罰以驗懲勸。〔註70〕

王錦民認為：

《昌言》一書，《唐書・藝文志》移入儒家，似較《隋志》更為合理，東漢諸子如桓譚《新論》、王符《潛夫論》、荀悅《申鑒》、徐幹《中論》等皆在《隋志》儒家，《昌言》一書應併在此類。〔註71〕

據其說，並參照上述資料，可見上述東漢諸子無論列於儒、法、或雜家，其內容大氐兼儒、法而立論之特點是可以確定的。

儘管漢代各期諸子之思想內涵各有特色，然其「博物洽聞，通達古今」〔註72〕的涵養以及對先秦學術兼容並蓄，整合多元的態度卻是共通的。近人徐湘霖為其所校注的徐幹《中論》寫了一篇前言，其中提到：

徐幹對於古文化有一種自覺的繼承意識。這個繼承還不僅僅是從先秦文化典籍中去發掘，也不僅僅是對孔子、孟子、荀子學說的引經據典或照搬理論，更重要的是對先哲、聖賢、歷史人物的言行進行

〔註66〕同前註，頁2。
〔註67〕同前註，頁3。
〔註68〕見崔寔：《政論》（成都：成都：四川人民出版社，1997年，諸子集成補編影印嚴可均輯《全後漢文》本）頁644。
〔註69〕見仲長統：《昌言・損益篇》（成都：四川人民出版社，1997年，諸子集成補編影印《玉函山房輯佚書》本），頁671。
〔註70〕同前註。
〔註71〕氏著：〈雜家源流考〉，《古學經子》（北京：華夏出版社，1996年），頁311。
〔註72〕語出班固：《漢書・楚元王傳》，卷三十六、第六，頁1972。

研究和提升，從中發掘出有價值的具有實踐指導意義的思想，而後
者對於一個思想家思想的形成更具有理論上的意義。〔註73〕

其所提出的「對古文化自覺的繼承意識」，不只是徐幹所獨有的特色，而是漢
代子家共同的特色。這種意識促成了漢代子家在思想上能夠廣涉前代典籍、
文化，融通諸家之長，凝聚而爲一己似舊實新之主張。徐幹《中論》言：

大樂之成，非取乎一音；嘉膳之和，非取乎一味；聖人之德，非取
乎一道，故曰學者所以總群道也。群道統乎己心，群言一乎己口，
唯所用之。〔註74〕

亦可見此一思想傾向。若說先秦諸子之強項在於思想上的創新，則漢代諸子
之優勢即在於其對於先秦諸子思想的重新闡述與理論的整合，使其學說更貼
近現實亦更具實踐的可能。

二、兩漢諸子的發展特色

上文所述雖是扣著漢代諸子「繼承」先秦諸子的部分來討論，然而不難
發現，無論是「子學精神」或是「思想內涵」，從西漢初年到東漢末年，兩漢
諸子已漸漸發展出自己的風格特色，既豐富了傳統子學的內涵，也促使其發
生變化。以下將從「關注議題」與「子書形式」兩個方面考察兩漢諸子發展
歷程中所展現的特色及其中傳統子學過渡、轉變的痕跡。

（一）關注議題

先秦子書所討論的內容相當廣泛，充滿諸子對宇宙、人生各種現象、問
題的描述與解釋，然而一切的討論均有一個共同的目的，就是求天下治平。
因此諸子書中雖亦涉及經學、史學、哲理各方面的討論，卻仍然有一個統攝
一切的、「求治」的宗旨，使其能兼綜各種學問，但又能獨立而爲「子學」。
因此，先秦子書中雖有經、史的成分，卻能獨立於經、史之外而爲「子」。到
了漢代，子書中對於「治道」的討論與「興治」的理想，依然存在，但是子
家們的關注焦點卻不再侷限於此。漢代諸子之內容大致是延續著先秦諸子所
奠定的方向，以討論朝代興衰之理、治國方針、批判政治制度的弊端與社會
風氣的衰敗，與個人爲學、修養、處世之方爲主要內容。但是此時子書中，

〔註73〕徐湘霖《中論校注》（成都：巴蜀書社，2000年7月），頁10。
〔註74〕同前註。

卻有部分內容溢出了上述所列之議題。這並非是指漢代諸子新增、開創了某些前代諸子所無的議題，而是他們將以往子家視爲配角的議題抬高至主角的地位，不再以「興治」爲唯一的目的，將關注焦點集中於某些議題本身。漢代子家所關注的焦點已逐漸偏離「治道」，而更加多元。以下略舉數例以明。

1、從「以史爲鑒」到「史事的蒐集、整理」、「重視當代歷史」

先秦諸子根據歷史以證成其學說、宣揚其政治主張是其共同傾向。如孔子言多稱文王、周公，以周制爲理想政治之典型；墨子則好談夏禹，文中屢屢出現「禹湯文武」，以倡「兼愛」之說；〔註 75〕此外「孟子道性善，言必稱堯舜」亦是如此；至韓非則總結諸家之大成，遍談歷代史實、故事，以闡述道理。這樣一種珍視歷史、又借重歷史的傾向一直延續到漢代。西漢諸子的關切重心即在總結秦亡教訓，訂立治國方針。藉著對歷史現象的檢討，以爲借鑒，反思當下，陸賈、賈誼、劉向等諸子之書的主要內容大抵如此。陸賈《新語》每多將秦朝與古代仁義之君相對比，如其論「謀事不竝仁義者後必敗」〔註 76〕之理，下則舉「齊桓公尙德以霸，秦二世尙刑而亡」，〔註 77〕其對漢王的殷切期勉，對目睹暴秦速亡的戒愼恐懼，蓋已明矣。賈誼〈過秦〉一文則以大量史實鋪陳秦如何由西方蠻荒之國「席捲天下，包舉宇內」，後則急轉直下帶出秦速亡，「身死人手，爲天下笑」的原因在於「仁義不施」。〔註 78〕賈誼大量且精彩地引史、論史，可說是相當成功地將其主張仁義之治的立場清楚呈現出來，並深具說服力，足以撼動人心。東漢諸子的思考重心雖多集中於對政治現實、社會制度、風氣本身的批判，其書中以具體發生的事件爲多，但依然延續傳統諸子「以史爲鑒」、「以史爲證」的特徵。桓譚《新論·求輔篇》即言：「察前世已然之效，可以觀覽，亦可以爲戒。」〔註 79〕

〔註 75〕見《墨子·法儀》：「昔之聖王禹湯文武，兼愛天下之百姓，率以尊天事鬼，其利人多，故天福之，使立爲天子，天下諸侯皆賓事之。暴王桀紂幽厲，兼惡天下之百姓，率以詬天侮鬼，其賊人多，故天禍之，使遂失其國家，身死爲僇於天下，後世子孫毀之，至今不息。故爲不善以得禍者，桀、紂、幽、厲是也，愛人利人以得福者，禹湯文武是也。」引自孫詒讓：《墨子閒詁》，頁 23。

〔註 76〕語見陸賈：《新語·道基》，引自王利器：《新語校注》（北京：中華書局，1997 年 10 月），頁 29。

〔註 77〕同前註。

〔註 78〕見賈誼：《新書·過秦》，引自閻振益，鍾夏：《新書校注》（北京：中華書局，2000 年），頁 1～5。

〔註 79〕桓譚：《新論·求輔》（上海：人民出版社，1977 年），卷上、第三，頁 8。

而〈譴非篇〉中亦多藉著史事的批評以論述其說，如論〈譴非篇〉開頭點明「王者初興，皆先建根本，廣立藩屏，以自樹黨，而強固國基焉」之理，以下則歷數周武王、秦、漢高祖、景武二帝、王莽之事，強調秦與王莽之速亡，即在於未樹藩屏，孤弱無援。〔註80〕其他如仲長統《昌言‧法誡》則分述古今政體，認為「任一人則政專，任數人則相倚。政專則和諧，相倚則違戾。」〔註81〕進而則談秦、漢高帝至孝成帝、光武帝、在政體上的因革、損益，並指出東漢日益嚴重的外戚、宦官與此息息相關。其論事說理的基調可說與桓譚如出一轍。〔註82〕再如荀悅論明主應能「以義申、以義屈」之理、〔註83〕崔寔論重刑不可廢，〔註84〕也可發現此一特徵。

　　然而，值得注意的是，漢代諸子之重視歷史除了表現「以史為鑒」、「以史為證」此一方面外，更在於他們對史料本身以及當代歷史的看重。就其對史料本身的重視而言，可以劉向所編撰的幾本子書為例，如《新序》、《說苑》、《列女傳》等。這些書主要是劉向根據舊史料編纂、改寫、增補而成，當然，最重要的是劉向在其中注入的興治精神。然而，若暫且略去其書中的治道討論與史事虛實，則這些書本身即是史料類編與人物傳記集，展現了劉向在蒐集、整理、分類史料上所下的功夫。〔註85〕儘管這些書具有史書的形式，然而其主要目的仍在於求治，因此不妨其子書之地位。但在王符《潛夫論》中，則出現了一些無關治道，純為歷史記載的篇章，如〈五德志〉、〈志氏姓〉等。前者為據《大戴禮》中〈五帝德〉、〈帝繫〉二篇所寫的「上古興亡史」；後者則為「上古姓氏史」，二者皆保留了許多上古史料。以此可見其時諸子對史料本身的日益重視。漢代諸子對當代歷史的重視，及子書中愈來愈多的史事記載，除上述王符《潛夫論》外，在仲長統《昌言》中也不少，如其記「漢哀

〔註80〕原文參見桓譚：《新論‧譴非》，卷中、第六，頁 19～20。

〔註81〕語出《昌言‧法誡》，頁 677。

〔註82〕其論詳見《昌言‧法誡》，頁 676～680。

〔註83〕原文如下：「或曰在上有屈乎？曰在上者以義申、以義屈。高祖雖能申威於秦、項，而屈於商山四公。光武能申於莽，而屈於強項令。明帝能申令於天下，而屈於鍾離尚書。若秦二世之申欲，而非笑唐、虞。若定陶傳太后之申意，而怨於鄭。是為不屈。不然，則趙氏不亡，而秦無怨尤。故人主以義申、以義屈。……」見《申鑒‧雜言上》，頁 21。

〔註84〕詳見崔寔：《政論》，頁 635～636。

〔註85〕參考自徐興無〈《列女傳》、《說苑》、《新序》及其他〉，《劉向評傳》（南京：南京大學出版社，2005 年 5 月），頁 393、394，402～419。

帝時，有異物生於長樂宮東廡。……群臣皆賀，受賜」〔註86〕宮廷之事；崔寔《政論》記「孝宣帝方外安靜，單于稽顙來朝，百世不羈之虜」〔註87〕等邊防外交之事，皆透露出他們對於當代歷史的重視。

2、子家對學術本身的討論增多

「議政」、「講學」是先秦子書的主要內容，諸子講學的範圍甚廣，舉凡天地、人事諸理無所不包，與學術討論相關之議題亦包含於其中。如《莊子・天下篇》、《荀子・非十二子》、《韓非子・顯學篇》等，即是諸子論及各家學說以及學術變遷的代表作。但是這些涉及學術的討論，其背後仍然與治道、治術相關。以《莊子天下篇》而言，即是將各家諸子之學視為道術之一隅，以一種「論述古今道術淵源流別」〔註88〕的角度，論述各家風格異同。而《荀子・非十二子》所言：

> 假今之世，飾邪說，交姦言，以梟亂天下，矞宇嵬瑣使天下混然不
> 知是非治亂之所在者，有人矣。縱情性，安恣睢，禽獸行，不足以
> 合文通治；然而其持之有故，其言之成理，足以欺惑愚眾；是它囂、
> 魏牟也。……今夫仁人也，將何務哉？上則法舜、禹之制，下則法
> 仲尼、子弓之義，以務息十二子之說，如是則天下之害除，仁人之
> 事畢，聖王之跡著矣。

則是用是否能「安定天下」來檢視、批判各家學說，認為十二子皆是「不知是非治亂之所在者」，並應該以聖人之道制止其學說。文章中所注意的是各家學術是否有助於天下之治，而非學術本身。類似這樣的學術討論，在《韓非子・顯學篇》中有更鮮明的表現。文中對當時儒、墨二家顯學的分裂情形、學說特色均有所論述，但是韓非的出發點是站在君王的立場去檢討這些學說是否有助於治國理民……，是否值得採用為一國之法，而不是純粹地就學術論學術。

漢代諸子在此方面有繼承、有轉變。所繼承者，是對學術的討論依然存在諸子書中；而轉變則為其討論不再是以政治、治道為出發點，而能較為客觀地評論當代學術表現、學風、著作。如揚雄《法言》中便對當時盛行的文學體裁「賦」與學術主流《五經》，提出其看法；並對當時所流行的陰陽五行、

〔註86〕見仲長統：《昌言・雜篇》，頁690。
〔註87〕見崔寔：《政論》，頁652。
〔註88〕語出王叔岷：《莊子校詮》（中央研究院歷史語言研究所專刊之八十八，臺北：中央研究院歷史語言研究所，1999年），頁1293。

讖緯之書提出辯駁。〔註89〕桓譚、王充繼之，除了批判當時學風之外，更涉及文學批評、時人著作等的討論。如桓譚《新論》有言：

> 太史公造書，書成，示東方朔，朔爲平定，因署其下。「太史公」者，皆朔所加之者也。〔註90〕

> 予見新進麗文，美而無采，及見劉揚言辭，常輒有得。〔註91〕

> 文家各有所慕，或好浮華而不知實竅，或美眾多而不見要約。〔註92〕

即涉及對司馬遷之《史記》以及當時華美的文風的討論。王充《論衡》中更提出許多有關文學的理論，如〈書解〉中明白推崇「文儒」，〔註93〕在〈案書〉中提出進步的文學觀，看重當代之文。〔註94〕葉慶炳曾譽之爲「我國文學批評史上開山巨匠」，〔註95〕誠非過譽。東漢末年之諸子雖以批判政治時事見長，但亦有此方面的討論，如仲長統《昌言》言：

> 遷爲〈滑稽傳〉，敘優游事，不稱東方朔，非也。朔之行事，豈直游孟之比哉？而桓譚亦以遷內爲是，又非也。〔註96〕

> 子長、班固，述作之士。〔註97〕

則是對《史記》內容的討論，並及當代人物的評議。

以上是漢代子書中明顯表現出的發展特色。此外，人物品鑒以及雜事、雜記的成分增多，亦可看出漢代諸子轉變的趨勢。漢代諸子書中關於人物討論、品鑒的篇章有揚雄《法言·淵騫》談孔子弟子、呂不韋、聶政、荊軻、張儀、

〔註89〕如〈吾子篇〉論「賦」乃「壯夫不爲也」，又提出「詩人之賦麗以則，辭人之賦麗以淫」之觀點。〈寡見篇〉則論「五經」，云：「惟五經爲辯‧說天者莫辯乎易，說事者莫辯乎書，說體者莫辯乎禮，說志者莫辯乎詩，說理者莫辯乎春秋。捨斯，辯亦小矣。」〈重黎篇〉則論「黃帝終始之說」爲「託也」，不足爲信。上引事例分別引自汪榮寶撰、陳仲夫點校：《法言義疏》（北京：中華書局，1987年），頁45、49、215、317。

〔註90〕《新論·離事》，頁48。

〔註91〕《新論·補遺》，頁69。

〔註92〕同前註。

〔註93〕《論衡·書解》云：「著作者爲文儒，說經者爲世儒。……世儒當世之尊，不遭文儒之書，其跡不傳。」葉慶炳曾據此段而認爲王充「重視直接從事著作的文儒」。〈書解〉之原文見《論衡》，頁1150。葉氏之意見見氏著：《中國文學史》（臺北：臺灣學生書局，1997年），頁83。

〔註94〕此意亦參考自葉慶炳之意見，見氏著：《中國文學史》，同前註，頁84。

〔註95〕同前註，頁84。

〔註96〕《昌言·雜篇》，卷下，頁691。

〔註97〕同前註，頁692。

蘇秦等人；〈重黎〉中則有對子胥、文種、范蠡、陳勝、吳廣等多人的討論；〈問
道〉則對諸子、百家有所評判；〈五百〉則為各種人才分類設喻。〔註98〕再看桓
譚《新論‧求輔》則將賢才分為五品，云：

> 賢有五品：謹敕於家事，順悌於倫黨，鄉里之士也；作健曉惠，文史
> 無害，縣廷之士也；信誠篤行，廉平公□，理下務上者，州郡之士也；
> 通經術，名行高，能達於從政，寬和有固守者，公輔之士也；才高卓
> 絕，疎殊於眾，多籌大略，能圖世建功者，天下之士也。〔註99〕

這樣一種依照各類人才能不同而作出的品類區分，實為劉邵《人物志》以前
人才分類理論之先聲。再觀其〈啟寤〉中云：

> 張子侯曰：「楊子雲西道孔子也，乃貧如此。」吾應曰：「子雲亦東
> 道孔子也。昔仲尼豈獨是魯孔子？亦齊、楚聖人也。」〔註100〕

文中藉由對話，以見桓譚對孔子的高度評價，這樣一種品評人物的方式，則
易令我們想起《世說新語》中於機言巧對，見人物風流的特徵。其餘如《新
論‧見徵》、〈言體〉、〈袪蔽〉、〈識通〉等篇，則散見桓譚對古今人物的品評。
〔註101〕除此，桓譚《新論》中則有不少篇幅是記載發生在自己身上或是所見
所聞的雜事，其後或有簡短評論，〔註102〕或只是單純記事，以〈辨惑篇〉中
最多，略舉數條資料以資參考：

> 哀帝時，有老人范藍，言年三百歲。初與人相見，則喜而相應和；
> 再三，則罵而逐人。〔註103〕

> 余常與郎冷喜出，見一老翁，糞上拾食，頭面垢醜，不可忍視。喜
> 曰：「安知此非神仙？」余曰：「道必形體如此，無以道焉。」〔註104〕

> 近哀、平間，睢陵有董仲君，好方道。嘗犯事，坐重罪，繫獄，佯
> 病、死。數日，目陷蟲出。吏捐棄之。繼而復活。故知幻術靡所不

〔註98〕詳見《法言義疏》，頁416～496、309～416、109～137、247～283。
〔註99〕《新論‧求輔》，頁7。引文中之空格為缺文。
〔註100〕《新論‧啟寤》，頁28。
〔註101〕關於漢代以迄魏晉人物品鑒之發展特徵與具體內容可參考張蓓蓓之博士論文
《漢晉人物品鑒研究》（國立臺灣大學中國文學研究所博士論文，指導教授：
何佑森，1983年6月），此處不再細論。
〔註102〕或原有評論，而今日已亡佚。
〔註103〕《新論‧辨惑》，頁54～55。
〔註104〕同前註。

有。又能鼻吹口歌，吐牙齘，聳眉動目。〔註105〕

雖然這些零碎的資料，不能確定其原爲一完整篇章，或原貌即是如此，但是，這些資料獨立來看，確實是雜事、雜記。雖然其篇名爲「辨惑」，但以最末一條而言，描述之生動、情節之離奇怪異，可比魏晉志怪小說。

　　由以上所述，大致可看出兩漢諸子自身發展的趨勢與特色，這些趨勢與特色上有所承，而往下亦形成後世子書模擬、發揚的另一個範式。〔註106〕先秦諸子所奠定的子學傳統至此，可說稍稍轉了點方向、加了點新的元素，雖未可說是背離了子學傳統，但是卻促成了後世諸子的轉型與變質。

（二）子書形式

　　在子書表現的形式方面，漢代諸子在先秦諸子所建立的基礎上，更進一步地發展、擴充子書的面貌。首先值得注意的是，此時期之子書自著的比例日漸增加。漢初，賈誼《新書》尚有後人編纂的痕跡，而劉安《淮南子》亦非成於一人之手，然而其後之漢代子書則多爲子家自著而成。〔註107〕隨著自著子書漸成風氣，子書的形式亦隨之有所發展。

　　比較漢初諸子及其以後之漢代子書，可發現幾點現象：

　　其一、漢初子書之撰著背後多有一實用目的，如陸賈《新語》則可說是爲了回答高祖的問題而寫的、一篇篇「給皇上的信」；賈誼《新書》中的部分篇章即是其呈給文帝的奏議——〈陳政事疏〉。然而，至西漢中期，揚雄之《太玄》、《法言》則皆爲模擬之作，「勸諫君主」不再是其唯一目的，著作本身亦是目的之一。而桓譚《新論・本造篇》則言：「譚見劉向《新序》、陸賈《新語》，乃爲《新論》。」其中所流露的、欲效法前人之子書而「自爲子書」的心態是明顯的。

　　其二、在體例上，子書沿襲先秦諸子，以議論爲多，且論辯、說理的技巧日益精進，「政論散文」頗爲發達，但子書中「爲文」、「美文」的傾向卻日

〔註105〕同前註。

〔註106〕此點在下一節中將繼續闡述。

〔註107〕關於此點，余嘉錫曾提及，其言：「自漢武帝罷黜百家而諸子之學浸失其傳。學者自以其意著書，無所授受。於是書必出於手著，而無追紀竹帛之事。況至東漢以後，油素代以幡，書寫甚易，雖學不足名家，亦復自成著述，標舉名氏，不願附驥尾以行。」除了點出當時自著之書的增多，亦對其後原因做出分析。見氏著《四庫提要辨證》，《四庫全書總目》（臺北：藝文印書館，1989年），第七冊，頁601。

益顯露，和先秦子書「不得已」而發言爲論、渾然天成，有所不同。以仲長統《昌言・理亂篇》爲例，整篇文章可說是詳細舉例論證了一套歷史循環史觀，然細觀其敘論描述，可說是極盡鋪張之能事，以其論漢代富豪奢侈之風所說的一段話爲例：

> 豪人之室，連棟數百，高田滿野，奴婢千羣，徒附萬計，船車賈販，
> 周於四方，廢居積貯，滿於都城。琦賂寶貨，巨室不能容；馬牛羊
> 豕，山谷不能受。妖童美妾，填乎綺室；倡謳妓樂，列乎深堂。賓
> 客待見而不敢去，車騎交錯而不敢進；三牲之肉臭而不可食，清醇
> 之酎敗而不可飲。睇盼則人從其目之所視，喜怒則人隨其心之所慮。
> 此皆公侯之廣樂，君長之厚實也。〔註108〕

文中使用大量的四字句、整齊的排比、華麗的詞藻以描寫當時富豪奢侈生活的狀況，讓人應接不暇，也能深刻地融入、體會其所敘述的情境。這樣的表現形式和當時所流行的「勸百諷一」的「賦體」十分接近。

　　其三、此時期之子書逐漸發展出一固定模式，以東漢末年諸子爲例，子書中以兩種形式爲多，一是單篇論文，一是對話問答。而所涉及的議題則不出對歷史上朝代興衰的批評、政治制度的批評、社會風氣的批評、並略及勸學、人物品評、與所見所聞之雜記等，各家論述風格或有差異，但所論述的事理則大致相同。而觀其所言，亦多化用前人子書之句意，或是歸納前人所說，整合而成。雖然東漢末年之子家未必相互學習、交流，然而當時之子書卻不約而同地有著相似的模式。與稍早之漢初以及先秦各有風格的子書樣態已有不同。

　　由以上所舉之三種現象，大致可以看出漢代子書在形式上發展的傾向。關於漢代子書在形式上的發展，余嘉錫曾言：

> 周、秦諸子，以從游之眾，傳授之久，故其書往往出於後人追敘，而
> 自作之文，乃不能甚多。漢初風氣，尚未大變。（詳辨附益篇）至中
> 葉以後，著作之文儒，弟子門徒，不見一人，凡所述作，無不躬著竹
> 帛。如《東方朔書》之類，乃與文集相等。篇目具在，可復案也。及
> 揚雄之徒，發憤著書，乃欲於文章之外，別爲諸子。子書之與文集，
> 一分而不可復合。然愈欲自成一家，而其文乃愈與詞賦相近。〔註109〕

文中點出了由先秦至兩漢，子家自著子書之風漸長，子書與文集愈來愈相似，

〔註108〕仲長統《昌言・理亂篇》，頁 662～663。
〔註109〕余嘉錫：《古書通例》，頁 71～70。

且子家之著作亦近於詞賦的特徵。今實際考察漢代子書之內容，發現其發展傾向確如余氏所言。當子書中「求治的目的」不斷淡化，而形式、文詞之美不斷提升，即使學者亦欲於爲文之外別作子書，子書與文集之別卻反而漸趨渾沌，子家之論述亦近於文人詞賦，這樣一種發展傾向，實爲正統子學的歧出，亦埋下了影響後世子學變質的種子。

總結上述所論，可發現，在中國傳統子學的演進歷程中，兩漢諸子實爲承先啓後的重要關鍵。其一方面對先秦正統子學有所繼承與發展，另一方面，則暗含後世子學演進趨勢的端倪。

第三節　六朝諸子——轉型與變質

在中國學術史上，六朝時期的子學相對於當時的史學、文學、經學而言，是較不爲人所熟悉的領域。近代關於此方面的研究與討論，多集中於幾個較爲著名的子家及其著作，如王弼《老子注》、向、郭二人之《莊子注》、葛洪《抱朴子》內外篇、傅玄《傅子》、顏之推《顏氏家訓》、劉晝《劉子》、劉義慶《世說新語》等，尤以前三者爲大宗，《世說》之研究亦不少，至於其他雖在討論之中，但爲數較少。〔註110〕關注的焦點則偏重於思想方面；至於學術史方面的研究論著亦是以玄學、史學、文學三者爲主體，關於子學的整體討論則相當缺乏。這樣的情況固然與當時的學術風氣有很大的關聯，玄學是當時的學術主流，史學發展亦蓬勃興盛，文學方面的表現更是十分引人注目。相較於此，六朝子學的發展看似停滯不前、乏善可陳。但實際上眞是如此嗎？在其他學術門類不斷地創新、開展、前進時，表面上看似停滯、式微的子學，其存在本身即是值得關注的現象。一門學術不論是日益進步或是漸趨式微，其中的轉變過程，都是學術史研究中需要特別留意的關鍵。探討六朝子學的發展概況與特色即是本節所要處理的核心問題。

據《隋志·子部》以及《兩唐志》的記載，六朝時期的子書在數量上相當可觀。然而，今日可見的六朝子書多已亡佚不全，內容上較爲完整的子書僅佔少數，大部分只剩下從史書、類書中輯佚的隻言片語。要從大量的、零碎的資料中，重現當時之子學概況實有一定的難度。幸賴清代學者已經在此

〔註110〕關於這方面的研究論著可參看林麗眞所編撰之《魏晉玄學研究論著目錄》（臺北：漢學研究中心，2005 年 11 月）。

方面從事開疆闢土的工作，使得這項研究可以在他們奠定的基礎之上，繼續前進。如馬國翰《玉函山房輯佚書》、嚴可均《全上古三代秦漢三國六朝文》以及姚振宗《隋書經籍志考證》等著作，便是此領域的佼佼者，前兩本書可說是瞭解六朝子書實際內容的主要參考依據，而姚書則詳細考察並介紹《隋志‧子部》中的所有書籍、作者、版本、輯佚、流傳各方面的概況，間或穿插有姚氏自己的評價，亦有助於我們進一步認識六朝子學。以下的討論主要依據、參考他們的成果，由分析《隋志‧子部》為切入點，釐清六朝子學整體的發展概況，進一步考察六朝子書的實際內容，並與前代子書作比較，以理解傳統子學在六朝所發生的轉變。

一、由《漢志》與《隋志》的差異看六朝子學的發展概況

　　《漢書‧藝文志》是瞭解上古到西漢末年這一時期學術發展演變的重要參考資料，而《隋書‧經籍志》則有助於釐清東漢到唐初之間的學術發展演變。若將這兩部目錄合而觀之，進而分析、比較，所呈現的就是由先秦以迄唐初，這一長時期的學術變遷概況。〔註111〕首先，比較兩志中的部類及其所收書目的數量，可以發現幾個重大的學術轉變現象，列表以明之：〔註112〕

部 類		書籍數量 （家），（篇） （部），（卷）	細　　目
漢志	六藝略	103，3123	易、書、詩、禮、樂、春秋、論語、孝經、小學
	諸子略	189，4324	儒、道、陰陽、法、名、墨、縱橫、雜、農、小說
	詩賦略	106，1318	屈原賦等、陸賈賦等、孫卿賦等、雜賦、歌詩
	兵書略	53，790	兵權謀、兵形勢、陰陽、兵技巧
	數術略	190，2528	天文、曆譜、五行、蓍龜、雜書、形相
	方技略	36，868	醫經、經方、房中、神仙
隋志	經部	627，5371	易、書、詩、禮、樂、春秋、孝經、論語、讖緯、小學（10 類）
	史部	817，13264	正史、古史、雜史、霸史、起居注、舊事、職官、儀注、刑法、雜傳、地理、譜系、部錄（13 類）

〔註111〕此意參考諸億明：〈現存兩部最古的圖書目錄──談《漢書‧藝文志》和《隋書經籍志》〉，《文史知識》，第七期（1982 年），頁 53。

〔註112〕此表乃據史志資料繪製而成。

子部	853，6437	儒、道、法、名、墨、縱橫、雜、農、小說、兵、天文、曆數、五行、醫方（14 類）
集部	554，6622	楚辭、別集、總集（3 類）
附道經佛經	2329，7414	（未列細目）

就類目而言，最明顯的差異在於《漢志》的六略分類法，到了《隋志》則變爲四部分類法。大體而言，〈六藝略〉對應於〈經部〉，〈諸子略〉對應於〈子部〉，〈詩賦略〉對應於〈集部〉；而史部則從原本《六藝略・春秋類》中的附庸變爲獨立的一類，且在細目上展現出當時史學的日益興盛。此外，原本在《漢志》中爲獨立門類的〈兵書略〉、〈數術略〉、〈方技略〉，在《隋志》中則附於〈子部〉中小說家之後，《隋志・子部》的範圍變得較爲龐雜。另外，《隋志》附於四部之後的道經、佛經，則是新增的類目。

佛經、道經不論，就數字上而言，原本僅佔〈六藝略〉中一小部份的史類著作，在《隋志》中數量大增，其書籍部數雖次於子部，但是在卷數方面卻爲四部之冠，顯示東漢以後以迄於唐初史學著作之繁多。四部之中，依照各部之中書籍部數多寡來看，依序爲子部、史部、經部、集部，子部所佔最多。然而就書籍卷數而言，其次序則爲史部、集部、經部、子部。很難看出當時子部之學究竟是興盛還是式微。但是實際考察《隋志》中的記載，卻發現另一項重要的參考數據，見下表〔註113〕：

隋志子部	儒	道	法	名	墨	縱橫	雜	農	小說	兵	天文	曆數	五行	醫方
隋志（部）	62	78	6	4	3	2	97	5	25	133	97	100	272	256
所載（卷）	530	525	72	7	17	6	2720	19	155	512	675	263	1022	4510
實際（部）	44	56	6	4	3	2	106	5	25	128	90	108	338	254
數量（卷）	385	420	73	7	18	6	3599	19	139	530	677	265	1389	4370
部卷數合計〔註114〕	諸子部分							兵及醫方等						
（隋志）	283 部，4051 卷							858 部，6982 卷						
（實際）	251 部，4666 卷							918 部，7231 卷						

〔註113〕 此表參考姚振宗於《隋書經籍志考證》以及興膳宏〈《隋書經籍志》解說（下）〉所作的統計資料，另外據史志資料實際估算，繪製而成。

〔註114〕《隋志・子部》中附於各家書目末的數量統計相加之總數（1177 部，11897 卷），與隋志編撰者所發表的總數（853 部，6437 卷）並不吻合，且差距甚大。

根據表中的統計數字來看，子部主要由兩個部分組成，一是對應於《漢志·
諸子略》的諸子類著作，另一部份則是兵、天文、曆數、五行、醫方等專門
技術類的著作，而後者在數量上又遠邁前者。若扣除兵及醫方等類的著作，
則子部即變爲《隋志》中所佔比例最小的一類。《隋志》中的諸子類著作總數
（283 部，4051 卷）〔註 115〕和《漢志·諸子略》所記載的書籍數量（189 家，
4324 篇）〔註 116〕相比，成長率相當低，遠不如經部、史部、集部。〔註 117〕《隋
志》編撰者之所以將《漢志》中原本獨立成類的兵書略、數術略、方技略歸
併入子部，未必與書籍的內容有關，一部份的原因也許是爲了維持各部數量
上的均衡狀態。〔註 118〕據此而言，傳統子學發展至此，確實呈現出一種停滯、
式微的局面。以下透過統計《隋志》諸子類著作中的各家書籍數量，進一步
看看傳統子學在此時所發生的轉變。茲以圖表〔註 119〕顯示之：〔註 120〕

	作者年代	儒家	道家	法家	名家	墨家	縱橫家	雜家	農家	小說家
隋志諸子類	先秦兩漢部數（比例%）	25	7	4	2	3	0	8	3	1
		57	12	67	50	100	0	8	60	4
	魏晉以降部數（比例%）	19	49	2	2	0	2	98	2	24
		73	88	33	50	0	100	92	40	96
	合　　計	44	56	6	4	2	2	106	5	25

這張圖表中列舉、統計《隋志·子部》諸子類中的各家書籍的數量，並且將
其區分爲「先秦、兩漢諸子書」與「魏晉以降諸子書」兩大部分，統計其各
家子書數量及其於總數中所佔的百分比。透過這樣的統計可以看出以下幾

〔註 115〕本處採取的是《隋志》各家末尾所登錄數目的總和。

〔註 116〕參照上頁表格。

〔註 117〕姑且不論書籍之篇幅，僅就部數而言，只增加了 94 部子書，這個數字還是尚
未扣除兩志中重疊部分的結果。此外，以同樣的方法計算之後，經部增加 524
部，史部增加 806 部，集部增加 348 部，是諸子類書籍的好幾倍。

〔註 118〕興膳宏在〈《隋書經籍志》解說（下）〉中論及阮孝緒《七錄》將子、兵合爲
一部時，曾言：「如果將兵部之書自子兵錄移至術技錄，則子（兵）錄三千六
百四十卷，術技錄四千三十一卷，諸子之書即成爲五錄中書籍最少的部類，
各部類間的均衡勢必失去。因此，諸子書與兵書合併成一部的嘗試，未必與
書籍的內容有關係。」其說甚是。在《七錄》的基礎上編撰而成的《隋志》，
將兵及醫方等類書籍併入子部，或許是沿襲《七錄》。

〔註 119〕此圖表中的數據，爲實際統計的數目，與《隋志》所記載之總數或有不合之
處。

〔註 120〕此表之繪製乃根據史志數據，推算其百分比而成。

點：第一、魏晉以降之子書，以雜家類最多，其次依序爲道家、儒家、小說家等類。第二、法家、名家、墨家、縱橫家、農家等類的著作，無論是就古代子書的保存，或是近人的著作而言，都呈現停滯、衰弱的局面。第三、各家之中，以儒家所保存的古代子書最多。而雜家、小說家則幾乎全爲近代人之作，比例均高達九成以上。第四、陰陽家消失在子部中，或許是因爲此家之學日益趨向於實際應用的技術，因此被歸入五行家之中。僅由數字尚無法呈現其中較細微的變化，以下選取《隋志‧子部》中魏晉以降之諸子書，並將其表格化，〔註121〕進一步觀察之：

	儒	道	法	名	縱橫	雜		小說
著錄書目	周生子要論 魏子 文檢 牟子 典論 王子正論 去伐論集 杜氏體論 新書 周子 顧子 通語 典語 典語別 譙子法訓 譙子五教志 袁子正論 袁子正書 孫氏成敗志 古今通論 蔡氏化清經 通經 新論 楊子物理論 楊子大元經 新論梅子新論	任子道論 渾輿經 唐子 蘇子 宣子 陸子 杜氏幽求新書 抱朴子內篇 顧道士新書論經 孫子 符子 賀子述言 少子 養生論 攝生論 無宗論 聖人無情論 夷夏論 談 簡文談疏 無名子 玄子	法論 政論 阮子正論 世要論 陳子要言 蔡司徒難論	士操 刑聲論 人物志 士緯新書 姚氏新書 九州人士論 通古人論	補闕子論 湘東鴻烈 鬼谷子樂一注	蔣子萬機論 篤論 芻蕘論 諸葛子 傅子 默記 裴氏新言 新義 析言論 桑丘先生書 時務論 古世論 桓子 秦子 劉子 何子 立言 孔氏說林 抱朴子外篇 金樓子	博物志 張公雜記 雜記 雜記 子林 廣志 部略 博覽 諫林 述政論 古今注 古今訓 古今善言 善諫 缺文 政論 記聞 新舊傳 釋俗語 稱謂 備遺記 纂要 方類 俗說 雜說 袖中記	群英論 語林 雜語 郭子 雜對語 要用語對 文對 瑣語 笑林 笑苑 解頤 世說 世說 俗說 小說 小說 邇說 辯林 辯林 瓊林 古今藝術 雜書鈔 座右方 座右法 魯史欹器圖

〔註121〕本表中的書目是將《隋志‧子部》中標記「梁有」但當時亡佚的著作，一併列入。

志林新書 廣林 後林 干子 閎論 顧子 要覽 正覽 三統五德論 諸葛武侯集誡 賢誡 女篇 女鑒 婦人訓誡集 娣姒訓 曹大家女誡 貞順志 ✻另有五種揚子法言注、太玄注，略。	遊玄桂林 廣成子 ✻列子張湛注所牽涉的問題繁雜，暫略。 ✻另有 35 種老子注、莊子注，略。					袖中略集 珠叢 採璧 物始 宜覽 玉府集 鴻寶 顯用 墳典 玉燭寶典 典言 典言 補文 四時錄 正訓 內訓 雜略 清神 前言 會林 對林 道言 道術志 述伎藝 諸書要略 文府 語對 語麗 對要 雜語 書事對 廊廟五格 名數 新言 善說 ✻另有多種皇覽、書鈔之類的著作，略。 ✻佛教類著作，略。	器準圖 水飾

可發現：第一、魏晉以降之雜家類著作雖然數量龐大，但其中性質、型態較接近傳統子書者，只有六部，〔註122〕其餘則爲雜學、雜纂之類的新興子書。第二、儒家類子書有五部注解之作，道家類中則有 35 部，可見注解之書亦爲當時子書的類型之一。另外，儒家類中有八種訓誡之類的子書，〔註123〕是《漢志·諸子略》中所沒有的形式。第三、名家類子書已和以往的名家有所差異，由抽象的名實析辨轉而爲有助於政治上選賢任人的人物品評。第四、此時期的子書在書名上有很高的相似度，相較於《漢志》中多爲「某子」之類的書名，魏晉以降之子書則多以「論」、「記」、「說」、「林」、「覽」、「鈔」等爲名。第五、雜家類中有相當多涉及道教、佛教的著作。

　　此外，據上述兩項資料合併觀之，六朝子家的興趣偏重在自作子書以及注解前代子書兩個方面，在數量上，前者又遠勝於後者。子家們所注解的前代子書集中在揚雄《法言》、《太玄》，以及《老》、《莊》這幾部書。至於自作的子書依照其所佔總數比例多寡依序排列，則爲：小說家、雜家、道家、儒家。〔註124〕整體而言，六朝人對於子書的寫作十分熱衷，雖然在數量〔註125〕上遠不及經部、史部、集部，但亦頗值得注意。

　　綜合上述之各種現象，可知在東漢至唐初，約六百年間，整個學術發展發生了許多重大轉變，子學亦不例外。無論是就子學在四部中的所佔的份量來看，或是就其自身的範圍、性質、形式上來看，都與以往的子學有許多不同。傳統子學在魏晉以降以迄唐初，呈現出一種非常複雜的局面。需要特別說明的是，《隋志·子部》中的著作，若以典型子書的標準來檢視，有一大部分必須被排除在外。例如：（一）兵及醫方等涉及專門技藝的雜學之屬。（二）雜家中的佛道著作與雜纂、雜鈔之類。（三）分散在各家的注解之作。（四）小說家中的笑話集類的作品。〔註126〕這些著作與前面兩節所提到的「述道言

〔註122〕此六部書爲《蔣子萬機論》、《傅子》、《時務論》、《抱朴子外篇》、《金樓子》，選取標準乃就今日尚能見及者爲限。
〔註123〕此類訓誡之書亦被收錄於集部之中，屬於子部、集部重疊的部分。
〔註124〕其他家的因著作數量太少，暫不列入討論。
〔註125〕《隋志》中云「梁有……，亡」的書目相當多。若將此部分一併列入計算，那麼諸子類的書目則不止《隋志》所言的 283 部，4051 卷。此外，《隋志》註明「梁有今亡」的書籍，在兩唐志多有收錄，而嚴可均、馬國翰二人亦輯佚出不少這方面的資料。因此，以下在討論六朝子書及其發展特色時，是將這個部分一併考慮進去的。
〔註126〕此處僅舉其中較具代表性者而言，其他還有某些類型的著作，如《古今藝術》、

志」、「議政講學」、「各有宗旨」的子書，已有很大的差異。因此，在之後的討論中，論及「六朝子書、子家」時，主要是以三國以還、至南朝，這時期中，與正統子書、子家較爲相近者〔註127〕爲主。至於上述四類，非正統的、典型的子部著作，雖與正統子書相距甚遠，但實反映出當時子學的轉變，將會附帶提出並討論之。

在傳統子學的發展歷程中，先秦諸子樹立了子學精神與子書典範，而兩漢諸子承繼之，並發展出其自身的風格，雖稍有歧出，但仍然保持了典型子書的樣態。此時典型子書未必皆能「博明萬事、各有宗旨」、「越世高談、自開戶牖」，但大體而言，皆與政治、學術相關，而以「興治」的精神爲主線貫串之。在這些子書中，可以清楚看到子家們對於政治、社會的關懷以及亟欲改善既有問題的責任感，無論是作爲朝廷大臣或只是個處於政治邊緣的小吏，大多能洞察國家、社會所存在的問題癥結，提出根本對治之道或是補偏救蔽之法。偶有以學術討論爲重心的子書，如揚雄《法言》、《太玄》與王充《論衡》，雖是歧出了傳統子書的「興治」精神，但也能言之成理，自成體系，亦足爲一家之言。此外這些典型子書的傳世比例頗高且後世學者對其評價亦不低，在思想史、學術史上皆有一定的定位與價值。反觀魏晉以降之子書，雖然在數量上頗爲可觀，但傳世的比例甚低，原書內容大體可見者寥寥可數，多爲輯佚所得的零碎資料，而且，自古至今，學者對其評價亦不高。如：北朝顏之推即言：「魏、晉以來，所著諸子，理事重複，遞相模效，猶屋下架屋，床上施床耳！」〔註128〕近代學者劉永濟則言：「戰國諸子，學有本源，文非苟作，雖各得大道之一端，而皆六經之枝條也。漢代已遜其宏深，魏晉尤難以比數。」〔註129〕對於魏晉以下之子書，前者認爲了無新意、多所因襲；而後者則認爲其思想的深度遠不及先秦、兩漢，不足以與之並列。上文中，透過對史志的比較、分析，可觀察到六朝子書和其前的傳統子書之間在範圍、性質、形式等方的變異。但這些變異只是表面的，我們必須進一步探究的是：此兩者之間，究竟存在著哪些具體的、深層的轉變？六朝子家在寫作心態上

《魯史欹器圖》、《器準圖》、《水飾》等，觀其書名，顯然與偏向藝術類，亦是前代子書中所未見者，因數量較少，暫略。

〔註127〕此處言「相近」，乃相對於上述四類著作而言，事實上此一時期之子書，和典型子書相比，實大有不同。

〔註128〕王利器《顏氏家訓集解》，頁1。

〔註129〕劉永濟《文心雕龍校釋》，頁115。

和前代諸子有何異同？六朝子書本身的發展特色又爲何？爲什麼六朝子書的發展在後世人眼中會是傳統子學的墮落呢？以下將從六朝子家以及六朝子書兩個方面探討六朝子學的發展特色。

二、六朝子家〔註130〕之轉變 —— 子書自覺

自先秦、兩漢以迄六朝，子書從後人編撰演變爲子家自著，著述目的亦從「不得已而著書立說」轉而爲「爲著書而著書」、「爲留名後世而著書」，對此一學術演變的趨勢，學者們早已指出。余嘉錫即言：

> 東漢以後，文章之士，恥其學術不逮古人，莫不篤志著述，欲以自成一家。流風所漸，魏、晉尤甚。（〈漢魏以後諸子〉）〔註131〕

張舜徽亦言：

> 儒者莫不宗師仲尼，然孔子曰：「苟有用我者，期月而以可也，三年有成。」又曰：「吾豈匏瓜也哉，焉能繫而不食！」可知仲尼志在用世，初無意於著述。使得志行於時，其必不暇從事刪定無疑耳。……
> 自漢以來，述造日富，固有爲著書而著書者矣，學者尤不可不辨也。
> （〈論古人志在用世不得已而後著述〉）〔註132〕

> 自東漢以來，士子競以著書爲弋名之具，雄實開其先云。（〈論擬古作書之始〉）〔註133〕

兩位學者皆認爲東漢以後子家之著述心態和先秦諸子已有不同。但事實上，東漢子家和六朝子家的著述心態未可一概而論。儘管在東漢子家身上可以發現其欲藉一家之言以留名不朽的想法，但大體而言，他們在心態目的上，仍然繼承了先秦諸子的「興治」精神，著書留名固然也是其目的之一，但卻非其念茲在茲的重心，因爲在東漢子書中，透過那些評議時政、世俗陋習的文字，依然可以感受到子家們對於治道的關懷。但在六朝子書中，這種以「興治」爲主的著述心態，卻愈來愈淡薄，子家們所關懷的重心不再是外向的、

〔註130〕雖然六朝子書的作者，未必皆能當「子」之名，其學亦未必成一家言，但此處所言之六朝「子家」，主要是將其視爲子書作者、編撰者。

〔註131〕余嘉錫：《古書通例》（台北：臺灣古籍，2003 年 5 月），卷二、明體例第二〈漢魏以後諸子〉，頁 76。

〔註132〕張舜徽：〈論古人志在用世不得已而後著述〉，《廣校讎略》（武昌：華中師範大學出版社，2004 年），卷一、著述體例論十篇，頁 9~10。

〔註133〕張舜徽：〈論擬古作書之始〉，《廣校讎略》，同前註，頁 11～12。

與眾人相關的事，而是轉為內向的、以自我為中心的議題。其書中固然也有談到政治、社會方面的事，但談論的背後卻是基於一種想要著書、渴望留名不朽的心理。傳統子家是將「子書」看成是一種工具、一個過程，其真正的目的並不是子書的本身，而是希望其書中「述道言治」的內容能夠經世濟民，有補治道。但是六朝子家相對於以往諸子而言，對於子書卻有另外一種理解與期待。六朝子家對於子書的屬性與價值，有更高的自覺意識；而他們之所以汲汲營營於著述、成一家言，也與此種自覺息息相關。

此處所謂的「子書自覺」，〔註134〕意指對子書本身之特性、價值的覺察與理解。即覺察出子書與經書、文學作品彼此之間的不同性質，並強調子書可以留名千載的意義與價值。而此「子書自覺」實與當時魏晉以降「著作不朽，立言留名」的風氣有關。曹丕《典論‧論文》言：

> 蓋文章經國之大業，不朽之盛事，年壽有時而盡，榮樂止乎其身，二者必至之常期，未若文章之無窮。是以古之作者，寄身於翰墨，見意於篇籍，不假良史之辭，不託飛馳之勢，而聲名自傳於後。故西伯幽而演《易》，周旦顯而制禮，……融等已逝，唯幹著論成一家言。

> 余觀賈誼《過秦論》，發周、秦之得失，通古今之制義，治以三代之風，潤以聖人之化，斯可謂作者矣。

在上述引文中，有幾個重點：其一、曹丕認為「年壽」、「榮樂」二者「必有常期」，是有限的；而「文章」才能「不朽」、「無窮」。「古之作者」之所以能留名千載，乃是憑藉於文章。其二、曹丕看重子書、子家，將賈誼視為等同於文王、周公的「作者」，羨慕徐幹作子書成一家言。文中曹丕充分展現其對於「著作不朽，立言留名」的企盼，這裡的「文章」包含了經書、子書。值得注意的是，在曹丕以前，提及子書時，往往將其視為經學之附庸，是「六經之支與流裔」，是君主治國時可以參考的書籍，子書的價值即在於其在政治上的實用性。但在《典論‧論文》中，子書卻被上抬到可與經書並列的地位，而子家如賈誼，亦被視為「作者」之流，文王、周公、賈誼、徐幹在曹丕看來，皆可說是「立言不朽」的「作者」，「子」與「經」具有一樣的價值。曹

〔註134〕事實上，提及「自覺」一詞，最為人熟知的即是鈴木虎雄、魯迅等人所提出的「文學自覺」。然而若是由一種較為廣泛的標準觀之，六朝時人對於經學、史學、子學亦能覺察出其自身的意義與價值，並有意為之，實可視為他們對於整體學術的自覺。

丕看重子書的心態，已昭然若揭。而他在〈與吳質書〉中，更直接指出子書足以不朽之意，其言曰：

> （徐幹）著《中論》二十餘篇，成一家之言，辭義典雅，足傳於後，此子爲不朽矣。德璉常斐然有述作之意，其才學足以著書，美志不遂，良可痛惜。

由引文可知，曹丕對於「成一家之言」的徐幹相當欽佩、羨慕，並認爲其足以因《中論》而不朽。此外，他也提到應瑒亦有「述作之意」，可惜未能遂行其志，對此，曹丕甚感「痛惜」。兩相對照，充分反映出曹丕自身對於撰述子書以成一家之言的渴望。從另一方面來看，曹丕是根據什麼原因判定徐幹足以不朽的呢？有趣的是，除了《中論》「成一家之言」外，還在於其「辭義典雅」。可知，曹丕已能就子書而言子書，凸顯子書自身的價值，而不再是以是否「有補於治道」的觀點來看待子書。他所強調的不是《中論》在政治、治道方面的貢獻，而是著眼於其「辭義」本身的表現。就此點而言，曹丕的觀念是相當先進的，因爲與其同時的桓範仍然是以一種較爲保守的觀點看待子書，其言曰：

> 夫著作書論者，乃欲闡弘大道，述明聖教，推演事義，盡極情類，記是貶非，以爲法式，當時可行，後世可修。且古者富貴而名姓〔註135〕廢滅，不可勝記。唯篇論淑懿之人，爲不朽耳。夫奪名於百代之前，而流譽於千載之後，以其覽之者益，聞之者有覺故也。豈徒轉相放效，名作書論，浮辭談說而無損益哉？而世俗之人，不解作體，而務泛溢之言，不存有益之義，非也。故作者不尚其辭麗，而貴其存道也；不好其巧慧，而惡其傷義也。故夫小辯破道，狂簡之徒，斐然成文，皆聖人之所疾也。〔註136〕

其中雖也有「著作不朽」的觀念，但是桓範認爲「篇論淑懿之人」之所以足以「不朽」、「奪名於百代之前，而流譽於千載之後」，是因爲「覽之者益，聞之者有覺」。他所看重的是著作內容是否能「闡弘大道，述明聖教」，是否有益於世，這和曹丕所認爲的、子書之不朽之處，實有不同。儘管桓範是以一種較爲保守的觀點看待子書，但卻也反映出當時之人熱衷於「著作書論」，而

〔註135〕嚴可均全文本作「名賤」，另注明：《群書治要》卷四十七原校：「賤」疑「姓」。此處採「名姓」之意較爲通順。

〔註136〕桓範《世要論・序作》，引自《全三國文》，卷37。

不在意其著作是否「述道言治」、有益於世的現象。由以上幾條引文可以看出，當時人看待「子書」的眼光已經開始轉變，能否「成一家之言」寫出一本充分反映個人學識的子書實現自身留名千載的期望，似乎比子書之內容是否合於聖人之道、經世濟民來得重要。但這並非是指當時之人完全不瞭解傳統子書的精神、性質，曹植即言：

> 今往僕少小所著辭賦一通，相與夫街談巷說，必有可采；擊轅之歌有應風雅，匹夫之思，未易輕棄也。辭賦小道，固未足以揄揚大義，彰示來世也。昔揚子雲先朝執戟之臣耳，猶稱壯夫不爲也。吾雖薄德，位爲藩侯，猶庶幾戮力上國，流惠下民，建永世之業，留金石之功。豈徒以翰墨爲勳績，頌辭爲君子哉？若吾志不果、吾道不行，亦將採史官之實錄，辨時俗之得失，定仁義之衷，成一家之言。雖未能藏之名山，將以傳之同好。此要之白首，豈可以今日論乎？其言之不怍，恃惠子之知我也。〔註137〕

曹植一方面肯定辭賦等文學作品的價值，但另一方面卻能清楚地區分「辭賦小道」與「子書」〔註138〕的不同價值。在他看來，建功立業、「流惠下民」依然是最首要的，但若不能達成此志，那麼往後退一步，第二志願便是撰作子書以「成一家之言」，即便不能「藏之名山」，也期以子書傳世以待後世之知音，如同惠施之知莊周一般理解他的著作。至於「辭賦」則是「小道」，不足以「揄揚大義，彰示來世」。其欲以子書傳世留名的心態和曹丕、桓範如出一轍，而更進一步突出子書較於「辭賦」更足以立言不朽的價值。但是，曹植理想中的子書內容爲何？根據引文可知，其所認爲的子書內容爲「採史官之實錄，辨時俗之得失，定仁義之衷，成一家之言」，這樣的內容其實和兩漢諸子書十分相近，同樣皆是看重歷史、以史爲鑒，並且針對時俗得失提出一己之見，而由「辨時俗」、「定仁義」二語觀之，更可見傳統諸子興治精神。若再對照前文，曹植懷抱之「戮力上國，流惠下民」的理想，曹植對於傳統子家的精神與子書所應具備的內容可謂瞭然於胸，這也是「子書自覺」的展現。東漢桓譚曾言：「余爲《新論》，術辨古今，亦欲興治也，何異《春

〔註137〕曹植〈與楊德祖書〉（建安二十一年）

〔註138〕文中曹植雖未直言「子書」一詞，然而根據其所言之「採史官之實錄，辨時俗之得失，定仁義之衷，成一家之言。」雖有「史」的成分，但不止於「史書」，而與傳統子書有吻合之處，因此推測其所言即是指「子書」。

秋》褒貶邪！」〔註139〕其作子書的目的即是為了「興治」。反觀曹植，雖具有興治的抱負，且能認識子書之性質，但其作子書的動機除了是無法「建功立業」之後的寄託外，還為了「傳世不朽」。以此而言，曹植對於傳統諸子之精神可謂一脈相承，然而其撰作動機卻有別於傳統子家「不得已」而著書，轉向於藉子書以留名不朽之心態。

歸納以上所述，伴隨著「著述不朽」之觀念出現的「子書自覺」，在東漢建安時期以迄於魏時，日益清晰。在曹丕、曹植、桓範的文章中，可以看到此時之人對於子書的內容性質與特色已有相當的認識，亦覺察、並強調子書的地位與價值，並「有意」寫作子書，欲憑藉子書以立言不朽。這樣一種「子書自覺」在東晉葛洪《抱朴子·外篇》中，更加鮮明、成熟。且看以下幾條引文：

> 抱朴子曰：百家之言，雖不及清翰銳藻，然悉才士所寄心，一夫澄思也。正經為道義之淵海，子書為增深之之川流。仰而比之，則景星之佐三辰；俯而方之，則林薄之禪嵩岳。而學者專守一業，遊井忽海，遂輒躓於泥潭之中，而沈滯乎不移之困。子書披引玄曠，眇渺泓窈。總不測之源，揚無遺之流。變化不繫於規矩之方圓，旁通不淪於違正之邪徑。風格高嚴，重仞難盡。是偏嗜酸甜者，莫能賞其味也；用思有限者，不得辯其神也。……狹見之徒，區區執一，……惑詩賦瑣碎之文，而忽子論深美之言。〔註140〕

> 百家之言，雖有步起，皆出碩儒之思，成才士之手，方之古人，不必減也。或有汪濊玄曠，合契作者，內闢不測之深源，外播不匱之遠流。其所祖宗也高，其所抽繹也妙。變化不繫滯於規矩之方圓，旁通不凝閡於一塗之逼促。是以偏嗜酸甜者，莫能知其味；用思有限者，不能得其神也。〔註141〕

葛洪雖仍將經書擺放在較高的位置，但是卻極力強調子書的重要性，在他看來，「百家之言」的博大精深與通變奧妙是「專守一業」的「學者」所不能及的。「百家之言」雖不及「正經」，但卻高於學者「專守一業」之作，且更能

〔註139〕桓譚《新論·本造》，頁1。

〔註140〕《抱朴子外篇·百家》，引自楊明照：《抱朴子外篇校箋》（北京：中華書局，2004年5月），頁441～444，下引《抱朴子外篇》皆據此本。

〔註141〕《抱朴子外篇·尚博》，頁116。

闡揚經書中之「道義」，若經書是大海，子書則爲增深大海之百川，至於「詩賦瑣碎之文」則不足觀。像這樣看重、誇大子書本身價值的言論，在葛洪以前是沒有的。此外，子書在葛洪眼中之所以重要，亦與其政治實用性無關，至少，子書的興治成分在此處並非葛洪所要強調的。葛洪所著眼的，乃是子書本身的特質。在他看來，子書不只是經書的「支與流裔」，而有其自身的深度、廣度，且能旁通、變化。除此，他還認爲子書在形式上，雖然不及詩賦之「清翰銳藻」，但卻是「悉才士所寄心，一夫澄思」，可說是深刻瞭解子書內容的思想性。他又言「百家之言，雖有步起，皆出碩儒之思，成才士之手，方之古人，不必減也。」則是明白子書雖有陳陳相因之處，但當世子家之言未必不及古人。此意於此尚不明顯，若再對照〈均世〉中之語，則更爲清楚，葛洪云：

> 然則古之子書，能勝今之作者，何也？然守株之徒，嘍嘍所翫，有耳無目，何肯謂爾！其於古人所作爲神，今世所著爲淺，貴遠賤近，有自來矣。故新劔以詐刻加價，弊方以僞題見寶也。是以古書雖質樸，而俗儒謂之墮於天也；今文雖金玉，而常人同之於瓦礫也。〔註142〕

可見葛洪對於時人之子書的評價，正合於他一貫所持的、「今未必不如古」的觀念。綜上所述，葛洪對於子書的自覺有以下幾個方面：其一、葛洪已能清楚地認識子書在形式、思想內涵方面的特性與價值，以及子書與文學作品、經書三者之間的差別。其二、在葛洪對子書內涵的描述中，可看出其看重的是子書思想上的廣泛性與深刻性，而不再是以傳統的興治眼光去評價子書。其三、對於其當代的子書，葛洪亦肯定其存在價值，認爲可追步古代諸子。

　　除了對子書有更深層的認識與覺察之外，「立一家之言以成一子」，更是葛洪念茲在茲的志向與情懷。這樣的志向與情懷在上文論及曹丕、曹植、桓範時已經出現，但在葛洪的文章中，則更爲強烈。《抱朴子外篇・自敘》言：

> 洪年二十餘，乃計作細碎小文，妨棄功日，未若立一家之言，乃草創子書。〔註143〕

> 洪少有定志，絕不出身。每覽巢、許、子州、北人、石戶、二姜、

〔註142〕《抱朴子外篇・均世》，頁71。
〔註143〕《抱朴子外篇・自敘》，頁697。

> 兩袁、法眞、子龍之傳，常廢書前席，慕其爲人。念精治《五經》，
> 著一部子書，令後世知其爲文儒而已。〔註144〕

由引文可見，葛洪不但是「有意」地寫作子書，更以「著一部子書」、「立一家之言」爲人生目標。但是考察〈自敘〉中的寫作原因，葛洪並不是全然否定「細碎小文」的價值，而是認爲自己沒有爲文的才思，其言：「洪年十五六時，所著詩賦雜文，當時自謂可行於代。至於弱冠，更詳省之，殊多不稱意。……他人文成，便呼快意，余才鈍思遲，實不能爾。作文章每一更字，輒自轉勝，但患嬾又所作多，不能數省之耳。」〔註145〕正是因爲葛洪對於自己所寫的「詩賦雜文」不甚滿意，因此覺得不應再將心力時間花在其上，轉而以寫作子書爲重心。由此可見，傳統子家欲以子書改善外在大環境的著書動機，在此時子家身上，已不復見，當葛洪言「少有定志，絕不出身」〔註146〕時，更顯示其對於政治的消極態度。雖然此時之人已能夠清楚地辨別經、子與詩賦雜文彼此之間的不同特性與價值，然而此時之子家在寫作子書時，所抱持的心態卻和其「爲文」時的心態無甚差別；所考量的問題亦不再是「興治」，而是自身的才能與興趣。傳統子家所關心的是自己的道術、學說能否行於世，此時子家所在乎的卻是能不能寫成一本自己的子書。對於已經寫成子書之人，他們深表羨慕，如曹丕之於徐幹《中論》；對於未能寫成子書者，他們則是深表遺憾，如曹丕之於應瑒。這不是曹丕個人獨有的情懷，在葛洪文中亦可見之，其言曰：

> 陸平原作子書未成，吾門生有在陸君軍中，常在左右，說陸君臨亡，
> 曰：「窮通，時也；遭遇，命也。古人貴立言，以爲不朽。吾所作子
> 書未成，以此爲恨耳。」余謂仲長統作《昌言》未竟而亡，後繆襲
> 撰次之。桓譚《新論》未備而終，班固爲其成〈琴道〉。今才士何不
> 贊成陸公子書。〔註147〕

子書未成而亡，固然是陸機的憾恨，身爲局外人的葛洪卻似乎是感同身受，且積極地希望能有人來「贊成陸公子書」完成陸機的心願。這也間接表現出葛洪對於著書留名的殷切渴望。

〔註144〕同前註，頁710。
〔註145〕同前註，頁696。
〔註146〕同前註，頁710。
〔註147〕《抱朴子外篇校箋》下冊，附錄，頁751。

　　無論是就上引資料來看，或是參考史書記載，皆可發現自東漢建安時期以迄於東晉，此一時代之人，內心有一種亟欲留名，渴望不朽的焦慮感與企圖心。〔註148〕影響所及，除了上文所談的「子書自覺」外，更反映於當時眾多的子書著作。《晉書・夏侯湛傳》引夏侯湛所作之〈抵疑〉言：

> 今天子以茂德臨天下，以八方六合爲四境，海內無虞，萬國玄靜，……鄉曲之徒，一介之士，曾諷《急就》、習甲子者，皆奮筆揚文，議制論道。出草苗，起林藪，御青瑣，入金墉者，無日不有。充三臺之寺，盈中書之閣。有司不能竟其文，當年不能編其籍，此執政之所厭聞也。〔註149〕

引文中反映了當時「議制論道」之作的普遍與繁多，竟達到「有司不能竟其文，當年不能編其籍」的盛況。晉人蘇彥亦言：

> 立君臣、設尊卑，杜將漸、防未萌，莫過乎《禮》；哀王道、傷舊政，莫過乎《詩》；導陰陽、示悔吝，莫過乎《易》；明善惡、著廢興、吐辭令，莫過乎《春秋》；量遠近、賦九州，莫過乎《尚書》；和人情、動風俗，莫過乎《樂》；治刑名、察法度，莫過乎商、韓；載百王、紀治亂，莫過乎《史》、《漢》；孟軻之徒，混淆其間，世人見其才易登，其意易過，於是家著一書，人書一法，雅人君子，投筆硯

〔註148〕《三國志・魏書・文帝紀》：「初，帝好文學，以著述爲務，自所勒成垂百篇。又使諸儒撰集經傳，隨類相從，凡千餘篇，號曰《皇覽》。」注引魏書曰：「帝初在東宮，疫癘大起，時人彫傷，帝深感歎，與素所敬者大理王朗書曰：『生有七尺之形，死唯一棺之土，唯立德揚名，可以不朽，其次莫如著篇籍。疫癘數起，世人彫落，余獨何人，能全其壽？』故論撰所著《典論》、詩賦，蓋百餘篇，及諸儒於肅城門內，講論大義，侃侃無倦。」見《三國志》卷二、魏書二，標點本，頁 88。《南史》：「時有高平郗紹亦作晉中興書，數以示何法盛。法盛有意圖之，謂紹曰：『卿名位貴達，不復俟此延譽。我寒士，無聞於時，如袁宏、干寶之徒，賴有著述，流聲於後。宜以爲惠。』紹不與。至書成，在齋內　中，法盛詣紹，紹不在，直入竊書。紹還失之，無復兼本，於是遂行何書。」見《南史》卷三十三、第二十三，標點本，頁 859。由以上兩條引文可發現魏晉時期，上至帝王，下至寒士，皆欲藉篇籍、著述以揚名不朽的的心態。而他們的著作亦不限於子書，而是包含了文學作品、經傳撰集、史書、子書各方面。以干寶而言，考其著述有：《春秋左氏義外傳》、《周易注》、《周官注》、雜文集、《干子》、《晉紀》、《搜神記》等，可說是全方面的作者。而本文所欲強調的則是在此一「著述不朽」觀念盛行的時代，人們對於子書價值、寫作子書的自覺與情懷。

〔註149〕《晉書》，卷五十五，〈夏侯湛傳〉，頁 1493。

而高視。〔註150〕

蘇彥之意似乎是認爲，經書、商韓、《史記》、《漢書》等著作是後人難以超越的，但是孟子之流的著作則較易企及，因此當時人多喜寫作此類書籍，故「家著一書，人書一法」。推測其所謂的「孟軻之徒」當是指儒家類的子書。對於這一類的子書，蘇彥似乎不甚看重，但是在當時這類書寫成既容易，又受到「雅人君子」的讚賞，儼然成爲當時著述之大宗。以《隋志・子部》所著錄的書目觀之，兩晉時期儒家類的子書有：《通語》、《袁子正論》、《袁子正書》、《孫氏成敗志》、《古今通論》、《蔡氏化清經》、《通經》、《新論》、《楊子物理論》、《楊子太玄經》、《新論》、《梅子新論》、《志林新書》、《廣林》、《後林》、《干子》、《閎論》、《顧子》、《要覽》等十九部，〔註151〕確實不少。

物極必反，魏晉以來的「子書自覺」發展到東晉時，可說達到了最高點，此時無論是在子家「有意爲子書」的心態上，或是子書數量上，都是前代所不及的。到了南朝，接近於傳統子書的著作幾不復見，大多都是近於雜鈔、類書的著作。此外，梁朝蕭恭甚至對「著作不朽」提出質疑，其言曰：

> 下官歷觀世人，多有不好歡樂，乃仰眠床上，看屋梁而著書，千秋萬世，誰傳此者。勞神苦思，竟不成名，豈如臨清風，對朗月，登山泛水，肆意酣歌也。〔註152〕

文中描述了當時之人爲了著書而著書的實況，他認爲這種「仰眠床上，看屋梁而著書」者所「勞神苦思」的著作，其實未必能夠傳世不朽，既然如此，不如即時行樂。蕭恭所云或有可能爲滑稽俳諧之言，抑或是誇張之反語，未可完全當眞，但是其中多少也透露出一些訊息：由魏晉以迄於南朝，子家之心態目的是著眼於「著作不朽，立言留名」而「看重子書，有意寫作子書」、「爲著書而著書」；然而傳統子家「不得已」而著書立說的寫作動機與興治理想則不斷地消退，對於此種傳統子學精神，曹植、桓範等人雖未能充分實現，但尚稍有體會，但至南朝那些「看屋梁而著書」者流，則是連體會亦談不上了。

上文所述雖未必扣緊了子書作者的言談立論，然而，從整個時代風氣與世人的關懷意向，卻可合理地推論當時子家之著述心理。要而言之，六朝子家對於子書獨立存在的意義與價值的理解已較前人進步，他們自覺地肯定子

〔註150〕馬國翰《玉函山房輯佚書》，頁 2705。
〔註151〕參考自姚振宗《隋書經籍志考證》所考證出的著作年代所作的統計。
〔註152〕《梁書・太祖五王列傳》（北京：中華書局，2003 年 9 月），頁 349。

書足以不朽的地位，並且有意地寫作子書，以「成一家之言」爲目的。至葛洪時，甚至根本不願出仕爲官、參與政治，〔註153〕而只願寫作子書成一家言，著書立說在其看來，顯然比建功立業重要。傳統諸子以興治爲主的發展基調，至此可說是大大歧出了。

　　基於這樣一種心態目的所寫成的子書會呈現出怎樣的樣態呢？當諸子所關懷的不再是與治道相關的議題，那麼子書裡頭將討論何種議題？以下將接著談談六朝子書的轉變。

三、六朝子書的轉變 —— 新興的子書型態

　　提及「先秦諸子」時，多數人的腦海中即會浮現《墨子》、《老子》、《孟子》、《莊子》、《荀子》、《韓非子》這些子書；提及「兩漢諸子」時，對於陸賈《新語》、賈誼《新書》、劉向《新序》、揚雄《法言》、王充《論衡》、桓譚《新論》、崔寔《政論》等子書亦不陌生。然而當提及「六朝諸子」時，往往會先想到王弼、郭象這些注《老》、注《莊》的玄學家，其次則是想到劉邵《人物志》、葛洪《抱朴子》內外篇、顏之推《顏氏家訓》這些較爲常見的子書。但考察史志可知，此一時期之諸子書遠不止於此數本，只是今日多已亡佚不全了，以致我們難以對其有一全面的印象。以下根據姚振宗《隋書經籍志考證》將六朝子書以儒、道、法、名等家派爲經，以三國、兩晉、南朝三個時段爲緯，列表整理，以便對於此時諸子之書有一整體的概念：

	三　國	兩　晉	南　朝
儒	（魏）周生子要論、典論、王子正論、去伐論集、杜氏體論、新書 （吳）周子、顧子、典語、典語別 （蜀）譙子法訓、譙子五教志	通語、袁子正論、袁子正書、孫氏成敗志、古今通論、蔡氏化清經、通經、新論、楊子物理論、楊子太玄經、新論、梅子新論、志林新書、廣林、後林、干子、閎論、顧子、要覽	正覽
道	（魏）任子道論、渾輿經 （吳）唐子	蘇子、宣子、陸子、杜氏幽求新書、抱朴子內篇、顧道士新書論經、孫子、符子、養生論、攝生論、簡文談疏	賀子述言、少子、夷夏論、遊玄桂林

〔註153〕葛洪嘗言：「洪少有定志，絕不出身。」於此可看出其無意仕進之心。此外在《抱朴子・外篇》〈嘉遯〉、〈逸民〉兩篇中，亦可看出其對於「退隱不仕」的讚許與傾向。

法	（魏）法論、政論、阮子正論、世要論 （吳）陳子要言	蔡司徒難論		
名	（魏）士操、刑聲論、人物志、九州人士論 （吳）士緯新書、姚氏新書			
縱橫		鬼谷子樂一注		補闕子、湘東鴻烈
雜	（魏）蔣子萬機論、篤論、芻莪論 （吳）諸葛子、默記、裴氏新言、新義、秦子	傳統諸子	傅子、析言論、桑丘先生書、時務論、古世論、桓子、何子、抱朴子外篇	金樓子 （北齊）劉子
		雜纂雜學	博物志、張公雜記、雜記、子林、廣志	部略、述政論、缺文、政論、記聞、方類、俗說、雜說、袖中記、袖中略集、珠叢、探璧、物始、玉府集鴻寶、會林、語對、語麗

　　透過上表可以看出六朝時期子學發展的整體概況：其一、縱橫家類的子書數量相當少，且其內容今日已難看到。其二、名、法家類的子書在三國時期相當多，可見其時名法思想之盛，但至兩晉、南朝則衰。其三、儒家類的子書在三國、兩晉時仍多有之，但在南朝只有一部《正覽》。其四、道家類的子書三個時期皆有之，但以兩晉爲多。其五、雜家類子書亦是各時期皆有，但三國時期之雜家著作尚屬於傳統子書的型態，而晉代則開始出現雜記、雜纂之類的雜學之屬，而此類近於雜學之子書，在南朝則變爲雜家類子書的主體，勉強可列入諸子之流者，唯有蕭繹《金樓子》。其六、整體而言，南朝時的子書，除了雜學類的子書外，其他類的子書發展已經停頓，六朝子學發展至此可說是沒落了。

　　以上所述是六朝諸子的大致內容及其發展趨勢。乍看之下，會認爲此時期之子學是傳統子學發展歷程中繼先秦百家爭鳴後的另一個高峰，因爲各家大體皆有著述。但若眞是如此，何以後人對六朝子學卻感到十分陌生，而章學誠對其甚至有「僞體子書」之譏？究竟六朝時期還有沒有符合傳統子書標準的子書？而其歧出傳統子書之處又有哪些？下文將由內容組織、思想內涵、關切議題、表現形式等方面進一步考察其與傳統子書之異同，期能對六朝諸子的發展有較爲通透、全面的認識。

（一）內容組織與思想內涵

要而言之，傳統子書最重要的內容即是「議政講學」、「述道言治」，其關懷議題雖然包含了人生各種問題，但焦點始終是爲了改善外在大環境，其書中內容充滿了知識份子對政治、社會各方面問題的關懷與承擔。而其表現形式亦由口談語說之記錄，發展爲成熟的論、說體裁。此外，其內容組織一部份是子家或直述、或藉問答講論其學、其道，另一部份則是以君主爲發語對象的奏議書疏。傳統子書之內容，一方面既是子家「興治精神」的展現，另一方面也是子家「思想宗旨」的寄託。若排除了子書中的「興治精神」與「思想宗旨」，則子書便與一般人因「所見所聞」而抒發的「心得感想」無所分別了。在上一節中曾經提到兩漢子書之內容已漸漸存在著轉變的端倪，像是諸子對於「歷史、史料」本身的重視，對「學術、學風」的討論增多，以及「人物品鑒」、「雜事雜記」成分的增加等，已漸與「興治精神」無關，且亦漸與子家之「思想宗旨」無涉。漢代子書可說是稍露轉變之跡，但此轉變之跡卻在六朝子書中愈發擴張、增強，使得六朝子書呈現出一種異於傳統子書之新型態。

然而，稱此一時期之子書爲「子書新型態」並非是指魏晉以下之子書一夕之間變得與傳統子書完全不同。事實上，三國時期之子書依然是延續著東漢後期子書的發展模式，或有針對具體施政所提出的建議，或是有睹於當時政治、社會所存在的問題而發的批判與補偏救蔽之法。如：蔣濟《萬機論》、劉廙《政論》、桓範《世要論》、王基《新書》、顧譚《新語》、陸景《典語》、杜恕《體論》、《篤論》等，皆是此類著作。大體而言，他們皆提到了君主爲政安民所應注意的事項，如爲君之道、君臣之理、選才任賢，以及與政體、刑法、兵制有關的諸多議題。除了兵制方面是此時代特別注重的議題，〔註154〕其他的內容則與漢末諸子大同小異。以劉廙《政論》爲例，其〈備政〉篇有言：

> 夫爲政者，莫善於清其吏也，故選托於由夷，而又威之以篤罰，欲其貪之必懲，令之必從也。而奸益多，巧彌大，何也？知清之爲清，而不知所以清之，故免於無恥也。日欲其清，而薄其祿，祿薄所以不得成其清。……故知清而不知所以重其祿者，則欺而濁；知重其

〔註154〕如桓範《世要論》、蔣濟《萬機論》、杜恕《體論》、袁準《袁子正書》等，皆有提及「兵體」、「兵制」之文。馬國翰認爲桓範《世要論》：「書中多論行兵，蓋三國割據，日尋干戈，故論世者詳究之。」可說是對此時子書中多論兵事之因做出合理的推測。

祿而不知所以少其吏者，則竭而不足；知少其吏而不知所以盡其力
者，則事繁而職缺。〔註155〕

此段論述所強調的「重祿防貪」之意在東漢末年甚爲流行，且與後漢崔寔《政
論》所言〔註156〕如出一轍，只是更有系統地陳述之，然並無新意。其他同時之
子書亦皆如此。除了沿襲漢末諸子書之內容之外，此時期之子書彼此之間亦多
相互沿用、反覆出現的語句與立意。如蔣濟《萬機論・政略》的一段文字：

夫君正之志，必需賢佐，然後爲泰。故君稱元首，臣爲股肱，譬之
一體，相需而行也。〔註157〕

「元首」、「股肱」比喻君臣如一體，相需不可離之道。此一比喻、此一意涵
也可見於杜恕《體論》、陸景《典語》之中，請看以下引文：

虛愚之君，未有能得人之死力者也。故《書》稱君爲元首，臣爲股
肱，期其一體相需而成也。（杜恕《體論》）〔註158〕

夫君稱元首，臣云股肱，明大臣之與人主一體者也。克明俊德，守
位以人，所以強四肢而輔體也。（陸景《典語》）〔註159〕

按此以「元首」、「股肱」喻君臣各守其職，相互合作之意，本出於《尙書・
虞書》中之〈益稷〉。〔註160〕引用經書作爲己說之論證，本是傳統子書的特色
之一，然而像這樣不斷地重複引用同一句經文，以極類似的語句闡述極類似
的意旨，卻反映出此時子書在立論說理時難以超越前人的困境。〔註161〕這些

〔註155〕《全三國文》，卷三十四，頁346。
〔註156〕關於崔寔之論，略引於此以見其說：「今所使分威權、御民人、理獄訟、幹府
庫者，皆群臣之所爲。而其奉祿甚薄，仰不足以養父母，俯不足以活妻子。……
故重其祿以防其貪欲，使之取足於奉，不與百姓爭利。……」詳見《政論》
（成都：四川人民出版社，1997年），頁644～646。
〔註157〕《全三國文》，卷三十三，頁339。
〔註158〕《全三國文》，卷四十二，頁422。
〔註159〕《全三國文》，卷七十，頁670。
〔註160〕如《尙書・益稷》末云：「元首明哉，股肱良哉，庶事康哉」；「元首叢脞哉，
股肱惰哉，萬事墮哉。」
〔註161〕在《說苑・君道》、《申鑒・政體》、《潛夫論・愛日》亦均提到此一「元首、
股肱」之意，其意不外乎是勸誡君王任賢使能、愛臣、愛民，然其論述重點
各有所偏。劉向云：「夫王者得賢材以自輔，然後治也，雖有堯舜之明，而股
肱不備，則主恩不流，化澤不行，……」蓋其意要在點出君臣須相輔相成之
理。（《說苑》卷一，頁13。）荀悅云：「天下國家一體也。君爲元首，臣爲
股肱，民爲手足。下有憂民，則上不盡樂；下有飢民，則上不備膳；……故
足寒傷心，民寒傷國。」所談乃以身體各部寓君、臣、百姓，欲強調此三者

子書之內容固然有切合時政，且可以作爲君主施政時的參考，但是卻談不上有什麼獨特的思想宗旨；而其「理事重複，遞相摹效」的字裡行間，固然也有些興治理想，但感覺卻與傳統諸子所表現出的積極昂揚的精神有所不同，與其稱其爲「子書」，還不如說是「政論文章之彙集」來得恰當。雖說如此，三國時期之子書畢竟尚可稱爲傳統子學之「餘緒」，兩晉以下、以迄南朝之子書中，「述道言治」的比例逐漸被其他內容取代，子家所關心的面向亦由政治移轉至其他方面，此時子書也無可避免地呈現出不同以往的新風貌。

　　就此時子書中之思想內涵而言，雖然《隋志・子部》依然將六朝子書劃歸於儒、道、法、名、雜各家之下，與傳統諸子並列，然實際考察此時期子書之內容，可發現各家思想已彼此滲透，少有純粹的思想宗旨。以杜恕《體論》、桓範《世要論》、蔣濟《萬機論》三部魏時之子書爲例，雖分別歸屬於《隋志・子部》中之儒家、法家、雜家，但其內容可說是大同小異，《體論》之中雖有某些較爲正大的儒家觀念，如其言：

　　　　夫聖人之修其身，所以御群臣也，所以化萬民也。〔註162〕

可看出儒家所強調的一切以修身爲本，進而治國平天下的思想。另外，其書中也有類似法家重視明令賞罰的成分，如：

　　　　夫淫逸盜竊，百姓之所惡也。我從而刑之殘之刻剝之，雖過乎當，
　　　　百姓不以爲暴者，公也。怨曠飢寒，亦百姓之所惡也。遁而陷於法，
　　　　我從而寬宥之，雖及於刑，必加惻隱焉，百姓不以我爲偏者，公也。
　　　　我之所重，百姓之所憎也；我之所輕，百姓之所憐也。是故賞約而
　　　　勸善，刑省而禁奸。〔註163〕

但其中卻加入了「公」的觀念，賞罰均是考量人民之好惡而非一己之私欲，從而達到「賞約而勸善，刑省而禁奸」的境界。原本是站在君主的角度立論的法家思想，至此可說是加入了儒家民本的概念，成爲儒法結合的新面貌。

實爲生命之共同體，治國者應以民生爲念之理。(《申鑒》，頁5。) 王符記孝明帝「爲民愛日」之事云：「上明聖主爲民愛日如此，而有司輕奪民時如彼，蓋所謂有君無臣，有主無佐，元首聰明，股肱怠惰者也。」(《潛夫論》卷四，頁 221。) 同樣引「元首」、「股肱」爲例，但卻轉出了另一層君主愛民、惜民之意。但是蔣濟、杜恕、陸景在使用此一典故時，卻只聚焦於「任賢使能」上，且論述形式非常相近，宗旨亦相當淺薄，了無新意，因此筆者以爲由此可看出此時期諸子立論說理時難以突破前代子書的困境。

〔註162〕杜恕：《體論，君第一》，《全三國文》，卷四十二，頁421。
〔註163〕杜恕：《體論・法第六》，《全三國文》，卷四十二，頁425。

再看桓範《世要論》，雖在法家，然其〈政務〉中卻有近於儒家思想的言論，
如：

> 凡吏之於君，民之於吏，莫不聽其言而則其行，故為政之務，務在
> 正身，若身正於此，而民應於彼。……是以葉公問政，孔子對曰：「子
> 帥以正，孰敢不正？」……故君子為政，以正己為先，教禁為次，……
> 〔註164〕

其所引用、陳述者，皆是儒家所言上位者以身作則，為政治民之理。以此而
言，又非純正的法家言論。此外，蔣濟《萬機論》與桓範《世要論》在思想
內容上，十分相近，同為儒法思想的混合，卻被歸在雜家。於此所反映的、
各家子書在思想內涵上兼容並蓄、相互融通的特徵，在東漢諸子時已開其端，
唯東漢諸子之思想雖有混雜，但大體仍有其主要傾向；魏晉以下諸子則大多
沿襲東漢諸子之言，陳陳相因，宗旨淺薄。六朝子書中，思想內涵較具主體
性且自成體系者，唯有劉劭《人物志》、葛洪《抱朴子》內外篇、傅玄《傅子》
幾部而已，而如杜恕、桓範、蔣濟等人，雖不足以和上述子書相提並論，但
至少仍有些思想內涵，至於兩晉以下之諸子之內容則是根本談不上什麼思想
性了。

以下將接著從「關注議題」方面看看六朝諸子所呈現出的新風貌。

（二）關注議題

分析六朝子書之實際內容，並參考馬國翰、嚴可均、姚振宗、劉咸炘等
人所作的考證資料，可以發現六朝諸子書中有幾個關注焦點，歸納整理後，
列表如下：

關 注 議 題	涉及此方面議題之六朝諸子 （以《隋志》著錄為主，兩唐志為輔）
一、歷史事件、人物 之記載與評論	曹丕《典論》、周昭《周子新論》、蔣濟《萬機論》、殷基《通語》、袁準《正書》、《正論》、傅玄《傅子》、張儼《默記》、孫綽《孫子》、虞喜《志林》、唐滂《唐子》、蕭繹《金樓子》
二、人物傳記 （自記、他記）	曹丕《典論》、杜恕《體論》、《篤論》、杜夷《幽求新書》、傅玄《傅子》、殷基《通語》、袁準《正論》
三、論學術、學風	曹丕《典論》、傅玄《傅子》、葛洪《抱朴子‧外篇》、蘇彥《蘇子》、杜恕《篤論》

〔註164〕桓範：《世要論‧政務》，《全三國文》，卷三十七，頁373。

四、論禮制	蔣濟《萬機論》、傅玄《傅子》、袁準《袁子正論》、譙周《法訓》、王肅《王子政論》、虞喜《志林》
五、名物考證	袁準《正論》、裴玄《新言》、王嬰《古今通論》、虞喜《志林》、《廣林》、王劭《讀書記》、劉杳《要雅》、王肅《王子正論》、譙周《法訓》、崔豹《古今注》
六、品評人物（以品鑒的眼光討論人物、人品，但非自成一書。）	蔣濟《萬機論》、周昭《周子新論》、傅玄《傅子》、葛洪《抱朴子‧外篇》、孫綽《孫子》、殷基《通語》、袁準《正書》、《正論》、任嘏《道論》、杜恕（興性論）、沈約《雜說》、劉劭《人物志》
七、志怪	梅氏《梅子新論》、虞喜《志林》、陸雲《陸子》、沈約《雜說》
八、雜記、雜事	曹丕《典論》、虞喜《志林》、裴玄《新言》、華譚《新論》、陸機《陸氏要覽》、范泰《古今善言》、沈約《俗說》
	《隋志》張華《博物志》以下的著作，有多種屬於此類者。此處不加細舉。

表中所列舉的八項關注議題看似複雜，但概括言之，可說是反映了六朝子書在內容方面、與先秦兩漢子學有三個不同的轉變面向，以下分別論述之：

1、轉變面向之一：由「以史論政」到「以史為主」（對應項目一、二）

在此一時期的子書中，可發現有關於「歷史事件、人物之記載與評論」與「人物傳記」兩種涉及「史」方面的內容明顯增多。以「史」論政、說理本是傳統子書中固有的特色之一，即便是愈益看重史料及歷史本身的兩漢諸子，其書中所關懷的核心議題依然是「治道」。傳統諸子所看重的是歷史事件中人物之「作為」、「觀念」與「治道」之連結，而非單純地看待歷史中的「事件」與「人物」。然而，六朝諸子書中，「歷史」與「治道」的連結卻愈來愈淡薄，子家之眼光亦逐漸轉移至評論史書、分析評論歷史事件與歷史人物、記述當代人事等方面。在評論史書方面，可以蔣濟《萬機論》為例，其言曰：

> 漢元帝為太子時，諫持法太深，求用儒生，宣帝作色怒之云：「俗儒之達不足任，亂吾家者太子也。」據如斯言，漢之中興，職由宣帝，非太子也。乃知班固步驟盛衰，發明是非之理，弗逮古史遠矣。……推計之，始皇任刑，禍近及身，宣帝好刑，短喪天下，不同於秦，禍少者耳。〔註165〕

文中可看到蔣濟對於班固《漢書》中的識見有所批評，並提出了不同的意見。

〔註165〕《全三國文》，頁339～340。

就此點而言，即與傳統子書引用史事說理論政的特色有所不同，蔣濟已非單純地引用史書資料，而是能夠以一種後設的角度評論既有的史書，進而論證己說。其文中主要是論「刑」之於「政」的關係，評論史書只是其中一小部分。然而至西晉傅玄《傅子》，評論史書則成爲其中一個獨立的部分，嚴可均即推測《傅子》外篇之內容應爲「三史故事，評論得失」，〔註166〕今觀《傅子》有多處論及《漢書》、《東觀漢紀》的部分，〔註167〕據張蓓蓓之推論，「這些文字或許就是《傅子》外篇中評論『三史故事』的引論，亦足證明他對三史的造詣。」〔註168〕今日存見之《傅子》佚文中已難看到傅玄對於三史「故事」的實際評論，但是卻可看出他對於「史書本身」的評價，於此亦可想像當時諸子在此方面的涉入頗深。

此外，除了評論史書之外，此時之子家對於「分析評論歷史事件、歷史人物」亦有相當的興趣。此處所言之「歷史」非限於傅玄所言的「三史故事」，還包括了三國、兩晉時所發生的近、當代史。如殷基《通語》中即記載了當時人對於「司馬懿誅曹爽」一事的兩種看法，〔註169〕雖不能據此判斷此段引文純爲歷史事件的評論，或僅是殷基藉以論述其治道的部分內容，但是由殷基於其書中紀錄此事而言，也可看出其關懷的面向。而此一面向在袁準《正書》、《正論》有更明顯的表現，其書有相當大的篇幅在評論諸葛亮其人其事，並及三國後期時勢的分析，請見下列引文：

> 袁子曰：諸葛亮，重人也，而驟用蜀兵，此知小國弱民難以久存也。

〔註166〕嚴可均：《鐵橋漫稿・重定傅子敘》，《續修四庫全書》（上海：上海古籍出版社，2002年），集部，別集類，1489。

〔註167〕茲錄如下：「班固《漢書》，因父得成，遂沒不言彪，殊異馬遷也。」（意林卷五引《傅子》）；「吾觀班固《漢書》，論國體則飾主闕而抑忠臣，敘世教則貴取容而賤直節，述時務則謹詞章而略事實；非良史也。」（意林卷五引《傅子》）；「觀孟堅《漢書》，實命代奇作。及與陳宗、尹敏、杜撫、馬嚴撰中興紀傳，其文曾不足觀。豈拘於時乎？不然何不類之甚者也？是後劉珍、朱穆、盧植、楊彪之徒又繼而成之。豈亦各拘於時而不得自盡乎？何其益陋也！」（《全晉文》卷五十，頁525。）

〔註168〕氏著：《傅子》探賾，《魏晉學術人物新研》，頁98～99。

〔註169〕殷基：《通語》記載：「司馬懿誅曹爽，禕設甲乙論平其是非。甲以爲曹爽兄弟凡品庸人，苟以宗子枝屬得蒙顧命之任，而驕奢僭逸，交非其人，私樹朋黨，謀以亂國。懿奮誅討，一朝殄盡。此所以稱其任，副民之望也。乙以爲懿感曹仲附已不一豈，爽與相干事勢不專，以此陰成疵瑕，初無忠告侃爾之訓，一朝屠戮譏其不意，豈大人經國篤本之事乎？……」見《玉函山房輯佚書》，子編儒家類，頁2591。

今國家一舉而滅蜀，自征伐之功，未有如此之速者也。方鄧艾以萬
人入江由之危險，鍾會以二十萬眾留劍閣而不得進，三軍之士已飢，
將使劉禪數日不降，則二將之軍難以反矣。故功業如此之難也。國
家前有壽春之役，後有滅蜀之勞，百姓貧而倉廩虛，故小國之慮，
在於時立功以自存；大國之慮，在於既勝而力竭，成功之後，戒懼
之時也。〔註170〕

又問：「諸葛亮始出隴右，南安、天水、安定三郡人反應之，若亮速
進，則三郡非中國之有也，而亮徐行不進，既而官兵上隴，三郡復，
亮無尺寸之功，失此機，何也？」袁子曰：「蜀兵輕銳，良將少，亮
始出，未知國中強弱，是以疑而嘗之。且大會者不求近功，所以不
進也。」〔註171〕

文中剖析了晉、蜀之間的局勢，與晉勝、蜀滅的原因，並提出晉滅蜀之後應更
加戒慎恐懼的忠告，充滿濃厚的「以史為鑒」的意味，這與傳統諸子藉史事以
陳治道的風格頗為相似。但是，不同處在於，袁準書中論及「治道」的部分明
顯少於其論史的部分；而其所論之治道，亦只是簡單的存亡教訓，並無深刻的
政治理論，十分接近於古代史書於史事之後所作的史論。而此類子書中的「史
論」在周昭《周子新論》論步騭、嚴畯〔註172〕及孫綽《孫子》論「譙周說後主
降魏」〔註173〕中，亦可得見。劉咸炘即言：「若周昭《周子》、殷基《通語》、
袁準《正書》、《正論》之類，開史論之先，侵記事之職。」〔註174〕可謂的評。
而除了「史論」之外，六朝諸子「侵記事之職」處也可由此時子書中相當多的
「史事記載」與「人物傳記」觀之。

　　在「史事記載」、「人物傳記」方面，以曹丕《典論》而言，其〈奸讒〉
篇中記載了何進、袁紹、劉表等人因奸讒之人而誤國、亡身的事件，雖其意
在於「聊復論此數子，以為後之鑒誡」，〔註175〕但整體觀之，可說是一篇「因

〔註170〕《全晉文》，頁579。
〔註171〕《全晉文》，頁579。
〔註172〕《全三國文》，頁676～677。
〔註173〕《全晉文》，頁648。
〔註174〕劉咸炘：《舊書別錄‧卷四‧魏晉六朝諸子》，收於《推十書》（成都：成都古
　　　　籍書店，1996年），頁960。以下所引劉氏著述，如《舊書別錄》、《子疏》皆
　　　　據此書，不再贅述。
〔註175〕語出曹丕《典論‧奸讒》，《全三國文》卷八，頁84。

奸讒之人而深受其害之人」的合傳。而其〈內誡〉則是袁術、袁紹因婦人而亡身之事，和〈奸讒〉十分相似。再看傅玄《傅子》中，學者視爲其所作之《魏書》底本的大量史事與人物傳記，〔註176〕更是此時期子書近史的明證。而子家之興趣除了記載他人史事與傳記之外，〔註177〕也勇於爲自己、家族寫傳，可參看曹丕〔註178〕、杜恕〔註179〕、殷基〔註180〕、袁準〔註181〕等人所著子書，此處不再一一列舉。

　　綜上而論，傳統子家「藉前言往事以與其治國理論相互闡發」的傳統，到了六朝時期已轉爲「記錄當代歷史、評論當代人物」，而子家關切之重心亦由「政治」轉爲「歷史本身」。六朝子書中「以史爲鑒」的意味仍然存在，但涉及治道之處卻日益減少，其藉史發揮之理，亦無甚高論，而子家之興趣則逐漸轉向「評史」、「史論」、「作史」等方面。總而言之，「子書近史」可說是此時諸子轉變面向之一。

　　2、轉變面向之二：由「議政講學」到「學術研究」（對應項目三～五）

　　「議政講學」是傳統子書中的主要內容，而其中「講學」的部分亦非單純地學術討論，而是指諸子藉著講學將自己在政治、人生各方面的思想理論傳達給門人弟子。當然，傳統子書也保存了子家論及當代學術、學風的言論，如《莊子》、《荀子》、《韓非子》、《淮南子》等。然而，這些言論背後的動機與目的卻始終離不開傳統子學的興治精神。漢代之揚雄《法言》、王充《論衡》中日益萌芽的、對於探討學術、學風的興趣，在六朝時期，逐漸蓬勃茁壯，成爲此時子書中重要的關注面向。除了關於整體學術、學風的評論增多之外，此時子書中亦出現了許多討論禮制、考證名物的部分。

　　首先，在「評論學術、學風」方面，最明顯的例子即是曹丕《典論・論文》，其中對於當時的文學與文學作品均有相當經典性的評價與突破性的見解，至今

〔註176〕如記杜畿事，〈馬先生傳〉、〈何曾荀顗傳論〉、〈傅嘏傳〉等。參看《全晉文》，卷五十，頁 521～524。

〔註177〕除上述例子之外，還可見於杜夷《幽求新書》中記載杜恕、阮武的部分。

〔註178〕曹丕《典論・自敘》，類似自傳。參看《全三國文》，卷八，頁 88～90。

〔註179〕杜恕《篤論》中多筆資料論及杜氏一門之事，類似家傳。參看《全三國文》，卷四十二，頁 429～430。

〔註180〕殷基《通語》載有殷基記敘其父殷禮之事，似爲其父作傳。參看《玉函山房輯佚書》，子編儒家類，頁 2591～2592。

〔註181〕馬國翰於《玉函山房輯佚書》所輯之袁準《正論》，收有〈袁氏世紀〉，類似家傳、譜牒。參看，《玉函山房輯佚書》，子編儒家類，頁 2603。

依然是討論六朝學術、文學的重要參考資料。又如葛洪《抱朴子‧外篇》中的〈鈞世〉、〈尚博〉、〈百家〉則是繼曹丕之後，進一步對當時學術提出精闢看法的子家。而傅玄《傅子》中則多有考辨古代著作的內容，如其言：

> 傅子曰：聖人之道如天地，諸子之異如四時，四時相反，天地合而通焉。〔註182〕

> 昔仲尼既沒，仲尼之徒追論夫子之言，謂之《論語》。其後鄒之君子孟子興擬其體，著七篇，謂之《孟子》。〔註183〕

> 《管子》書過半是後之好事者所加，〈輕重篇〉尤鄙俗。〔註184〕

亦可看出其對於學術本身的關注。此外如蘇彥《蘇子》、杜恕《篤論》亦有涉及當時學術風尚與思想潮流的言論。〔註185〕

其次，在「討論禮制」方面，蔣濟《萬機論》已有此類資料，如下：

> 《禮記》嫂叔無服，誤據〈小功章〉「娣姒婦」三字，嫂叔之文也。古者有省文互體，言弟及兄並嫂矣。娣姒者，兄弟之妻相名也。蓋云夫之昆弟，昆弟之妻相與皆小功者。〔註186〕

文中所討論的乃是叔嫂喪服的問題。此議題在蔣濟《萬機論》中，尚非主體。但是在王肅《王子政論》中，則幾乎全是這方面的討論，如下條：

> 司徒廣陵陳矯字季弼，本劉氏養於陳氏，及其薨，劉氏弟子疑其所服，以問王肅。答曰：「昔陳司徒喪母，諸儒□□□□服甚失禮矣。為外祖父母小功，此以異姓而有服者，豈不以母之所生反重於父之所生，不亦左乎？……推婦降一等，則子孫宜依本親而降一等。」〔註187〕

即是記載王肅回答時人在喪服禮制之施行上遭遇的難題。對此，馬國翰便指出：「其說於禮制加詳，多所駁糾」。〔註188〕至晉代袁準《正論》，則可見其書中大半皆是對於禮制、禮服、稱謂的討論，且看其中一條：

〔註182〕《全晉文》，卷四十九，引《意林》，頁508。

〔註183〕《全晉文》，卷四十九，引《文選‧辨命論注》，頁508。

〔註184〕《全晉文》，卷四十九，引王應麟《漢書藝文志考證》六，頁508。

〔註185〕蘇彥《蘇子》曾提及當時人模擬《孟子》一類之儒家子書的學術風尚，見前註165，本論文頁58；而杜恕《篤論》則是論及當時「師商韓而上法術，競以儒家為迂闊不周世用」的思想風氣，其文見《玉函山房輯佚書》，子編雜家類，頁2815。

〔註186〕《全三國文》，卷三十三，引《通典》九十二，頁341。

〔註187〕《玉函山房輯佚書》，子編儒家類，引《通典》，卷六十九，頁2572～2573。

〔註188〕語出氏著：《玉函山房輯佚書》，子編雜家類，王肅《王子正論》條下，頁2571。

> 魏征東長史吳綱亡入吳，妻、子留在中國，於吳再娶。吳亡，綱與
> 後妻並子俱還。時人以爲依典禮不宜有二嫡。袁準曰：「並后匹嫡禮
> 之大忌。然此爲情愛所偏，無故而立之者耳。……按並后匹嫡事不
> 兩立，前嫡承統，後嫡不傳重可也。二母之服，則無疑，於兩三年
> 矣。」〔註189〕

文中記載了當時因戰爭、遷徙而造成的一夫二娶「並后匹嫡」之事，這類事
情涉及了婚姻、繼承、喪禮、喪服、喪期彼此錯綜複雜的問題，而袁準則是
提出其認爲可行的解決之道。關於此事，虞喜《廣林》中亦有記載，並有虞
喜對此事的看法，且《廣林》一書亦多是此類議題的討論。〔註190〕其他如傅
玄、譙周書中亦多有此方面的討論。〔註191〕

　　其三，在「經史、名物考證」方面，馬國翰曾評王嬰《古今通論》「書主
考核」，〔註192〕察其內容，確實如此。以下條爲例：

> 太山上爲天門值戶，戶爲明堂，聖帝受天之宮也。王者即位三十年，
> 功成治定，則告成於天，登封太山，刻石紀號。〔註193〕

> 夏曰世室，世世祭祀之也。殷曰重屋，重夏爲屋四霤。周曰宗廟，
> 尊其生存之貌，……〔註194〕

先不論其書原貌爲何，但今日可見的輯佚資料中，《隋志・子部》列於儒家
〔註195〕的《古今通論》多是類似上述考證古事、地理、官職的內容。再看

〔註189〕《玉函山房輯佚書》，子編儒家類，袁準《正論》卷上，引《通典》，卷六十
　　　　八，頁2596。
〔註190〕虞喜云：「魏征東長史吳綱亡入吳，妻、子留在中國，於吳再娶。吳亡，綱與
　　　　後妻並子俱還並存。虞喜議曰：『法有大妨，禮無二嫡。趙姬以君女之尊，降
　　　　身翟婦，著在《春秋》。此吳氏後妻所宜軌制。』」文見《廣林》，《玉函山房
　　　　輯佚書》，子編儒家類，引《通典》，卷六十八，頁2629。其餘虞喜於《廣林》
　　　　中論禮制的部分，則見於《玉函山房輯佚書》，頁2627～2630。
〔註191〕如《傅子》云：「《禮》云：『繼父服齊衰。』傅子曰：『母舍己更嫁他人，
　　　　與己父甚於兩絕天也。又制服，恐非周孔所制，亡秦焚書以後，俗儒造之。』」
　　　　見《全晉文》，卷四十九，引《意林》，頁506。譙周：《法訓》亦有云：「男
　　　　子幼娶必冠，女子幼嫁必笄，禮之則從成人，不爲殤。」見《玉函山房輯佚
　　　　書》，子編儒家類，引《太平御覽》，卷五百四十，頁2595。
〔註192〕語出氏著：《玉函山房輯佚書》，頁2608。
〔註193〕馬國翰：《玉函山房輯佚書》，子編儒家類，引《太平御覽》，卷五百三十一，
　　　　頁2609。
〔註194〕同前註，引《太平御覽》，卷五百三十六。
〔註195〕參考《隋志・子部》儒家類孫毓《孫氏成敗志》之後。

〈唐志〉儒家類中之王劭《讀書記》，由其書名觀之，已和傳統子書有所差異，而觀其內容，則全然與治道無關，如下列資料：

> 〈曲禮〉「稷曰明粢」：劭勘晉宋古本皆無「稷曰明粢」一句，立八疑十二證，以爲無此一句爲是。〔註196〕

> 〈呂不韋列傳〉：始皇十九年，太后薨，諡曰：「帝太后」。秦不用諡法，此蓋號耳。〔註197〕

其書中內容大抵如此，多屬「指摘經史謬誤」〔註198〕一類。馬國翰認爲：「其書尙考據，與《顏氏家訓》相似」，〔註199〕確實點出其書最大特色。此類「考辨經史」、「名物考證」之內容在六朝子書中時有所見，〔註200〕至崔豹《古今注》則是廣泛地對古代和當時各類事物進行解說詮釋，其書對於輿服、都邑、音樂、鳥獸、魚蟲、草木等各方面均有詳細的討論，就性質而言可說是古代知識的百科全書。儘管此類著作在古代目錄中或因涉及六藝經典而入「儒家」，或因綜括各種雜學而入「雜家」，基本上皆與傳統諸子之學有性質上的差異。

　　由以上討論可以得到一個印象，即六朝子書的關注面向已由「議政講學」轉爲「學術研究」。子家在治國之道、修身之法方面的言論漸減，而對具體學術的討論則益增。當子家有系統地整理既有知識、學術、名物，並以此作爲子書主體內容時，也使傳統子書發生本質上的轉變。

3、轉變面向之三：由「天下國家」到「個人興趣」（對應項目六～八）

　　傳統諸子書中之言論多是以君主爲發語對象，其目的在於勸諫君主，並提出自己對於治平方面的理論與建言，其關懷的重點在於「天下國家」是否安定、富強。但是，六朝子家的關注焦點卻背離此一傳統，轉向與「個人興趣」有關的議題，並對「人物」本身發生興趣。事實上，前兩個轉變面向所提到的諸多議題亦可說是此時子家的興趣，但此處所要強調的是非關經、史、學術，而與「人物」有關或涉及子家見聞雜感之類的議題，如品評人物、志怪、雜事雜記等。

　　就「品評人物」而言，此一時期有兩本代表作，即三國時期劉劭《人物

〔註196〕《玉函山房輯佚書》，引《禮記‧曲禮下》孔穎達《正義》，頁 2638
〔註197〕《玉函山房輯佚書》，引《史記‧呂不韋列傳》《索隱》，頁 2639
〔註198〕語出馬國翰：《玉函山房輯佚書》，頁 2635。
〔註199〕同前註。
〔註200〕劉杳《要雅》亦是此類之中的代表作，可參看之。

志》與南朝劉義慶《世說新語》。但在三國至南朝之間的其他子書中，亦有許多涉及此一方面的內容。其中大致可區分為兩種類型，其一，近似《人物志》，屬於「論辨人才，分別流品」〔註201〕一類，以一種功利實用的觀點論人，〔註202〕如：

> 考實性行，莫過於鄉閭；校才選能，莫善於對策。（杜恕《篤論》）
> 〔註203〕

> 凡品才有九：一曰德行，以立道本；二曰理才，以研事機；三曰政才，以經治體；四曰學才，以綜典文；五曰武才，以御軍旅；六曰農才，以教耕稼；七曰工才，……；八曰商才，……；九曰辯才，……。此量才者也。（傅玄《傅子》）〔註204〕

由現存杜恕《篤論》觀之，無法得知其是否有一完整的識人選才的理論或是具體評論人物才能的資料，但由上述第一條引文，卻大致可以想見其對於人物性行、才能的關注是出自於政治上選才用人的實用目的。而傅玄「九品量才」之論，雖貌似《人物志》，但卻頗有自己的見地，非一般名法家之流。〔註205〕其二、近於《世說新語》，評論人物優劣，以凸顯當時人識鑒人倫之標準，如：

> 薛瑩、王蕃，器量綽異，弘博多通。樓玄清白節操，文理條暢。賀劭屬行貞潔，機理清要。韋曜篤學好古，博觀群籍，有記述之才。胡沖以為玄、劭、蕃一時清妙，略無優劣。必不得已，玄宜在先，劭當次之，華覈詩賦之才，有過於曜，典誥不及也。（周昭《新論》）
> 〔註206〕

> 或問：「陳蕃忠乎？」答云：「單車作討賊之斧葅階，非亂世之資，知其忠，不知其智也。」（殷基《通語》）〔註207〕

> 才貴精，學貴講。質勝文，石建；文勝質，蔡邕；文質彬彬，徐幹

〔註201〕語出李存智《人物志校箋・前言》，頁1。

〔註202〕此觀點參考張蓓蓓：《漢晉人物品鑒研究》（國立臺灣大學中國文學研究所博士論文，指導教授：何佑森，1983年6月），頁297。

〔註203〕《玉函山房輯佚書》，子編雜家類，引《意林》卷五，頁2814。

〔註204〕《全晉文》卷四十九，引《長短經・量才》，頁503。

〔註205〕關於《傅子》的人才觀，張蓓蓓論之已詳，詳見氏著：《《傅子》探賾》（臺北：大安出版社，2001年），頁151～153。

〔註206〕《全三國文》，卷七十一，引《太平御覽》四百四十五，頁677。

〔註207〕《玉函山房輯佚書》，子編儒家類，引《意林》卷四，頁2592。

庶幾也。（殷基《通語》）〔註208〕

漢代揚雄《法言》中已有涉及品藻人物的內容，〔註209〕但在當時風氣未成，而至魏晉以降，子家對於人物品藻的興趣卻日益鮮明，喜談人物可謂當時一大新風。由上述資料中可發現，此兩類子家皆重視人物之「德行」，亦看重其「才智」，已非傳統諸子在論及人物時特別推舉「德行」以勉人修身進而平天下之屬。然而杜恕、傅玄仍能從興治理念出發，著眼於「如何用對人」，尚可說是延續了古代諸子言治的大傳統；至於周昭、殷基，則顯然與此不同，轉向於品賞人物才性之美，以一種「賞譽」的眼光，探討人物之才性、才能。以此而言，南朝之《世說新語》實非偶然之作，應與此時子家對人物的關切、興趣有關。

除了品評人物之外，此時子書中亦有愈來愈多的「志怪」與「雜事雜記」的內容，這些在漢代子書中已經出現的、歧出傳統子學範疇的言論到了此時卻逐漸成為子書中的要項。前面所提及的「人物品評」，尚有一部份與「治道」相關，但此一部份的內容，則多屬一些子家的奇異見聞與瑣碎散事的紀錄，談不上什麼思想性，已與傳統子書十分不同。在「志怪」方面，今存陸雲《陸子》中便記載了陸雲親身遇見王弼鬼魂之事，〔註210〕而虞喜《志林》中亦有幾條異事，如：

王璦遇鬼物言：「我見蔡邕作仙人，飛來飛去甚快樂也。」〔註211〕

夷陵有陰陽石，陰石常潤，陽石常燥。旱則鞭陰石，必雨；久雨鞭陽石則止。〔註212〕

以此可見此時子家好言鬼怪異事之風。而「雜事雜記」方面，之所以稱其為「雜」，實因為此部分涉及的內容相當廣泛，包括子家所見所聞各種瑣碎雜物、雜事的記載。如曹丕《典論》中詳細地記載了其所收藏的各種兵器之名

〔註208〕同前註。

〔註209〕見本論文第二章、第二節，頁40。

〔註210〕見《陸子》：「雲嘗行逗宿故人家，夜暗迷路，莫知所從。忽望草中有火光，於是趣之，至一家便寄宿，見一年少，美風姿。共談《老子》，辭致深遠。向晚辭去，行十許里，至故人家，云此數十里中，無人居。雲意始悟。卻尋昨宿處，乃王弼冢。」馬國翰《玉函山房輯佚書》引《晉書・陸雲傳》置於此，或許正是有睹於《陸子》中此類志怪之事頗多之故。儘管我們無法確知此一事件是當時穿鑿附會之言，或真是陸雲自記，其中所反映的、時人好奇志怪之風卻十分明顯。見《玉函山房輯佚書》，子編道家類，頁2707。

〔註211〕《玉函山房輯佚書》，子編儒家類，頁2623。

〔註212〕同前註。

稱、外觀尺寸等，而虞喜《志林》、裴玄《新言》、華譚《新論》、陸機《陸氏要覽》、范泰《古今善言》、沈約《俗說》中亦多有此類無涉修身治國，亦非關經史考辨的閒談雜記。略舉數條以明：

> 孫休銳意於典籍，欲畢覽百家之言，大好射雉，春夏之間，常晨出夜還，唯此時捨書。（虞喜《志林》）〔註213〕

> 酉陽山中有甘谷，谷中皆菊花水中居，人飲之多壽，有及一百五十有餘歲者。（陸機《陸氏要覽》）〔註214〕

> 晉哀帝王皇后有一紫磨金指環，至小，可第五指帶。（沈約《俗說》）〔註215〕

其內容或與人物有關，但卻非人物品評，而是單純地記載人物的興趣、特質；亦或與地理、名物有關，但不是出自一種考證、考核的角度，而是近於記載傳說軼文的筆法。馬國翰便曾評沈約《俗說》：「書記瑣雜，無甚高論，六朝散事，借考見爾。」〔註216〕由此亦可看出當時子家在寫作子書時，其關心者不再是群體的、外向的「興治」議題，而是傾向於有關於個人的、內向的「興趣」方面。傳統諸子欲藉由著作引導、影響政治的企圖心與其「博明萬理」的子書內容，在此時子書中已十分罕見，取而代之的，是一種輕鬆的、閒適的心境與眼光，一種以個人目的爲考量的文字記錄。此即爲此時子書內容轉變面向之三。

（三）子書形式：近似文集與類書的新興子書

由上述所論可以發現，六朝諸子無論是在內容組織、思想內涵或在關注議題方面，皆已和傳統諸子有所不同。同爲列入儒家類的子書，但傳統諸子是以經世治國爲主要內容，而六朝諸子卻轉向考核辨析六藝經史中的學問；同爲列入雜家類的子書，傳統諸子之興治精神，至六朝諸子卻轉變爲以個人興趣爲關懷主體，而以品評人物、雜事雜記爲其書內容。在這樣的演變趨勢下，六朝諸子書之形式，又會呈現出怎樣的面貌呢？

1、近似文集

以古代學術分類的觀點視之，傳統諸子之中本就具備了經、史、文集的

〔註213〕《玉函山房輯佚書》，子編儒家類，頁2622。
〔註214〕《玉函山房輯佚書》，子編雜家類，頁2851。
〔註215〕《玉函山房輯佚書》，子編雜家類，頁2859。
〔註216〕《玉函山房輯佚書》，子編雜家類，頁2855。

成分，唯以思想宗旨與興治精神將這些內容相互連結、貫串，而成爲諸子之
體。但在六朝時期，當這樣一種傳統子學精神不斷淡薄弱化時，史志列在子
部中的六朝子書還能稱得上是「諸子」嗎？在閱讀馬國翰、嚴可均兩人所輯
佚出的六朝諸子資料時，不時會感到疑惑：他們所擷擇的資料果眞是當時諸
子書中的內容嗎？如馬國翰《玉函山房輯佚書》於《顧子新言》條下云：

> 本傳云：「著《新言》十二篇」，……其八今佚，爲《太平御覽》引
> 數節，又本傳載疏一篇。《隋志》無譚集，書當在《新言》中，如賈
> 誼〈治安疏〉在《新書》；董仲舒〈天人策〉在《春秋繁露》之類。
> 陳壽作譚〈傳〉，即從譚書採之，末故詳言著書篇目，其曰〈知難篇〉，
> 蓋以自悼傷也，則此疏文又爲〈知難篇〉之佚文可知。〔註217〕

其將顧譚上疏吳主之文收入《顧子新言》的著眼點有二：其一、《隋志》無譚
集，故此疏應同於賈誼、董仲舒等人之書疏對策，置於其子書中。其二、陳
壽《三國志》應是參考《顧子新言》而作，則此疏應是從中採取之。另外，
馬氏又將《吳志》中諸葛恪的幾篇書疏視爲《諸葛子》的內容，其理由亦是：
「恪無文集，當皆採自本書中。」此外，馬氏又在王基《王氏新書》條下云：

> 考〈魏志〉基本傳，載其諫明帝、答司馬景王，以及料敵策戰之言，
> 凡七節。又裴松之《注》引司馬彪《戰略》載有論胡烈表降一節，
> 雖多談兵事，而具有儒術，知皆從本書採取也。〔註218〕

則是因爲王基的這些奏議書疏「雖多談兵事，而具有儒術」，故將其一併視爲
《王氏新書》的內容。傳統子書中本即有一部份的內容屬於子家對上位者的
勸諫之言，而漢代子書中則多收入子家正式的「奏議書疏」，但這些勸諫之言
與奏議書疏的內容往往和其子書中的思想宗旨相關，彼此可互見、相發，將
其收入子書中，亦十分合理。反觀上述幾部子書，其內容以實際政事的討論
爲多，雖非毫無思想宗旨，但並無深刻的、完密的理論架構，而多實務操作
上的論述。若因其中略具興治理念，而視其爲諸子，雖無不可；但就形式上
而言，在這些諸子書的大半內容已經亡佚，而只存這些「奏議書疏」的情況
下，視其爲「文集」亦頗爲合理。當學者因爲子家「無文集」而將其奏議書
疏列入「諸子」時，似乎隱含了他們已感受到此時「諸子」與「文集」之間
曖昧不明的連繫。除了「奏議書疏」之外，六朝諸子的其他文章也存在著該

〔註217〕《玉函山房輯佚書》，子編儒家類，頁2586。
〔註218〕《玉函山房輯佚書》，子編儒家類，頁2580。

置於「諸子」或「文集」的難題。如《北唐書鈔》、《通典》將晉代華譚之〈尙書二曹論〉視爲華譚集中的內容，但馬國翰則認爲其「篇以論稱，蓋本《新論》之一，後人收入全集耳。」〔註219〕整體而言，無論是「奏議書疏」或是以論爲名的文章，若其內容與政治議題相關，則將其視爲子書的一部份，並沒有太大的問題。至少這些內容多少仍與傳統子家「求有世用」的心態稍合。但實際上，輯佚而得的六朝子書，有些既非奏議書疏，也非標以論名的文章，雖乍看之下與傳統子書十分相似，反而更接近於後世文學性質的「文集」。以顧譚《新言》爲例，其中有言：

> 蓬蒿生於太山之上，豫章長於窮藪之中。良匠造舟、興工建廟，必不取太山之陋質，而棄窮藪之美材，明矣。〔註220〕

引文之中大略是說明「應看重物之實質，而非因其出處低微而嫌棄不用」之意。推測其原文應與人才的任用有關。其文意淺顯，但文句、遣詞則相當工整、優美。再如陸景《典語》，其言：

> 飛車策馬，橫騰超邁，來如霧合，去若雲散，得志則進，失意則退。〔註221〕

察其意或與進退出處的抉擇有關，但文中引人注目的卻在於前四句對於車馬奔馳情景的描寫。輯佚而得之《典語》中，一部份是類似上條資料的零碎美文，另外一部份則是陸景論述治道的部分，如：

> 明主知階民以爲尊，國需政而後治。其恤民也，憂勞待旦，日昃忘餐，恕己及下，務在博愛。臨御華殿，軒檻華美，則欲民皆有容身之宅，廬室之居；窈窕盈堂，美女侍側，則欲民皆有配匹之偶，家室之好；肥肉淳酒，珠膳玉食，則欲民皆有餘糧之資，充飢之飴；輕裘累暖，衣裳重螢，則欲民皆有溫身之服，禦寒之備。〔註222〕

其文句式工整，充滿韻律節奏感，且用詞駢麗精巧。但所欲表達的意思不過就是以「恤民之道」勸誡上位者，除此並無其他深意。相較於傳統子書，缺少一種來自於親身體會的眞實力量，而只流於寫作文章，炫才揚己之作。劉咸炘曾論魏晉六朝諸子：

〔註219〕語出氏著《玉函山房輯佚書》，頁2617。
〔註220〕《玉函山房輯佚書》，子編儒家類，引《太平御覽》卷七百六十九，頁2587。
〔註221〕《玉函山房輯佚書》，子編儒家類，引《太平御覽》卷七百七十三，頁2589。
〔註222〕《全三國文》，頁671。

> 宗旨既淺，詞采方興，以集爲子，若顧譚《新言》、陸景《典語》，
>
> 皆意陳而詞麗。〔註223〕

可說是明確指出此時期之諸子近於文集的特色。不論此時之子家其寫作心態是否眞是爲了寫作文章、炫才揚己，但我們的確再難從六朝子書中見到諸子爲了實現自己的理想，再三反覆闡述其說的身影，取而代之的是優雅的文字，精美的比喻，還有一種從容不迫的閒適意態。章學誠《遺書・雜說》言：

> 諸子不難其文，而難於宗旨有其不可滅。故諸子僅工文辭，即後世
>
> 文集之濫觴。〔註224〕

傳統諸子「不難其文」，但其精鍊的文字與其思想宗旨卻巧妙地融合，自成「諸子」一體，但六朝諸子的華麗美文下，卻日漸流爲形式的模仿，看似諸子，實已近於文集。於此亦可見此時子學變質之一端。

2、近似類書

　　以上所談論的幾部子書雖然近於文集，但「看起來」仍有和傳統子書相似的部分。但是值得注意的是，《隋志・子部》雜家類中所收入的、一些不屬於傳統諸子而自成一類的著作。據姚振宗《隋書經籍志考證》的意見，《隋志・子部》雜家類實可分爲四部份：其一、諸子之屬，張華《博物志》以前之著作。《四庫提要》所謂雜學之屬。其二、雜家之不明一體者，《博物志》以下，《皇覽》以前的著作，《四庫提要》所謂雜考、雜說、雜品、雜纂之屬。其三、類事之屬，自《皇覽》至《書鈔》，至唐《經籍志》始別爲一類。其四、釋家之屬，《釋氏譜》及其以下之著作。考察《隋志》雖無明確標明各部之屬名，但其排列上卻自成區塊，彼此之間不相淆亂。暫且不論「釋家之屬」中的著作，需要特別留意的是，第二項、第三項中那些近於、或等於後來廣義的「類書」的著作。《隋志》中雖未有「類書」一類，但似已意識到這些著作的獨特性。而其對「雜家」的來源與定義亦由《漢志》所言的「出於議官」〔註225〕、「兼儒、墨，合名、法，知國體之有此，見王治之無不貫，此其所長也」〔註226〕轉變爲「出於史官」〔註227〕、「歷記前言往行，禍福存亡之道」〔註228〕、「放者爲之，不求其本，

〔註223〕劉咸炘：《舊書別錄・卷四・魏晉六朝諸子》，《推十書》，頁960。
〔註224〕《文史通義校注》，頁76～77。
〔註225〕《漢書・藝文志》，卷三十，頁1742
〔註226〕同前註。
〔註227〕《隋書・經籍志》，卷三十四，頁1010。
〔註228〕同前註。

材少而多學，言非而博」〔註229〕。由這些新增入的、近於類書的子書以及《隋志》對雜家義界的改變觀之，均可看出此時子學發展所發生的明顯轉變。張蓓蓓曾就上述《隋志》的改動而言：

> 如此改動，顯然因爲後來子家多能敘述沿襲而少能議論創獲，故必
> 須稍加更張以期符合實際；然而如此一來就更彰顯出後來子家的不
> 才；這實際上是子學墮落的一個縮影。〔註230〕

此時子家不限於雜家者流，其餘諸家亦是「多能敘述沿襲而少能議論創獲」，而子部雜家中的變化的確反映出此時期子學變質的一個面向。然而再回過頭來看看《隋志》中雜纂、雜記、近於類書等類的子書，卻是連「敘述沿襲」也談不上，而只是鈔纂、雜記之作。其中或有鈔錄歷代諸子之言的作品，如《子林》、《子鈔》之類；或有看似政書之作，如《諫林》、《述政論》、《善諫》、《政論》等；還有一大部份爲無法歸類區分之作，如《俗說》、《語麗》、《語對》等。藉鈔錄諸子之言而自爲一子，至少還與諸子沾上少許關係；而蒐集古代述政、勸諫之言以爲一子，也還略有傳統子學之興治意味；但如沈約《俗說》，則多記載一些無關大義的瑣碎雜事、見聞，既可視爲以事相從的類書，亦與後代小說有可通之處，要之，已與傳統諸子差之千里。而「采摭書語之麗者爲四十門」〔註231〕的《語麗》，則似是爲了文學創作時參考之用而寫作，就其性質、形式觀之，實爲類書而與諸子無涉。

馬國翰曾將類書的源頭，追溯至秦漢。其認爲《呂氏春秋》雜取各家之說，爲「類書之最先者」，而《淮南子》、《新序》、《說苑》等「率取古說，分類條列，皆類書也」。〔註232〕其說應是針對傳統子書雜取各家學說的特色而言，畢竟上述諸子即便是兼括他人之說，卻仍各有宗旨，雖可視爲類書之遠源，但本質上仍是諸子。張舜徽《廣校讎略》〈論編述體例〉有言：

> 蓋編述之書，與立言垂訓者殊途，苟義例精善，原不嫌於因襲。……
> 可知編書者不以鈔襲爲過，但問其有無精識別裁足以自立與否而

〔註229〕同前註。

〔註230〕語出氏著：《《傅子》探賾》，收於氏著：《魏晉學術人物新研》（臺北：大安出版社，2001 年 12 月），頁 124。

〔註231〕語出陳振孫：《直齋書錄解題》（上海：上海古籍出版社，2005 年 8 月），頁423。

〔註232〕語見氏著：《玉函山房文集》卷三：「類書之源，開於秦，衍於漢，余觀《呂氏春秋》……雜采百家分屬之，此類書之最先者也。」（臺北：文海出版社印行，1967 年），頁 15。

已。〔註233〕

張氏認為，編述之作若是「義例精善」、「精識別裁足以自立」亦有可觀之處，其所以言此，是為了說明司馬遷之《史記》、劉向之《新序》、《說苑》等著作，雖有因襲，但瑕不掩瑜，稱其為一家之言，實當之無愧。以其所言之「義例」與「精識別裁」審視魏晉以降近乎類書的著述，雖稱為子書，但多淪於編述之下乘以及鈔纂之作，既少「精識別裁」，亦無宗旨，和典型子書相差甚遠。其與傳統子學的差距不言可喻。〔註234〕

　　本節所談，是以一種較為全面的眼光、以整體六朝諸子作為觀察對象，來探討六朝子學在子學發展歷程中的轉型與變質。然而，在論述的過程中，不斷浮現的問題是：較為完整的六朝子書，如傅玄《傅子》、葛洪《抱朴子》、劉晝《劉子》其存在必有其一定的價值，其思想內涵亦頗有可觀，以此作為探討六朝子書轉變的觀察對象，似有不足之處。然而若以輯佚所得的零碎資料作為判斷依據，卻也讓人惶惶不安，反覆斟酌：這些留下來的資料既非當時子書之全貌，又能反映、拼湊出多少真實情況？有無可能此時子書所亡佚的那一部份正是符合傳統諸子之處呢？基於這些疑慮，我們必須選取另外一部子書，其內容足以涵蓋本章所歸納出的各項轉變、特質，而它的內容又存有一定的份量，可以作為新風的代表，方可使上述所論有所憑依。今考察六朝諸子書，〔梁〕蕭繹《金樓子》正好符合此一條件，故在下一章中，將以其為主軸，作為六朝子學轉變之實例、樣版，深入探求六朝子學轉變的各種面向。

〔註233〕氏著：《廣校讎略》，頁 13～14。

〔註234〕關於古代類書之體例與流變，可參看胡道靜：《中國古代的類書》（北京：中華書局，1982 年）；張滌華：《類書流別》（北京：商務印書館，1985 年 9 月）。

第三章　《金樓子》的學術特質及其評價

　　在上一章中，大致可看出自先秦以迄南朝、傳統子學的定位及其演進歷程。相較於先秦、兩漢時期的子學，魏晉以降至南朝時期的子學發展確有明顯的異變之處。這樣的推論，來自於對輯佚所得的六朝子書所作的觀察與分析，然而，輯佚書中的六朝子書多是由零散的、片段的字句拼湊而成，若據此內容而斷言六朝子書之原貌，似有以偏概全之嫌。假設《抱朴子》、《傅子》、《顏氏家訓》、《劉子》這些頗有可觀的中古時期之子書，未能完整保存至今日，而只剩下斷簡殘編，或許看起來也近似史書、類書、文集之類、不像傳統子書。因此，若能找到一部較為完整的六朝子書，而其內容正好涵蓋了輯佚所得的、其他六朝子書中所反映的眾多變質面向，那麼將有助於確認六朝子學的確如我們推論的，是傳統子學的轉型與變質。梁元帝蕭繹所撰寫的《金樓子》，正是這樣一部子書。以下將先介紹、評析前人之研究成果，以便對《金樓子》有一初步的瞭解，並藉此點出本章的關切重心。

第一節　前人研究成果述評與本章關切重心

　　《金樓子》，是梁元帝蕭繹所作的一部子書，凡十卷，十五篇。然而元代以後，即已散亂零落無足本。今所得見者，只存六卷、十四篇，且各篇多由類書中抄出的資料所纂輯、條列而成，文字偶有脫漏，段、句銜接之間亦時有錯落，各篇旨意、思想脈絡有時必須靠讀者細加體會才能理解，看似子書，頗似文章的彙集。趙翼《廿二史劄記》曾言：「元帝好學，博及群書，才辯敏捷，冠絕一

時。」〔註1〕以此可見，蕭繹既爲帝王，又頗負才學，其所作之子書理應受到一定的重視與肯定。但現實卻是《金樓子》亡佚甚多，且自古至今，對全書進行整理、校勘、研究者屈指可數。歷代論及《金樓子》，多只是簡短地評價之，或針對其書中小部分的內容作字句上的考證或文意方面的辨析，更多的是在涉及中國文學史、文學批評史的討論時，稍及《金樓子・立言篇》所談的文筆之辨。民國以來，除了台灣學者許德平所作的《金樓子校注》以外，別無其他注本，亦少有人專門針對《金樓子》一書作研究；反而是大陸方面，近年有多位學者開始留意此書，並撰文強調其重要性與研究價值。在單篇論文方面，有劉躍進〈關於《金樓子》研究的幾個問題〉〔註2〕、曹旭〈論蕭繹的文學觀〉〔註3〕、劉晟〈蕭繹《金樓子・立言》主旨辨正〉〔註4〕、杜志強〈蕭繹及其《金樓子》研究史述評〉〔註5〕、〈蕭繹的思想與人格〉〔註6〕、儲佩成〈蕭繹的三篇寓言〉〔註7〕以及鍾仕倫所寫的一系列討論《金樓子》的文章，〔註8〕專著方面則只有鍾仕倫所著之《《金樓子》研究》。其中，比較具代表性的當推杜志強〈蕭繹及其《金樓子》研究史述評〉一文，將古今關於《金樓子》的評論與研究篇章作一番統整、歸納，透過此篇文章，可以清楚知道哪些書、哪些人、哪些文章曾經討論過《金樓子》，而這些討論又多半集中在《金樓子》的成書時間、雜家體例、文筆之辨、文獻價值以及著述風格等方面。但其文中敘述介紹的部分遠多於評價、分析，且將前人對《金樓子》的研究分作「成書時間」、「內容」、「著述風格」三個部分，也未能充分概括目前可見的研究範圍，而對於學者研究《金

〔註1〕 趙翼：〈齊梁之君多才學〉，《廿二史箚記》卷十二。參見王樹民：《廿二史箚記校證》（北京：中華書局，2001年），頁247。

〔註2〕 劉躍進：〈關於《金樓子》研究的幾個問題〉，《中國典籍與文化論叢》第四輯（北京：中華書局，1997年12月），頁165～185。

〔註3〕 曹旭：〈論蕭繹的文學觀〉，《上海師範大學學報》（哲學・社會科學版），1999年1月，第二十八卷第一期，頁15～21。

〔註4〕 劉晟：〈蕭繹《金樓子・立言》主旨辨正〉，《華南師範大學學報》（社會科學版），2000年4月，頁45～52。

〔註5〕 杜志強：〈蕭繹及其《金樓子》研究史述評〉，《西北師大學報》（社會科學版），2004年1月，第四十一卷第一期，頁56～59。

〔註6〕 杜志強：〈蕭繹及其《金樓子》研究史述評〉，《河西學院學報》，2004年，第二十卷第六期，頁33～37。

〔註7〕 儲佩成：〈蕭繹的三篇寓言〉，《常州工學院學報》，2004年10月，第十七卷第五期，頁1～2。

〔註8〕 鍾氏所發表的期刊論文多已收入其《《金樓子》研究》一書中，故此處不再一一列舉。

樓子》時所採取的觀點與既有研究所未及的面向，亦未能進一步分析、凸顯。
考察上文提及的研究論著，可發現他們討論焦點有四，分別是「對《金樓子》
撰著與流傳的研究」、「由《金樓子》看蕭繹的文學觀」、「由《金樓子》看蕭繹
的思想體系」、「論《金樓子》的文獻價值」四個方面。以下分別論述之，期能
確實釐清當代學者研究《金樓子》一書的情形。

一、對《金樓子》撰著與流傳的研究

此方面的討論，在劉躍進〈關於《金樓子》研究的幾個問題〉以及鍾仕倫
《《金樓子》研究》第一章、第二章、第三章中，皆曾涉及。劉氏之文詳細考證
了兩個問題，其一、《金樓子》是否為蕭繹自著？其二、《金樓子》的成書時間
為何時？並大致說明了《金樓子》版本流傳的概況。鍾氏之文則是在劉氏之文
的基礎上，對這些問題作進一步的探究。由他們的文章，可以瞭解《金樓子》
確實為蕭繹自著，且非一時一地之作。而今日可見的、較為完整的六卷本《金
樓子》，有清代四庫館臣所纂輯的《四庫全書》本，以及鮑廷博知不足齋刻本兩
種版本，兩者皆源於《永樂大典》，但稍有文字上的差異。〔註9〕

此外，鍾氏除了考察釐定《金樓子》作者、成書時間與版本流傳上的問
題，還探討了《金樓子》的撰著體例、《梁書‧元帝紀》失載《金樓子》的原
因以及庫本、鮑本《金樓子》中的疑誤等問題。其中值得特別注意的是鍾氏
在探討《金樓子》的體例時，所作的結論，他認為《金樓子》並非如譚獻所
說的，是「稗販」之作，也不是日本學者興膳宏所說的、是古今「名言成句」
的彙錄，而是：

> 既有「括綜百家，馳騁千載，彌綸天地，纏絡萬品。攝道略之英華，
> 搜群言之隱賾。……義以類聚，事以群分」的類書的特徵，又有「網
> 羅天下放佚舊聞，通古今之變，究天人之際」的史書的特徵，更有
> 獨出胸臆，師心使氣，論若洪瀉，縱橫捭闔的子書的特徵，也有敘
> 述蕭繹「文武二途，並得儔匹」的一生行歷及其性格、旨趣、信仰、
> 抱負和成就的「自傳」的特徵。而《金樓子》一書的學術價值也正
> 是這四個方面的總括。〔註10〕

其言確實點出了《金樓子》一書的體例特徵，然而，作為一部子書，何以其

〔註9〕 關於《金樓子》之版本流傳問題已詳第一章、第二節，第4～5頁。
〔註10〕 氏著：《《金樓子》研究》，頁37。

體例卻兼具了類書、史書、自傳的特徵？而這樣一部子書在學術發展的脈絡中又反映出何種現象與意義？當然，鍾氏之文自有其關懷的重心，可以不必處理這些問題，但這些問題，卻頗值得我們進一步研究之。

二、由《金樓子》看蕭繹的文學思想與文學理論

關於《金樓子》的研究，一直以來學者們的焦點都放在蕭繹的文學觀、文學理論、文學創作以及文學批評等問題上，最常見的即是一些文學史、文學批評史〔註11〕中在提及「文筆之辨」、「齊梁文學新變」時所引用的〈立言篇〉，自「古人之學者有二，今人之學者有四」以下至「至如文者，維須綺縠紛披，宮徵靡曼，脣吻遒會，情靈搖蕩。」一段文字。〔註12〕除此，則有曹旭〈論蕭繹的文學觀〉、劉晟〈蕭繹《金樓子・立言》主旨辨正〉、鍾仕倫《《金樓子》研究》第六章、第七章、第八章、第九章等文章，以專文討論上述問題。

曹氏之文主要是以蕭繹的文學觀爲主軸，因此，其討論範圍不限於《金樓子》一書，所採取之寫作策略則是將蕭繹與蕭統、蕭綱、劉勰、鍾嶸等人的文學觀作比較，透過彼此之間的對照以凸顯蕭繹文學觀的特色。因此，文章中涉及《金樓子》的部分仍然是集中在〈立言篇〉，略及《金樓子》其他篇章中可反映蕭繹重視立言、重視儒學的部分內容，引以爲論述其文學思想的佐證。而劉氏之文則是以〈立言篇〉爲主，分段詳細闡述此篇篇旨，並藉由探討《金樓子》全書旨趣，以論證「蕭繹的文學觀並非倡言新變，而是尊經尚古，注重文質彬彬」，遠於蕭綱的文學觀，而近於蕭統。暫且不論其說是否確當，但對於我們瞭解《金樓子》、以及蕭繹的文學觀與思想，確實有著相當的助益。鍾氏之文，則以較爲全面的眼光，深入討論蕭繹及其《金樓子》的「文筆理論」、「文學本質觀」、「文學創作思想」、「文學批評思想」等方面。其優點在於旁徵博引許多外圍資料，如蕭繹及其同時文人的文學作品以及各種史料，與《金樓子》中的言論互爲參照，以此反映、論證蕭繹關於文學方面的各種觀點、態度與理論。然此既是其優點，也反映了研究《金樓子》時所面臨的最大問題：文獻不夠完整，所見之資料多零散不全，因此，在論證說明的過程中，一方面難以分析，另一方面則多少有師心臆測的成

〔註11〕如郭紹虞《中國文學批評史》（臺北：文史哲出版社，1988 年），上卷、第四篇、第二章「南朝之文學批評」、第三節、第五目「文筆之區別」，頁 133。
〔註12〕《金樓子・立言下》

分。鍾氏即自言：

> 《金樓子》中的文藝批評理論除了集中體現在對上面這些作家的評
> 論中外，還體現在對屈原、宋玉、司馬相如、揚雄、曹操、曹植、
> 潘岳、沈約、任昉等作家的評論上，但惜其一鱗半爪，難以分析。
> 〔註13〕

可見其對於此難題，亦頗有自覺。此外，在鍾氏論述《金樓子》的文學批評
思想時，引用了〈立言〉中的一段文字，如下：

> 鋸齒不能咀嚼，箕口不能別味，槎耳不能理音樂，屬鼻不能達芬
> 芳，畫月不能撝望舒之景，床足不能有尋常之步。跨孺子之竹馬，
> 不免於勞腳；剝玉蚌之盈案，莫解於虛腹。圖敖倉以救饑，仰天
> 漢以解渴，指水不能赴其渴，望冶不能止其寒。陶犬無守夜之警，
> 瓦雞吳司晨之益，涂車不能代勞，木馬不能馳逐。(《金樓子‧立
> 言下》) 〔註14〕

鍾氏引用此段文字主要是說明「蕭繹十分看重鑑賞者的審美能力」，〔註15〕
其言：

> 蕭繹這裡所謂的「槎耳不能理音樂，屬鼻不能達芬芳」同莊子所說
> 的「瞽者無以與乎文章之觀，聾者無以與乎鐘鼓之聲」是同一個意
> 思，說明我的對象祇能是我的一種本質力量的確認，對象如何被主
> 體所感知取決於主體本身感知對象的能力；要從文學作品中得到美
> 感享受，獲得作品的思想意義，鑑賞者應具備相應的鑑賞力這樣一
> 些道理。〔註16〕

鍾氏清楚知道「《金樓子》提出的這些思想不一定專門就文學批評而言」，〔註17〕
卻仍然將此段文字以文學批評的角度詮釋之。但他似乎未發現〈立言〉中的此
段文字，原出葛洪《抱朴子‧外篇》，而另外加以增潤而成。今將其原文列於下，
以供參照：

> 抱朴子曰：「官達者，才未必當其位；譽美者，實未必副其名。故鋸
> 齒不能咀嚼，箕舌不能別味，壺耳不能理音，屬鼻不能識氣，釜目

〔註13〕 氏著：《《金樓子》研究》，頁218。
〔註14〕 《金樓子‧立言下》
〔註15〕 語出氏著：《《金樓子》研究》，頁207。
〔註16〕 同前註，頁206。
〔註17〕 同前註。

不能攄望舒之景，牀足不能有尋常之逝。」〔註18〕

很明顯的，蕭繹所言應是較接近葛洪所欲傳達的「名實相符」、「才適其位」的意思，而非莊子所說的「瞽者無以與乎文章之觀，聾者無以與乎鐘鼓之聲」之意。莊子之言，或許可以引申發揮爲一種文學批評理論的觀點，但葛洪與蕭繹所言，主要是以「鋸齒」、「箕舌」、「壺耳」、「屬鼻」這些有「齒」、「舌」、「耳」、「鼻」之名，但無其實之物，說明名實需相應的道理，進一步引申爲任官亦應考慮量才任用，不僅靠名聲、美譽爲判斷之資。鍾氏之言實有過度詮釋之失。然而，這實應歸咎於今日所見的《金樓子》已非足本，因此，研究者在論述時，若不能詳考其出處，或根本沒有出處而爲蕭繹自己的言論，且其文句、文意不夠完整，就難免會有類似這樣過度詮釋、引申的失誤或疑慮。

儘管如此，鍾氏之書仍可說是當今所見最全面、最深入地考察《金樓子》中的文學思想與理論的專書。〔註19〕雖有小疵，但亦是瑕不掩瑜，實有助於引起讀者進一步探察《金樓子》的動機。

三、《金樓子》與蕭繹的思想體系

一部子書最受人看重的便是其中的思想、觀念，然而，關於《金樓子》的思想至今只有三位學者撰文討論。劉躍進在其〈關於《金樓子》研究的幾個問題〉一文中，最後的一節談到了「從《金樓子》看蕭繹的政治野心」，勉強可視爲學界討論蕭繹思想的開端。但由於其焦點集中於蕭繹的「政治野心」，因此，儘管注意到《金樓子》中蕭繹所強調的兼綜各家之長的雜家思想特徵以及注重立言、立德、立功的志向，但並未詳加論證說明。在杜志強〈蕭繹的思想與人格〉一文中，則進一步就蕭繹的「價值觀」、「人生觀」、「退隱思想」、「雜取各家思想」幾點，闡述之。而鍾仕倫於其書《《金樓子》研究》中第五章所談的內容，亦不外上述幾點。

學者們普遍皆已注意到《金樓子》中蕭繹思想的傾向與特徵，爭議之處

〔註18〕《抱朴子·外篇》卷三十八，〈博喻〉，頁281。

〔註19〕近幾年來，大陸方面有兩本碩士論文亦與《金樓子》有關：杜志強《蕭繹及其《金樓子》》論稿，西北師範大學碩士論文，指導教授：蒲秋征，2002年6月。邵曼《《金樓子》研究》，上海師範大學人文與傳播學院，指導教授：曹旭，2005年5月。兩本論文所談皆以蕭繹其人、其書爲主，對文本作整理、介紹的工作，唯論點仍不出前人成說，且多因襲鍾氏意見。

在於《金樓子》中究竟有無佛教思想的成分？杜志強認為蕭繹對於佛學是「浸而不染」，蕭繹雖熟悉佛學思想，並與佛教僧徒過從甚密，但《金樓子》一書中卻未見佛教思想的成分。鍾仕倫則認為：

> 蕭繹思想體系的另一個特徵是以釋入老。張之洞《書目答問》曾以「體兼釋老」評蕭繹的代表著作《金樓子》，的確是很有見地的觀點。如前所述蕭繹「朝隱」思想時，可看到蕭繹「動寂同遣」中所蘊含的佛學思想。〔註20〕

其立論的依據主要是《金樓子·序》中的一段文字，如下：

> 常貴無為，每嗟有待。閑齋寂宴，對林泉而握談柄；盧宇遼曠，玩魚鳥而拂叢著。愛靜之心，彰乎此矣。（《金樓子·序》）〔註21〕

鍾氏所謂的「動寂同遣」的佛學思想，即是看到蕭繹一方面有著「貴無為」的「愛靜之心」；另一方面卻又重視儒家治世之道，並期能兼擅各家所長濟世立功，故認為此中有著「動寂同遣」、「執寂以御有，崇本以動末」的禪法。然而除此之外，《金樓子》中再無其他文句足以證明蕭繹思想中的佛學傾向。且鍾氏所言也讓人質疑，蕭繹思想真如其所言有著「動寂同遣」的觀念在其中嗎？今考「動寂同遣」一詞，在《金樓子》中確曾提及，但卻出現於〈著書篇〉談及蕭繹所作的《全德志》之內容的一段話中。若以此而論《全德志》中有佛教思想的浸染，尚可，但若以此而推論《金樓子》中的思想成分，則似有不妥。此外，必須考量的問題是，歷代皆有一方面口談儒家仁義，另一方面嚮往清靜無為之人，如東漢末年之仲長統、東晉的陶淵明，這些人又受到多少佛教思想的影響？關於這些問題，當在下文中繼續討論。

　　除了《金樓子》中是否含有佛學思想的爭議外，另外一個需要注意的問題是，《金樓子》究竟是否有一成套的思想體系？畢竟，整部《金樓子》中，能展現其價值觀、人生觀、思想特徵者，只是些零星、片面的資料，這些資料是否足以架構出其「思想體系」？當學著們試圖為此書尋找思想的脈絡與主軸並為其思想做出詮釋、建構時，我們需要重新思考的是：會不會《金樓子》一書早已不像傳統子書有其獨立、完整的思想規模？那麼，這樣一部缺乏深刻思想性的子書，在學術史中的地位與評價又當為何？是不是能夠解釋其之所以不能完整流傳至今的原因？這些問題，當今學界尚未有人予以討

〔註20〕氏著：《《金樓子》研究》，頁95。

〔註21〕《金樓子·序》

論，但卻是另一個新的研究面向。

四、論《金樓子》的文獻價值

在劉躍進〈關於《金樓子》研究的幾個問題〉、儲佩成〈蕭繹的三篇寓言〉、鍾仕倫《《金樓子》研究》第四章等文章中皆提到《金樓子》的文獻價值。劉氏認為，《金樓子》中的〈志怪〉、〈雜記〉兩篇所記載的前代傳說與古今人物的奇文佚事、風土民情，可列入古代小說的研究範圍中。而儲氏之文則強調《金樓子》中有幾則寓言故事可列入傳統寓言文學的討論範疇中。他認為蕭繹亦可算是「寓言作家」之一，但卻忽略了《金樓子》一書有部分內容鈔纂前人著作而成，其中所謂的「寓言故事」是否全為蕭繹自著？是一個值得商榷的問題。此外，傳統子書中本即充滿了各種寓言故事，《韓非子》與《說苑》便是最佳明證，《金樓子》中出現的幾則寓言似乎不值得大書特書。鍾氏之文則是點明《金樓子》的文獻價值在於「補證史書」、「證佐見聞」兩個方面。在「補證史書」方面，鍾氏舉出相當多例子說明《金樓子》中「不但保存了許多史料，而且對史書多有校正」。〔註22〕而在「證佐見聞」方面，則是指出《金樓子》一書引用了涉及經、史、子、集、佛道等周秦以來的異書，這些資料有助於我們「輯佚補闕、校勘古籍」、「證佐見聞、增廣事類」。

上述學者們所提出的、關於《金樓子》的文獻價值，大體而言，皆確實指出了《金樓子》可供我們參考、研究之處。然綜觀上述討論，學著們的焦點多是針對《金樓子》與其他學術研究的交涉而立論，例如《金樓子》與小說、寓言的關係，與史料、史書的關係，對輯佚校勘的貢獻等。但是，就《金樓子》本身而言，其存在究竟有何學術價值呢？蕭繹在寫作這部書時，又有著怎樣的期許呢？關於這些問題，亦需加以探究。

五、本章關切重心

藉由評述前人對《金樓子》的研究成果，可發現學者已經詳細考證過其版本流傳的問題，並注意到此書的文獻價值與其思想、體例上的特質。大體而言，學者們的出發點多是基於《金樓子》長期受到學術界的忽視，因此試圖挖掘出此書中值得一提的內容。曹旭即言：「梁代那麼重要的一部典籍，

〔註22〕氏著：《《金樓子》研究》，頁72。

使中國文學從歷史、哲學、各種非文學的母胎中分離、發展，並取得獨立的標誌性理論之一，以致有些日本學者以為可與劉勰《文心雕龍》、鍾嶸《詩品》鼎足而三的蕭繹的《金樓子》，目前的研究者卻很少，在二十世紀古代文學研究已經到了即將結束的世紀末，對於《金樓子》，我們應該說一聲慚愧。」〔註23〕弔詭的是，作為一部子書的《金樓子》最為人稱道的竟是其中一小段文字所展現的文學思想。〔註24〕學者們慨嘆著此書亡佚既多、後世評價不高且當代亦乏人對其進行深入研究，於是汲汲營營於重構其思想體系、肯定其文獻價值，然而，若《金樓子》本身即是一部子書中的傑作，又何需學者們大力宣揚呢？既然現有的研究成果已讓我們理解《金樓子》的大致面貌，那麼緊接著該處理的問題即是，作為一部子書，其學術特質究竟為何？何以歷來對其的評價皆不高？在中國傳統子學的演進歷程中，《金樓子》又具有何種地位與評價？

　　基於上述幾個問題，本章將聚焦於在於《金樓子》中幾個明顯異於傳統子書的面向上，例如：寫作意向、思想內涵、關注議題、表現形式等方面，詳細分析、介紹其內容，以其作為探討六朝子學變質之主軸，具體呈現六朝子學之轉變特徵。

第二節　《金樓子》的寫作意向

　　在探討傳統子學之定位及其演進歷程時，觀察、分析子家的言說動機或寫作意向是一個重要的面向。就先秦諸子而言，其言說、寫作的動機、目的與其「思以其學易天下」的政治關懷與興治理想息息相關，因此先秦子書的內容儘管有一部份涉及個人修養，但其基調始終是圍繞著治道。此種以興治為主的諸子精神，在魏晉以後逐漸衰微。魏晉以後的子書雖仍談論治道，但其寫作意向卻由「求有世用」轉變為「立言不朽」。子書的寫作不再是實踐個人興治理想的過程與方法，其本身即是目的，成為「子家」，列名「諸子」之流，是魏晉以後大部分子書作者的共同渴望。成書於梁朝的《金樓子》，其寫作意向又為何？

　　先就現存《金樓子》的卷、目作一整理，以便大致瞭解此書的大致結構，

〔註23〕曹旭：〈論蕭繹的文學觀〉，頁 16。
〔註24〕見前文，頁 83，註 11。

請看下表：

	卷一	卷二	卷三	卷四	卷五	卷六
篇目	一、興王 二、箴戒	三、后妃 四、終制 五、戒子 六、聚書 七、二南五霸	八、說蕃	九上、立言 九下、立言	十、著書 十一、捷對 十二、志怪	十三上、雜記 十三下、雜記 十四、自序

由表格中可以發現，此書的篇目名稱、結構和以往我們所熟悉的典型子書已有不同。典型子書中常見到以「君道」、「臣道」、「勸學」等為篇目，僅由篇目名稱，便可看出其作為一部子書的重要特質。然而，《金樓子》中，卻出現了「聚書」、「著書」、「志怪」等篇目名稱，不禁讓我們感到困惑，這些篇目怎麼會出現在一部「子書」之中呢？此外，整部書讀來，其內容或有整段抄錄歷代著作者，或有雜記自己生平經歷與所見所聞者，與我們所認知的傳統子書，亦頗有差距。身為一位梁朝的侯王、後來還成為一國之君的蕭繹，是基於何種心態、目的寫作此書？在《金樓子》中是否還存在著傳統諸子「救時之弊」、「救世之急」的興治精神？以下將根據《金樓子》中蕭繹的言論及其架構安排，探討其寫作意向。

一、著書立言以不朽

在《金樓子》中有一段有趣的對話，是裴子野與蕭繹的問答紀錄，其中裴子野問了兩個問題，茲錄於下：

> 裴幾原問曰：「西伯拘而闡《周易》，仲尼厄而作《春秋》，孫子之遇龐涓，韓非之值秦后，虞卿窮愁，不韋遷蜀，士贏疾行，夷齊潛隱，皆心有不悅，爾乃著書。夫子實尊千乘，襄帷萬里。地得周旦，聲齊燕奭；豪匹四君，威同五伯。玳簪之客，雁行接踵；珠寶之賓，肩隨麟次。下帷著書，其義何哉？殊為牴牾，良用於邑。」（《金樓子·立言上》）

> 又問之曰：「子何不詢之有識，共著此書，曷為區區自勤如此？」（《金樓子·立言上》）

令裴子野感到疑惑的是，文王、孔子、孫子、韓非等人，是因為面臨外在人事、環境的壓迫與困阨，「心有不悅」因而著書。但是地位顯赫、生活順遂、

賓客盈門的湘東王蕭繹，爲何還要「下帷著書」，且堅持「獨立」寫作《金樓子》一書呢？對於裴子野所提出的問題，蕭繹的回答如下：

> 吾於天下亦不賤也。所以一沐三握髮，一食三吐哺，何者？正以名節未樹也。吾嘗欲稜威瀚海，絕幕居延，出萬死而不顧。必令威振諸夏，然後度聊城而長望，向陽關而凱入，盡忠盡力，以報國家。此吾之上願焉。次則清酒一壺，彈琴一曲。有志不遂，命也如何？脫略刑名，蕭散懷抱，而未能爲也。但性過抑揚，恒欲權衡稱物。所以隆暑不辭熱，凝冬不憚寒，著鴻烈者，蓋爲此也。（《金樓子·立言上》）

> 夫荷**茝**被薜者，難與道純綿之緻密；羨藜含糗者，不足論大牢之滋味。故服絺綌之涼者，不苦盛暑之鬱煩；襲貂狐之煖者，不知至寒之淒愴。予之術業，豈賓客之所能闚？斯蓋以莛撞鐘，以蠡測海也。予嘗切齒淮南、不韋之書，謂爲賓遊所製，每至著述之間，不令賓客闚之也。（《金樓子·立言上》）

根據第一條引文，可知蕭繹首要的志向是「立功」，一方面他期望建功立業、報效國家；另一方面則是欲憑藉功業以樹立「名節」。其次則是嚮往一種「清酒一壺，彈琴一曲」的閒適生活。由於這兩個願望未能如意，加以「性過抑揚，恒欲權衡稱物」，因此將心力用來著書。對照裴子野所提出的第一個問題來看，蕭繹似乎是在向裴氏解釋自己與以往有志難伸的作者一樣，雖非遭遇重大的困阨而「心有不悅」，仍然對於外在的環境有所觀察體會，想要提出自己批判評論的意見。在蕭繹回答裴氏問題的同時，似在強調其自身和以往著書傳世者，有著相似的寫作動機。就第二條引文而言，則可看出蕭繹之所以堅持獨立撰作《金樓子》的原因，除了個性「極端自負」〔註25〕外，還在於其著作觀念已經不同於前人，「呂氏、淮南，未嘗以集眾爲諱」，〔註26〕但蕭繹卻以「獨立成書」爲貴，其欲藉子書的寫作以成「一家之言」，留名後世的企圖亦昭然若揭。綜合以上，不論蕭繹自己如何詮釋其寫作動機，客觀而言，其言論中所透露的、欲「成一家之言」、「著書留名」的心態、目的，是顯而易見的。

　　在《金樓子·序》當中，蕭繹亦明白交代了其欲藉「立言」以「不朽」

〔註25〕語出：傅剛：《《昭明文選》研究》（北京：中國社會科學出版社，2000年），頁28～29。

〔註26〕章學誠《文史通義·言公上》，頁170～171。

的寫作意向，其言曰：

> 余於天下，爲不賤焉。竊念臧文仲既歿，其言立於世。曹子桓云：『立德著書，可以不朽。』杜元凱言：『德者非所企及，立言或可庶幾。』故戶牖懸刀筆，而有述作之志矣。常笑淮南之假手，每嗤不韋之託人，由是年在志學，躬自搜纂，以爲一家之言。〔註27〕

在此段引文中，蕭繹自言其所以有「述作之志」，是因爲認同前人所說的「立言可以不朽」的觀點。而他對於「立言」的定義，則是限定於不假他人之手、獨立撰作的「一家之言」。蕭繹之所以耗費長時間寫作《金樓子》這樣一部子書，「立言留名、傳世不朽」是一個主要的動機。魏晉以降之人，無論是否有實際的作品傳世，普遍皆抱持著此種「立言不朽」的心態。〔註28〕除了蕭繹所引之曹丕、杜預之言以外，曹植、葛洪的言論中，亦時可見此一觀念。此一觀念最早在先秦已有，《左傳》言：「大上有立德，其次有立功，其次有立言，雖久不廢，此之謂不朽。」〔註29〕然而，先秦諸子卻並未對「不朽」有著念茲在茲的追求；「立言」、「著書」也非他們的關懷重心。何以先秦諸子與魏晉以降之諸子之間存在此一差異？在《金樓子》中，透過蕭繹的言論，我們可以看到一些可能的原因，其言曰：

> 飽食高臥，立言何求焉？修德履道，身何憂焉？居安慮危，戚也；見險懷懼，憂也。紛紛然榮枯寵辱之動也，人其能不動乎？（《金樓子・立言上》）〔註30〕

推敲此段引文之意涵，蕭繹自言其雖然能夠「飽食高臥」，但仍然想要「立言」；雖然能夠「修德履道」，但仍然戒慎恐懼。原因即在於蕭繹對於生命與境遇種種的「無常」、「變化」有深刻地體會，故云：「紛紛然榮枯寵辱之動也，人其能不動乎？」正因爲對「無常」、「變化」感到焦慮、恐懼，因此選擇了「立言」來證明自己曾經存在，除「修德履道」之外，亦更加戒慎恐懼、居安思危，期能在有限的生命中保全自己擁有的一切。就此而言，蕭繹立言著書的動機，並非只是單純地追求名聲、不朽，其背後實有著深刻的心理因素。此種因對「無常」感到焦慮而衍生的撰作心態，在《金樓子》中亦可看見，〈自序〉曰：

〔註27〕《金樓子・序》
〔註28〕參考本論文第二章、第三節。
〔註29〕《春秋左傳正義》襄公，卷三十五，傳二十四。
〔註30〕《金樓子・立言上》

> 人間之世，飄忽幾何，如鑿石見火，虧隙觀電。螢睹朝而滅，露見
>
> 日而消，豈可不自序也？（《金樓子·自序》）〔註31〕

此言可視爲〈自序篇〉的開頭小序，蕭繹於此說明了其寫作此篇的原因。文中，蕭繹連續以「鑿石」、「觀電」、「螢滅」、「露消」四個比喻，強調人世飄忽無常，並認爲應該「自序」以紀錄、見證自己的存在。這樣的寫作心態同樣是出於對「榮枯寵辱之動」的焦慮，因此，不論是寫作〈自序〉或是整本《金樓子》，其潛藏的內在動機皆與此種焦慮感相關。

值得注意的是，蕭繹此種寫作意向和晉代石崇〈金谷詩序〉、王羲之〈蘭亭詩序〉十分相似。茲列於下，以供對照：

> 感性命之不永，懼凋落之無期，故具列時人官號姓名年紀，又寫詩
>
> 箸後，後之好事者，其覽之哉！（〈金谷詩序〉）〔註32〕

> 況修短隨化，終期於盡。古人云：「死生亦大矣！」豈不痛哉！每覽
>
> 昔人興感之由，若合一契，未嘗不臨文嗟悼，不能喻之於懷。固知
>
> 一死生爲虛誕，齊彭殤爲妄作。後之視今，亦猶今之視昔，悲夫！
>
> 故列敘時人，錄其所述。雖世殊事異，所以興懷，其致一也。後之
>
> 覽者，亦將有感於斯文。（〈蘭亭詩序〉）〔註33〕

由「感性命之不永，懼凋落之無期」、「修短隨化，終期於盡」之言，可看出石崇與王羲之紀錄詩作、寫作序言的心態、目的和蕭繹寫作《金樓子》的意向是相近的，同樣皆是有感於生命的無常與有限，因此想要藉著文字留下記錄。然而，其中的差異在於：石、王二人所寫作的是抒情性質的文學作品，但是蕭繹所撰述的《金樓子》卻是一部子書。因生命無常而欲「立言不朽」的心理，或隱或顯地存在於歷代所有撰著者的心中，但是就魏晉以前之諸子而言，其立論、寫作的終極關懷卻在於「務爲治」、「欲以其學易天下」。對於無常的慨嘆或許也存在於其書中的字裡行間，但是著墨更多的卻是提出一己對於政治的批評與理論，期待己說能「有用於世」，而非僅止於紀錄、見證自己的存在。以此而言，蕭繹《金樓子》的寫作意向，實近於石崇、王羲之，而與傳統諸子稍有差異。

還可補充說明的是，蕭繹除了重視「立言著書」之外，更在乎其書是否

〔註31〕《金樓子·自序》
〔註32〕引自《全上古三代秦漢三國六朝文》中《全晉文》，卷三十三。
〔註33〕同前註，卷二十六。

能「傳世」，嘗言：

> 吾假延咎漏，常慮奄忽，幼好狂簡，頗有勤成。諸生孰能傳吾書者，
> 使黃巾、綠林，不能攘奪；炎上、潤下，時為保持。則關西夫子，
> 此名方邱；東里先生，夢中相報。(《金樓子·立言下》)〔註34〕

由引文可知，蕭繹十分看重自己所寫的書，不同於傳統諸子希冀己說見採於君上而「有用於世」的企圖，蕭繹更在乎自己的著作是否能夠「傳世」。在《金樓子·著書》中，蕭繹以藝文志的形式記錄自己的著作，〔註35〕按照經、史、子、集四部，分類排比，由此亦可看出其重視「著書立言以傳世不朽」的寫作意向。

二、言人世，陳政術

「著書立言以傳世不朽」固然是蕭繹寫作《金樓子》的主要意向，但卻不是唯一的動因。儘管就現存《金樓子》的內容來看，其中涉及政治、治道的內容相對不多，即便偶一出現，也欠缺自己獨出胸臆的見解與真實具體的關懷。〔註36〕就「實際結果」而言，《金樓子》一書確實偏離了傳統子學「述道言治」的精神。但蕭繹是否完全漠視此一「述道言治」的子學精神呢？答案似乎是否定的，試看下列引文：

> 粵以凡庸，早賜茅社，祚土瀟湘，寨為陝服，早攝神州，晚居外相，
> 文案盈前，書幌未報，俾夜作畫，勤亦至矣。有三廢學，二不解，
> 而著書不息，何哉？若非隱淪之愚谷，是謂高陽之狂生者也。竊重
> 管夷吾之雅談，諸葛孔明之宏論，足以言人世，足以陳政術，竊有
> 慕焉。〔註37〕

此文出自《金樓子·序》，看來促使蕭繹「著書不息」的原因在於他欲像管仲、諸葛亮一般，寫一部「足以言人世、陳政術」的著作。蕭繹所謂的「言人世，陳政術」，一方面概括了傳統諸子「關懷政治」、「志切用世」的特徵，另一方面則是對於自身著作的期許。可見蕭繹對於傳統子書「述道言治」的特質，實有一定程度的理解與認同，並且以此為《金樓子》的寫作目標。

鍾仕倫曾指出：

〔註34〕《金樓子·立言下》
〔註35〕其中部分書籍是蕭繹自著，另一部份是蕭繹命人撰著，而親自寫序。
〔註36〕詳見本章第三節、第四節。
〔註37〕《金樓子·序》

今《金樓子》的體例從篇目上看，的確反映了蕭繹著《金樓子》的初衷。

其〈興王〉第一、〈箴戒〉第二、〈后妃〉第三、〈終制〉第四、〈戒子〉第五、〈二南五霸〉第七、〈說蕃〉第八都涉及到了他所說的"言人世，陳政術"的內容，佔全書一半以上的篇幅。〔註38〕

鍾氏由篇目上分析《金樓子》的體例，認為此書有一半以上的篇幅涉及蕭繹所言「言人世，陳政術」的用心。事實上，除了上述篇章之外，其餘如〈立言〉、〈雜記〉等篇，同樣有論及「人世」、「政術」之處。進一步檢閱《金樓子》的內容，〈興王〉、〈箴戒〉、〈后妃〉、〈說蕃〉列舉了古代帝王、后妃、侯王善惡事蹟，以資勸戒；〈戒子〉、〈立言〉、〈雜記〉所涉及的內容則是包含了修身處世、齊家治國之道。試看下列幾條引文：

居家治理，可移於官，何也？治國須如治家，所以自家刑國。石奮之為家可也。若謂治國異治家者，則條章不治，民無依焉。故治國者親民，若治家也。心不可欺物，不可示物，不欺不示，得其衷也。欺之則物不信，示之則民驕矣。自家刑國，自國刑家，可無失矣。(《金樓子·立言上》)〔註39〕

主有三惡：不修文德，而尚武力；不明教化，而枉任刑，是一惡也。妃妾以百數，黔首多鰥寡，是二惡也。男不耕耨，女不紡績，杼軸既空，田疇蕪穢，是三惡也。主有三殆：倍德而好色，親諂諛，遠忠直，嬖子眾多，嫡嗣無立，是一殆也。嚴刑峻法，是二殆也。犬馬啖粱，民不厭糟糠，是三殆也。(《金樓子·雜記下》)〔註40〕

殷湯取士於商賈，周武取士於負薪，齊桓取士於車轅，大漢取士於奴僕。明王聖主，取士以賢，不拘卑賤，故其功德洋溢，名流竹帛也。(《金樓子·雜記下》)〔註41〕

上述三條引文，乍看之下，頗似傳統子書中討論治國之道的內容。以第一條引文而言，蕭繹由《孝經》「居家理，(故)治可移於官。」的觀點，引申出「治國須如治家」的理論，認為治國者對待人民應如對待家人，講求信用但

〔註38〕氏著：《《金樓子》研究》，頁30。
〔註39〕《金樓子·立言上》
〔註40〕《金樓子·雜記下》
〔註41〕《金樓子·雜記下》

不放縱，治家與治國其理相通。第二條引文則是提出了君主之「三惡」、「三殆」，強調出一國之君應該注意的事項。觀其內容不外乎以德化民、親賢遠佞、獎勵農耕、崇尚節儉、任用嫡嗣等。第三條引文則是引用古代史事，說明上位者應「取士以賢，不拘卑賤」，方能成就功業，留名青史。這些言論的確可以用來說明蕭繹欲藉《金樓子》「言人世、陳政術」的用心，但值得注意的是，相較於傳統子書，《金樓子》中諸如此類的和「興治」相關的內容並非以一種完整論述形式表達之，而是散見於某些篇章之中。若我們將葛洪《抱朴子・外篇》的篇目與《金樓子》作一對照，可明顯發現，雖然蕭繹自言其以「言人世、陳政術」爲撰作目標，但其書中的「興治」意向與成分卻十分微弱。同樣是討論任賢觀念，葛洪在〈擢才〉、〈貴賢〉、〈任能〉等篇章中大談特談；同樣是論及上位者治國之理，葛洪寫了一篇〈君道〉。反觀蕭繹之《金樓子》，卻只是零散地在各篇之中附帶討論這些議題。即使以〈興王〉、〈箴戒〉、〈后妃〉、〈說蕃〉等、《金樓子》中相對而言最具興治色彩的篇章而言，其「興治」意向的流露也僅是附見於長篇史事之後的簡短議論之中。整部《金樓子》中，最多的內容反而是一些雜述所見所聞、雜感與蕭繹個人生平的紀錄，「述道言治」顯然不是此書的關切重心。

就蕭繹個人的主觀意願而言，《金樓子》的寫作意向，除了是爲了「著書不朽」外，也是爲了「言人世、陳政術」，具有「興治」的理想。然而，作爲一個讀者，我們能夠明顯觀察到的、《金樓子》的寫作意向，卻只偏在前一點。至於「有意用世」這點，雖不是完全不可見，但卻不足以與典型諸子之精神相提並論。六朝以前之子書中，即便子家們未曾明言其志切用世的寫作意向，我們仍然可以由其字裡行間感受到他們亟欲改變外在大環境的理想與抱負，也能觀察到他們所身處的時代，政治方面、社會方面存在哪些問題，以及他們對於這些問題所提出的解決辦法。在這些子書中，「言人世、陳政術」不是他們言說、寫作時追慕的目標，而是因爲對於政治、社會有一種眞情實感的關懷、批判與反省，因此不得不言、不得不藉著文字抒發時，必然會觸及的議題以及自然而然形成的內容特質。但是讀完整部《金樓子》，引人注意的是其書中所記載的、自古至梁，各種稀奇古怪的奇人異事。作爲一部子書的作者，蕭繹所展現的不是一個知識份子對於政治、國家的使命感與見識，反而表現地像是一個蒐錄異聞的小說家。〔註42〕以此觀之，《金樓子》所流露之寫

〔註42〕詳見本章第四節談《金樓子》的小說特徵的部分。

作意向，也就不言可喻了。

《金樓子》中還有另外一條資料，可供我們探討蕭繹的寫作意向。〈立言上〉云：

> 顏回希聖，所以早亡；賈誼好學，遂令速殞。揚雄作賦，有夢腸之談；曹植為文，有反胃之論。生也有涯，智也無涯，以有涯之生，逐無涯之之智，余將養性養神，獲麟於《金樓》之制。(《金樓子·立言上》) 〔註43〕

引文中可看出，蕭繹將顏回、賈誼的英年早逝歸因於「希聖」、「好學」，並舉出揚雄、曹植寫作時深思傷神、傷身的事例，其用意似乎是要強調以有限的生命去追求無止盡的學問與文學上的成就，往往容易損傷個人的性命、精神。有鑑於此，蕭繹的選擇不是放棄追求學問與創作，而是決定自己將在完成《金樓子》之後，就此絕筆，以「養性養神」。文中可見蕭繹對於寫作《金樓子》的堅定志向，但也流露出蕭繹對於個人心性、生命的關懷，蕭繹一方面明白著書、寫作足以傷身，但又告訴自己一完成此書，就要去調養心神了。就此點看來，似又和傳統諸子有所分別。

由以上，儘管透過《金樓子》中的一些言論可看出蕭繹的確是以「興治」作為其書的寫作目的之一，然而，就整本書的實際內容而言，蕭繹對於自身的關注，實遠超過其對於政治、社會的關懷。個人的存在價值能否藉著子書的流傳而不朽，似乎才是蕭繹念茲在茲的關切主體。至於其書是否能夠具體地對政治現實產生影響，蕭繹口頭上看似頗為在意，但《金樓子》一書卻未達到這個水準。作為「侯王」、「君王」的蕭繹當然有一定程度的「政治野心」，〔註44〕但是作為「子家」的蕭繹，卻缺乏一種知識份子的懷抱與眼光。

三、品藻異同，刪整蕪穢

除了上述兩點外，蕭繹寫作《金樓子》的動因還有另外一種可能，即「品藻異同，刪整蕪穢」。在《金樓子·立言》中，蕭繹有言：

> 諸子興於戰國，文集盛於二漢，至家家有製，人人有集。其美者，足以敘情志、敦風俗；其弊者，祇以繁簡牘，疲後生。往者既積，來者未已，翹足志學，白首不遍。或昔之所重，今反輕之；今之所

〔註43〕《金樓子·立言上》
〔註44〕劉躍進：〈關於《金樓子》研究的幾個問題〉，頁182～184。

重，古之所賤。嗟我後生博達之士，有能品藻異同，刪整蕪穢，使
卷無瑕玷，覽無遺功，可謂學矣。(《金樓子‧立言上》)〔註45〕

引文中，蕭繹首先道出了當時諸子、文集等著作日益增多的現象，而此一現
象所帶來的問題有三：其一、眾多著作，優劣並存，並非全部的內容都有價
值。其二、隨著著作數量不斷增加，即使從小就開始閱讀，也無法窮盡。其
三、這些著作中，某些觀念隨著時代的改變，有些仍然受到重視，但部分則
已不合潮流。基於這些問題，蕭繹認爲應該有人來「品藻異同，刪整蕪穢，
使卷無瑕玷，覽無遺功」。所謂的「品藻異同，刪整蕪穢」正是針對眾多著作
中良莠不齊的現象，以及古今輕重標準的差異所提出的解決辦法。以當代的
眼光選取這些著作中值得保存的部分，淘汰掉不合時宜的、不切實用以及水
準低落的作品、內容，再將過濾精選出的部分整理出來，以提供讀者一種事
半功倍、博覽群書的方式。蕭繹此言正可說明魏晉以迄梁朝，總集、類書等
著作大量出現的原因。然而，值得注意的是，《金樓子》的部分內容卻也符合
蕭繹所說的「品藻異同，刪整蕪穢」。

在《金樓子》〈興王〉、〈箴戒〉、〈后妃〉、〈說蕃〉之中，蕭繹將史書中的
部分內容，大量地抄錄下來，串連成篇；而其他篇章中也可看到和他人著作
幾乎完全相同的語句。對此現象，譚獻曾以「稗販」〔註46〕批評之，日本學
者興膳宏亦指出《金樓子》多襲用前人「成言」。〔註47〕蕭繹既有成「一家之
言」的企圖，爲何卻似全不在意地大量引用他人書中的話語作爲自己「子書」
的內容？回過頭來看蕭繹所說的「品藻異同，刪整蕪穢」，似乎能夠解答我們
的疑惑。也許蕭繹在寫作《金樓子》時，正是抱持著這樣一種心態、目的。
就我們看來，此書可說是雜鈔「成言」、「稗販」之作，但就蕭繹的立場而言，
似乎是想要以一種統整、歸納的方法，精選出經、史、子、集各方面著作中，
最有價值的部分，附上自己的見解與評論，集結成書，既可留名不朽，還能
造福後人。當蕭繹期待有「後生博達之士」來從事「品藻」、「刪整」既有書
籍的工作時，他已經身體力行開始實踐了。先不論《金樓子》是否真有助於
「使卷無瑕玷，覽無遺功」，但這的確可視爲蕭繹的寫作意向之一。

〔註45〕《金樓子‧立言上》
〔註46〕語出譚獻《復堂日記》，原文云：「自謂切齒不韋、淮南之倩人，而雜乎子史，
　　　　取《淮南》者尤多。又與《文心雕龍》、《世說新語》相出入，未免於稗販也。」
〔註47〕語出興膳宏：〈顏之推的文學論〉，《六朝文學論稿》，彭恩華譯（湖北：岳麓
　　　　書社，1986年7月），頁117。

綜上所述，蕭繹《金樓子》的寫作意向主要承接著魏晉以來「立言不朽」的觀念，嚮往寫一部子書，傳世留名。然而，除了這個目的外，蕭繹對於傳統諸子「有意用世」的特質亦有所體會，在其言談間，不時流露出其對於管仲、諸葛亮以子書陳治道的嚮往，而欲藉《金樓子》來「言人世、陳政術」。此外，則有感於古今著作愈來愈多，需要有人來「品藻異同，刪整蕪穢」，因此，其書中大量襲取的前人著作中的語句並非漫無目標地雜燴，而自有其編纂、分類的用心。以此可見，《金樓子》的寫作動機、心態與目的並不單純，儘管蕭繹對於自身著作的期許和今日讀者所看到的實際結果有些落差，但其對於《金樓子》所投注的心力，對自身著作抱持的理想，卻不可小看，仍然值得吾人敬佩。

第三節　《金樓子》的思想內涵與特質

傳統子書最引人注目且亦是其所以為子書的特質所在，一是其關切治道，有意用世的興治精神，二是其自成體系、各有宗旨的思想議論。傳統諸子雖未必個個都願意也能夠參與政治，但基本上都對於外在環境有一種深刻的觀察、反省能力，且能針對其所面對的、如政治、人生、天地自然各方面的問題等，提出解決、應對、解釋之方法與理論。而諸子之言談，也往往有其一以貫之的「道」、「理」作為統涉其說的思想宗旨，且能融合為一整體的思想體系，而非散亂無章法的漫談雜說。因此，傳統諸子們雖未必皆是政治家，但大多皆足以視為思想家。在這樣的理解與前提之下檢視《金樓子》，我們要問的是：作為一部「子書」，其書中是否存在著類似傳統諸子具有「精識別裁」〔註48〕的思想議論？蕭繹藉著《金樓子》傳達了何種思想、觀點？其言說能否尋繹出一以貫之的思想宗旨，建構出一套思想體系？而此書所反映其思想的內容又集中在哪些層面？在思想內涵方面，《金樓子》和傳統諸子有何異同？以下分別從「有無思想議論」、「思想內涵」、「思想特質」三個方面循序討論之。

一、《金樓子》中思想議論之成分

先就《金樓子》中有無「思想議論」此點來談。《金樓子》一書確為蕭繹所作，但其內容卻多半是纂輯各種經、史、諸子、文集各類著述中的成言而

〔註48〕語出張舜徽：《廣校讎略》，頁 13～14。

來。《四庫全書總目》言：

> 其書於古今聞見事迹，治忽貞邪，咸爲苞載。附以議論，勸誡兼資，
> 蓋亦雜家之流。〔註49〕

由此言看來，《金樓子》雖是以纂輯爲主，但仍有「議論」，似乎亦有可觀。
但真是如此嗎？更早之前黃伯思《東觀餘論》顯然有不同的意見，其言曰：

> 梁元帝《金樓子》自謂絕筆之製，余久欲見之。及觀其書，但裒萃
> 傳記，殊無衿臆語，恐所著諸書類若是。〔註50〕

就黃氏看來，《金樓子》一書不過是「裒萃傳記」罷了，缺乏蕭繹個人的思想
議論。劉咸炘則更進一步指出：

> 綜觀全體，竟是書抄文集，陳言纍纍，絕少胸中之造；謂之纂言可
> 耳，何謂立乎？〔註51〕

據其言，《金樓子》雖有「子」之名，但顯然已經失去了子書中最重要的「立
一家之言」的特質。儘管前人多半認爲《金樓子》大量襲用成言，乏個人思
想議論，但當代大陸學者鍾仕倫卻有意要爲蕭繹平反。鍾氏於《《金樓子》研
究》中，曾爲了論證《金樓子》並非「稗販」之作，也非「古今成言的彙錄」，
而對此書中「純粹自作」的比例作過一番統計，他認爲：

> 今存《金樓子》共十四篇，從篇目體例上看，照抄前人著述而類似
> 於類書的篇章爲〈興王〉、〈后妃〉、〈說藩〉，僅占總篇目的五分之一。
> 輯綴前人著述名言警句而末了歸納議論的篇目主要集中在〈終制〉、
> 〈箴戒〉、〈戒子〉、〈立言〉等篇，也僅占總篇目的五分之一。而純
> 粹自作的篇目〈聚書〉、〈著書〉、〈志怪〉、〈雜記〉、〈自序〉、〈捷對〉
> 則占了五分之三。〔註52〕

若是只就「篇目體例」上作粗略估計，那麼鍾氏之言大致可以成立，即就篇
目而言，「純粹自作」的比例高於照抄、綴輯他人著述的部分。然而，仔細考
察《金樓子》的實際內容，即便是〈志怪〉、〈雜記〉、〈捷對〉這些鍾氏認爲
是「純粹自作」的篇章，其內容中也充斥著相當多取自他人著述中的言論。
整部《金樓子》中，屬於蕭繹個人的言談、立論少之又少，而這些論述又往

〔註49〕《四庫全書總目》，卷一一七‧子部‧雜家類一。
〔註50〕黃伯思：《東觀餘論》，景印文淵閣四庫全書 v.850（臺北：臺灣商務，1983
　　　　年），頁377。
〔註51〕劉咸炘：《舊書別錄‧卷四‧金樓子》，《推十書》，頁958。
〔註52〕氏著：《《金樓子》研究》，第二章《金樓子》的體例和版本〉，頁37。

往集中在瑣碎事件的聞見紀錄，無關思想宏旨，稍有個人創獲的言論，唯有〈立言〉中的「儒、學、文、筆之辨」。當然，以抄錄、纂輯為主的著作，並不代表著沒有思想、宗旨。試觀《呂氏春秋》、《淮南子》，雖是成於眾手的雜家類子書，但其中仍有一條貫串全書的思想主軸，將書中繁複龐雜的內容編織成一套完整的思想體系。僅由其篇目的安排，便可觀察編纂者的思維脈絡；進一步閱讀其內容，則能發現書中的主要觀點、立言宗旨與思想體系。然而，同是以抄纂為主要內容且同屬於「雜家」的《金樓子》卻予人零散、片段、沒有章法之感，全書並非沒有思想、觀點，〔註53〕但卻很難釐清其中的串連、推演的思路脈絡。是什麼原因造成了這樣的結果？一方面是因為現存的《金樓子》已非原貌，結構不全所致。另外一方面則是《金樓子》的立言模式似是以分門別類的方式立下篇名，纂輯資料條附於各篇之中，而後略加評論而成；而非以個人思想義理為主，各篇有一思想核心、主題，而推演、論述以成篇。除此，更關鍵的原因在於，蕭繹本身所關注的重心似不在究極、論述事物的道理、秩序，而在於就其所關注議題之相關資料蒐集、分類以記錄之。〔註54〕其記錄的理由一是為了汲取前人教訓「勸誡兼資」，另外也是其自身的興趣。〔註55〕在《金樓子》中，所展現的是由蕭繹為中心，一圈圈向外延伸的人、事、物的記載。他記錄了自己的生平事蹟、理想抱負；他所認知的歷史成敗、朝代興衰；他所親身經歷、見聞的軼事與怪事；他所閱讀的各種書籍中、對他而言獨具意義的話語與他的心得。這樣一部以「記錄」為目的，也以「記錄」為主要內容的子書，似未以一種整體性、系統性的理路綜貫全局，將書中彙集的資料作一番統整、歸納，呈顯出其中的思想要義。

　　進一步言之，《金樓子》中，大部分的內容皆和傳統子書有著明顯的不同，如〈興王〉、〈箴戒〉、〈后妃〉、〈說蕃〉等篇多是抄錄史事或是蕭繹自己撰寫的時人傳記；而〈捷對〉、〈志怪〉中則是古今雜事瑣言、奇行異聞的記載；至於〈聚書〉、〈著書〉、〈自序〉則可說是蕭繹生平、著作的紀錄。其形式、

〔註53〕鍾仕倫即言：「蕭繹的《金樓子》是蕭繹一人所為。即便是抄攝前人著述而不加議論的篇章，也反映出蕭繹的觀點或觀念。」語見氏著：《《金樓子》研究》，頁36。

〔註54〕關於此點，將在第三章、第四節中繼續討論，詳細說明。

〔註55〕例如〈興王〉、〈后妃〉、〈箴戒〉、〈說蕃〉，反映其對「歷史」的興趣；〈聚書〉、〈著書〉，反映其對於保存書籍與撰作方面的興趣；〈捷對〉、〈志怪〉反映了其對於奇聞軼事的興趣。

內容較接近傳統子書者，唯有〈立言〉、〈雜記〉、〈戒子〉等篇。然在這三篇中，也多是前人陳言，其中夾雜著些許蕭繹個人的評論意見，而這些個人意見中也缺乏別出心裁、獨抒胸臆的思想主張或理論。仔細分析這些篇章內容，可發現蕭繹所抄錄的前人陳言在主題方面，集中於「論治道」、「論修身處世」兩方面；而其來源又多出自於儒家經典、諸子百家。而這正是傳統子書中所習見的內容、特色。引用前人陳言作為一己之說的論述根據，本是傳統諸子「述道言治」的一貫模式，同一個比喻、故事或是警句格言常出現於各家子書之中，而在諸子們各有宗旨的觀點之下有了不同的詮釋模式與關注重心。然而，在《金樓子》中，「前人陳言」卻喧賓奪主，成了篇章之中的主體而非客體，而理應是主體內容的「個人議論」卻微乎其微，淪為配角。〔註56〕如〈立言〉之中，雖也有「述道言治」的成分，但卻是「述他人之道以言治」，蕭繹自己的言論多是針對其所引用的陳言所發的心得、感想式的短評或感嘆，對其所認同者，言「有是哉」、「誠如是也」；而於引用箴戒格言之後，則以「可不慎乎」、「可不戒哉」作結。蕭繹蒐集了諸家「論治道」、「論修身處世」的言論，但卻無法以此演繹出具備個人風格的思想主張，論述其一家之言。因此，其形式上看似效法《呂》、《淮》等雜家子書，但卻缺乏《呂》、《淮》所具備的思想性與主體性。由以上可知，《金樓子》中雖有些許的思想議論，但和「各有宗旨」、「述道言治」的典型諸子相差甚遠。

今存的《金樓子》已非全貌，又以纂錄、雜記為主，缺乏思想議論，那麼這樣一部子書要怎麼談它的思想內涵呢？事實上，若要由《金樓子》來談蕭繹的「個人主張」、「思想體系」是有一定困難的，畢竟整本《金樓子》中

〔註56〕以〈戒子篇〉為例，全篇幾乎全是前人戒子、銘戒之文的堆疊，如后稷廟堂金人銘、崔子玉座右銘、杜恕家戒、馬援戒子之言、王昶戒子文、陶淵明〈與子儼等疏〉、顏延年庭誥之文等，其中馬援、王昶、陶淵明、顏延年等人之戒子文更是成段、大量的直接抄錄。而屬於蕭繹自身的、較完整的言論，唯有兩段而已，一則看似〈戒子篇〉的開頭小序：「東方生戒其子以上容，首陽為拙，柱下為工，飽食安步，以仕易農，依隱玩世，詭時不逢。詳其為談，異乎今之世也。方今堯舜在上，千載一朝，人思自勉，吾不欲使汝曹為之也。」另一則則是說明讀書次序之言：「處廣廈之下，細氈之上，明師居前，勸誦在後，豈與夫馳騁原獸，同日而語哉？凡讀書必以《五經》為本，所謂非聖人之書勿讀，讀之百遍，其意自見。此外眾書，自可汎觀耳。正史既見得失成敗，此經國之所急，《五經》之外，宜以正史為先。譜牒所以別貴賤，明是非，尤宜留意，或復中表親疏，或復通塞升降，百世衣冠，不可不悉。」前人之言顯然成為此篇中的主體，而蕭繹自身的見解似乎只是點綴。

多是「鈔八作二」〔註57〕的陳言雜彙，實在不具有多大的思想史意義。然而，藉由歸納、分析此書中蕭繹所記載、輯綴的內容，觀察其選錄的標準、關涉的論題，以及蕭繹少數的個人評論，仍可看出蕭繹所看重的子家思想、關注議題，進一步推測蕭繹編撰這些篇章時所抱持的觀點及其思想歸屬，以理解其思想內涵，歸納其特質。以下即依此方法，來探討《金樓子》的思想概況，作為理解《金樓子》學術特質的一個面向。

二、《金樓子》的思想內涵

上文中曾經提到在《金樓子・立言》、〈雜記〉、〈戒子〉三篇中，有不少論及「治道」、「修身處世」的內容，且這些內容大多抄錄自儒家經典、諸子百家。但是，五經、諸子之言何其多，蕭繹如何在眾多資料中選取其所需要的材料？而「治道」、「修身處世」之範圍何其大，蕭繹又將焦點放在哪些議題上？於〈立言〉、〈雜記〉、〈戒子〉等篇中，乍看之下是毫無章法、片段零散，且沒有論述重心的箴戒格言大雜燴。但是若我們將具有相近主題的資料劃歸成一類，以此方法重組這些篇章的內容，可發現，蕭繹在選取、輯錄前人陳言時，似仍有其特別關注的面向，以表格明之：〔註58〕

範疇	論　　治　　道	論　修　身　處　世
主題	1、正心修己，齊家治國 2、人盡其才，善用眾力 3、兼取各家之長以治國	1、明哲保身 2、學行並重 3、崇儉忌奢

以下便依此表架構、順序，進一步檢視上述篇章的具體內容，來看看蕭繹對於這些範疇、主題可能有的觀點與主張，釐清其思想內涵。

（一）論治道

1、正心修己，齊家治國

在「論治道」方面，《金樓子》中有數條資料其內容正可對應到儒家所強

〔註57〕語出劉咸炘《舊書別錄・卷四・金樓子》：「（金樓子）今存者凡十四篇，其曰興王、曰箴戒、曰后妃、曰說蕃，皆鈔古事或末加數語。其曰戒子、曰立言，則雜鈔古言與己作混列，子史文篇無所不錄，大氐鈔八而作二，敘次無理，傳寫又亂之。……」，見《推十書》，頁958。
〔註58〕本表中之語句，為筆者就《金樓子》全書內容，分類整理之後，歸納所得之概括語。

調的「正心修己，齊家治國」的主張，先看下條引文：

> 古之欲明明德於天下者，先治其國；欲治其國者，先齊齊家；欲齊
> 齊家者，先修其身；欲修其身者，先正其心；<u>欲正其心者，無爲不</u>
> <u>善而怨人，刑已至而呼天。身不善而怨人，不亦反乎？刑至而呼天，</u>
> <u>不亦晚乎？</u>太公曰：「夫爲人惡聞其情，而喜聞人之情；惡聞己之惡，
> 喜聞人之惡，是以不必治也。」（《金樓子·立言上》）

此段引文之前半部份出自《禮記·大學》，〔註59〕後半「太公曰」以下則出自
《說苑·君道》，〔註60〕唯有中間畫線的部分爲蕭繹之言。文中前半所言乃是
儒家「修、齊、治、平」的治國理念。據〈大學〉原文，「修身」、「正心」再
往內推則是「誠意」、「致知」、「格物」，然而，蕭繹卻略過了此部分的內容，
於「正心」之後，提出「欲正其心者，無爲不善而怨人，刑已至而呼天。身
不善而怨人，不亦反乎？刑至而呼天，不亦晚乎？」將「正心」之本簡化爲
「反求諸己，勿怨天尤人」，進而再引太公之言重申此意，強調治國者若是只
能察他人之情、惡，而不能自我反省、觀照，則不能治國。由此可見，蕭繹
對於儒家之「德治」精神以及重視治國者的個人修養等觀念似乎頗爲認同。
再看下條引文：

> 夫言行在於美，不在於多。出一美言美行，而天下從之，或見一惡
> 意醜事，而萬民違之，可不慎乎？《易》曰：「言行，君子之樞機，
> 樞機之發，榮辱之主也。」昔成湯教民去三面之網，而諸侯向之。
> 齊宣王活釁鐘之牛，而孟軻以王道求之。周文王掘地得死人骨，哀
> 憫而收葬，而天下嘉之也。（《金樓子·立言上》）

在此段引文中，前半部分明顯採自桓譚《新論》，〔註61〕而後半部分則是諸子
書中所習見的事例。但是這條引文的出現卻不是偶然、隨機地抄錄，引文中
強調上位者之「言行」對於治國、平天下以及個人榮辱，有著莫大的影響，
而此意正與上條引文中所反映的儒家「德治」精神有關，兩者皆認爲治平之

〔註59〕《禮記·大學》：「古之欲明明德於天下者，先治其國，欲治其國者，先齊其
家，欲齊其家者，先脩其身，欲脩其身者，先正其心，欲正其心者，先誠其
意，欲誠其意者，先致其知，致知在格物，物格而后知至，知至而后意誠，
意誠而后心正，心正而后身脩，身脩而后家齊，家齊而后國治，國治而后天
下平。」引自朱熹：《四書章句集注》（臺北：大安出版社，1996 年），頁 4。

〔註60〕見劉向：《說苑》卷一，原文爲：太公對曰：「其爲人惡聞其情，而喜聞人之
情；惡聞其惡，而喜聞人之惡；是以不必治也。」

〔註61〕見桓譚：《新論》，卷上〈言體〉，頁 13。

本在於君主的品德修養，唯上一條引文所強調者在於人主的「自我要求」與「自省能力」，而此條則是具體點出人主之「言行」所具有的重大影響力。

除了重視「德治」以外，蕭繹亦看重儒家「齊家、治國」的次序與方法，其言曰：

> 居家治理，可移於官，何也？治國須知治家，所以自家刑國。石奮之爲家可矣。若謂治國異治家者，則條章不治，民無依焉。故治國者親民若治家也。心不欺物，不可示物，不欺不示，得其衷也。欺之則物不信，示之則民驕矣。自家刑國，自國刑家，可無失矣。（《金樓子・立言上》）

今考《孝經・廣揚名章》有言：「居家理，故治可移於官。」與此處所言之「居家治理，可移於官」只有些微差異，〔註62〕推測蕭繹此段言論應是針對《孝經》之言所作的闡釋。重點如下：其一、《孝經》原文，其意在於：治家之法，可作爲治國之參考。但蕭繹卻加強其意，而言「治國須知治家，所以自家刑國。」由此，「治家」之法便不僅是參考之用，而較接近於《禮記・大學》所言之「欲治其國者，先齊其家」之意，「治家」遂爲「治國」之本，有其必要性與優先性。其二、蕭繹還解釋了「治家」與「治國」之間密不可分的關係。首先，其言「若謂治國異治家者，則條章不治，民無依焉。」點出了「治國」與「治家」需遵行同一法度、原則，不可有兩套標準，使人民無所適從，所強調的是對待人民與家人必須「公平」。順此意而下，蕭繹進一步指出「故治國者親民若治家也」，認爲國君無論是教化百姓或是親近百姓，皆應該以對待自家人的心態、方法一視同仁。其三、蕭繹認爲對待人民與家人應「心不欺物，不可示物，不欺不示，得其衷也。」身爲人君者對於百姓、家人不能「無所不言」，而是應秉持著「不欺」、「不示」的原則，一方面維持誠信，另一方面則能避免人民驕縱犯上。就以上所述可知，蕭繹大篇幅地引用《禮記・大學》論正心、修身、齊家、治國之言，並非只是爲了充篇幅，而是對儒家「德治」之法以及「齊家治國」的理論有一定的認同與體會。而其所言之「不欺不示」雖略帶黃老色彩，但整體而言仍是正統儒家立場。

〔註62〕關於其中的差異，李慈銘：《越縵堂讀書記》云：「此可證《孝經》舊本『居家理』下無『故』字，『理治』與『治理』，傳寫偶異耳。元行沖言『故』字明皇所加，信而有徵。」可供參考。見《桃華聖解盦日記》，《歷代日記叢鈔》（北京：學苑出版社，2006年），己集五二，頁405。因與本文重點無關，故此處不加細論。

還有另一段引文亦可反映蕭繹此種思想，其言曰：

> 主有三惡：不修文德，而尚武力；不明教化，而枉任刑，是一惡也。
> 妃妾以百數，黔首多鰥寡，是二惡也。男不耕耨，女不紡績，杼軸
> 既空，田疇蕪穢，是三惡也。主有三殆：倍德而好色，親諂諛，遠
> 忠直，嬖子眾多，嫡嗣無立，是一殆也。嚴刑峻法，是二殆也。犬
> 馬啖菽，民不厭糟糠，是三殆也。（《金樓子·雜記下》）

文中蕭繹提出「三惡」、「三殆」作爲人主爲政的準則。而歸納其所謂「三惡」、「三殆」之內容，仍是以上位者的「德行」以及「以德化民」兩點爲論述重心。據其言，一位理想的國君，必須修文德、明教化、獎勵耕織、親賢遠佞、以民爲本，而這些標準正是儒家對於上位者的要求與期許。

2、人盡其才，善用眾力

除了推闡「正心修己，齊家治國」的觀念外，蕭繹對於人主「用人之法」亦頗有心得，在《金樓子》中摘引不少前人陳言均與此一主題有關。如其言：

> 凡爲善難，任善易，奚以知之？今與驥俱走，人不勝驥矣。若夫居
> 于車上，驥不勝人矣。夫人主亦有車，無去其車，則眾善皆盡力竭
> 能矣。（《金樓子·立言下》）

> 用百人之所能，則百人之力舉。譬若伐樹而引其本，千枝萬葉，莫
> 能弗從也。（《金樓子·立言下》）

> 夫以眾勇，無所畏乎孟賁矣；以眾力，無所畏乎烏獲矣；以眾視，
> 無以畏乎離婁矣；以眾智，無以畏乎堯舜矣。此君人者之大寶也。（《金
> 樓子·立言下》）

即是強調爲人主者，應當善用「眾力」，則力少功多、事半功倍。在此觀點之下，蕭繹進一步主張「取士以賢，不拘卑賤」，其言曰：

> 殷湯取士於商賈，周武取士於負薪，齊桓取士於車轅，大漢取士於
> 奴僕。明王聖主，取士以賢，不拘卑賤，故其功德洋溢，名流竹帛
> 也。（《金樓子·雜記下》）

引文中，蕭繹舉出了四位歷史上的「明王聖主」爲例，認爲他們的成功一部份應歸因於「取士以賢，不拘卑賤」。然而何謂的「賢」？其標準何在？在下列引文中，可以找到解答，《金樓子》中有言：

> 菁茅，薪草也，《書》尊其貴；王雎，野鳥也，《詩》重其辭；羊雁，

賤畜也，《禮》見其質；叢棘，鄙木也，《易》以定刑。所謂**常善救**
物，故無棄財，而況人身？取人誠如是也。（《金樓子‧立言下》）

堯問舜：「紫舌之民，不可與語，若何？」舜曰：「君若遠鑑，必知
通塞，紫舌之民，何難合同？」余以為善對，故管仲曰：「放老馬得
迷道，隨螳壤得水穴也。」（《金樓子‧立言下》）

夫石田不生五穀，構山不游麋鹿，何哉？以其無所因也。故龍藉風
而飛，龜由火而兆，有其資焉。**常善利物，無棄人也**。富貴不可以
傲貧，賢明不可以輕暗。夷吾侈而鮑叔廉，其性不同也；張竦潔而
陳遵污，其行不齊也。然而終能相善者，蓋無棄人之謂也。（《金樓
子‧立言上》）

以第一條引文而言，蕭繹以《書》、《詩》、《禮》、《易》等經典中所出現的微
賤之物為例，說明物雖賤，但仍有其用，故不應等閒棄之，由此推導人主用
人亦應如是。第二條引文則以堯、舜之間的對話說明，即使是「紫舌之民」
此種「不可與語」的卑賤之人，慧眼獨具的上位者仍然可以善盡其用，如同
老馬、蟻壤雖不起眼，且看似無用，但明主自能用之。和第一條引文對照觀
之，前者所強調的是「物」雖賤，但仍有其用，不應棄之，人亦如是；而後
者則是認為「人主」若有識才用人的眼光，則即便是看似無用之人、物，仍
然能夠以為己用。第三條引文則是以「龍藉風而飛，龜由火而兆」為例，說
明人主應「常善利物，無棄人」，取人之長以為己用，任何人、任何物都可以
作為自己的憑藉、資源。除此，又再提出一點，即「夷吾侈而鮑叔廉，其性
不同也；張竦潔而陳遵污，其行不齊也。然而終能相善者，蓋無棄人之謂也。」
認為人主不應以表象的「尊卑」來選擇人才，也不應執著於人物的「人品」、
「德行」以為擇人的惟一標準。就這點而言，可說是反映了魏晉以來新興的
人才觀、用人觀，類似曹操「有事賞功能」此種用人唯才，不拘德行的用人
觀。〔註63〕今以曹操眾多求賢令中之一條對照，其言曰：

夫有行之士未必能進取，進取之士未必能有行也。陳平豈篤行、蘇
秦豈守信邪？而陳平定漢業，蘇秦濟弱燕。由此言之，士有偏短，
庸可廢乎！有司明思此義，則士無遺滯、官無廢業矣。〔註64〕

〔註63〕 參考自張蓓蓓《漢晉人物品鑒研究》，同前註219，頁259～261。
〔註64〕 《三國志‧魏書》卷一，曹操於建安十九年十二月乙未所下之令。見標點本，
　　　　頁44。

就其中不因人物之「德行」作爲或棄或用的標準而言，蕭繹與曹操的用人觀實有一定程度的相似性。除此，上述引文中出現的「常善救物，故無棄財」、「常善利物，無棄人」則出自於《老子》第二十七章，〔註65〕蕭繹所言似是由讀《老子》而引發的人才觀、用人觀。今考《老子》二十七章中的內容，其中一段文字，其義可與《金樓子》中的言論相互參照，茲列於下：

> 是以聖人常善救人，故無棄人；常善救物，故無棄物；是謂襲明。
> 故善人者不善人之師，不善人者善人之資。不貴其師，不愛其資，
> 雖智大迷，是謂要妙。（《老子・二十七章》）

在老子看來，對聖人而言，所有的人、物都是有用的，不可拋棄的，因其「襲明」故能知「道」，即知任何人物皆無優劣、善惡之分，都不應拋棄。「善人」固然可以作爲「不善人」學習、效法的對象，但是「不善人」同樣可以作爲「善人」的憑藉，是有用的。而所謂的「善」、「不善」、「師」、「資」看似有高下之別，但只要有用就該善用之，不應以此作爲廢棄不用的標準。再回頭對照蕭繹之言，即可清楚看到蕭繹一方面秉持著老子思想中的這個觀點，另一方面則結合了魏晉以來新興的人才觀、用人觀。這樣看來，《金樓子》似非全然是雜抄漫錄，而在某些方面仍有蕭繹自身的見地。

再看到《金樓子》中論及實際用人方面，蕭繹認爲應當「量才任人」將人才置放於最恰當的位置，以充分發揮其才能。在蕭繹看來，每個人皆有其獨特性，然亦因此獨特性，故才能亦有所偏，故云：

> 明月之夜，可以遠視，不可以近書；霧露之朝，可以近書，不適以
> 遠視。人才性亦如是，各有不同也。（《金樓子・立言上》）

如同「明月之夜」無法「近書」，而「霧露之朝」不能「遠視」一般，人之「才性」也是如此。此處雖言「才性」，然而就上下文意推測，其義似偏向於實用性的才幹、能力而言，理由在於蕭繹是以「明月之夜」、「霧露之朝」所「能夠從事」的事情，如「近書」、「遠視」來比喻，並強調其中的「效能」，因此此處言「人才性」有不同，所欲表達之意應是指人之「才能」所存在的獨特性、差異性。蕭繹除了理解各人「才性」上的差異外，〔註66〕還認爲應善用

〔註65〕《老子・二十七章》：「善行無轍跡，善言無瑕讁，善數不用籌策，善閉無關楗而不可開，善結無繩約而不可解，是以聖人常善救人，故無棄人；常善救物，故無棄物；是謂襲明。故善人者不善人之師，不善人者善人之資。不貴其師，不愛其資，雖智大迷，是謂要妙。」

〔註66〕關於此點還可參看《金樓子》中的其他文句，如〈立言上〉：「鳳無司晨之

各人所具備的長才，截長補短，以收互補之效，如其言：

> 鳥與鳥相遇則相蹋，獸與獸相遇則相角，馬與馬相遇則趺踶，愚與
> 愚遇則相傷。天之生此物，多其力而少其智。智者之謀，萬有一失；
> 狂夫之言，萬有一得。是以君子取狂夫之言，補萬得之一失也。行
> 人不休息於松柏，而止於楊柳者，以松柏有幽僻之窮，楊柳有路側
> 之勢故也（《金樓子・立言上》）

此文重點在於：天之生物並非全然平等，因此禽獸、愚者多氣力而少智慧，然
而智者千慮必有一失，而狂夫之言則偶有一得，僅此一得便足以補智者之不足，
因此，「君子取狂夫之言，補萬得之一失也。」文意至此已足，但蕭繹又舉出「松
柏」、「楊柳」之差異為喻。「松柏」在一般人的認知中，有著清高、富節操的象
徵意義，如成語「松柏長青」、「松柏後凋於歲寒」；而「楊柳」似乎較無此崇高
的隱喻，但是「楊柳有路側之勢」、「松柏有幽僻之窮」，因此行人休息時反而擇
「楊柳」而棄「松柏」。雖然此下蕭繹未再多作引申、闡釋，然而我們很容易順
勢理解為：不論是人或物，「才性」、「才能」上皆各有所偏，而其所表現出來的
特質也許存在著優劣高下之別，然而上位者卻不應受此侷限，而應取長補短、
量才任用之。除了強調「截長補短」之外，蕭繹亦相當重視「人才的位置」，且
看《金樓子》中一則採自《鄧析子・無厚篇》的言論，云：

> 獵猛虎者，不止於北園；釣鯨鯢者，不於南池，何則？園非猛虎之
> 藪，池非鯨鯢之處也。責罷者以舉千鈞，督跛者以及走兔，驅騏驥
> 於庭，求猿猱於檻，由倒裳而索領也。（《金樓子・立言上》）

文中「責罷者以舉千鈞」前後的文句分別隸屬於《鄧析子・無厚篇》的不同
段落；〔註67〕就現存的《金樓子》而言，兩者卻是合併在一起，自成一小段。
我們無法確認哪一個版本是最初的版本，或者現存《金樓子》中的這一小段
是否原本是整段照抄自《鄧析子》而今亡佚了。但是就算只就《金樓子》中
的現況作討論，仍能提供我們一些訊息，即蕭繹十分看重人才的「位置」。這
裡所說的「位置」，一方面是指人才的「出處」，上位者應在對的位置尋找人
才；另一方面則是指人才的「職位」，上位者應考核人才適合擔當的任務，將

善，麟乏警夜之功，日月不齊光，參辰不並見，冰炭不同室，粉墨不同橐，
有之矣。」「秋早寒則冬必煖，春雨多則夏必旱。天地不能兩，而況於人乎？」
除了明白個人才性的差異外，蕭繹也認為人之才性各有所偏，不能求全責
備。

〔註67〕分別見《鄧析子・無厚篇》（北京：中華書局，1991年），頁3、4。

其安置於正確的所在，使人盡其才。前者涉及「擇人」的問題，後者則有關
「任人」的層面。兩者同樣是屬於「用人」此一範疇中的問題，因此合併觀
之亦無不可。而相似的觀點在他處亦可得見，試看下列引文：

> 夫辟狸不可使搏雞，魁牛不可使補鼠。今人才有欲平九州，并方外，
> 責之以細事，是猶用鈇斤翦毛髮也。夫據幹窺井，雖通視不能見其
> 情。借明於鏡以照之，則分寸可察也。吞舟之魚，蕩而失水，則制
> 於螻蟻，離其處也；猿狖失木，擒於狐狸，非其所也。故十圍之木，
> 持千鈞之屋；五寸之楗，制九重之城。豈其才之足任哉？所居得其
> 要也。（《金樓子・立言下》）

引文中再次看到蕭繹對於人之才能各有所長的體會，以及「量才而授任」、
務求「人盡其才」的主張。整段看起來首尾俱足，文意相承。然而仔細考察
其出處可發現，整段內容皆可從《淮南子・主術訓》中找到對應的源頭，但
是在〈主術訓〉中各句原本是分散而非彼此相連的。若照著《淮南子》中的
原文分析，自「夫辟狸不可使搏雞」到「是猶用鈇斤翦毛髮也」是一個段落，
講的是有雄才大略者，不以小事任之；而能力不足者則不授與大任。自「夫
據幹窺井」至「則分寸可察也」，所言者乃是強調人主應「執術而御之，則
管、晏之智盡矣；明分以示之，則蹠、蹻之姦止矣。」〔註68〕而自「吞舟之
魚」至「非其所也」則是要人主「莫釋所守而與臣下爭」，而應以「術」制
人。而「故十圍之木」以下至最後，則是強調「勢」的重要性，「得勢之利
者」〔註69〕則能以小制大，以約制廣。〔註70〕兩相對照之下，蕭繹似是有意
地剪裁《淮南子・主術訓》中的文句，加以重新編輯排列，使得原本分散且
各有主旨的段落，搖身一變而具有新的面目。而《淮南子》原本所強調的三
個重點：「量才適任」、「以術制人」、「善用勢位」，一經蕭繹之手，則集中於
「人才任用」的問題：其一、「大器不可小用，小士不可大任」。〔註71〕其二、

〔註68〕《淮南子・主術訓》，頁664。
〔註69〕《淮南子・主術訓》，頁673～674。
〔註70〕詳參《淮南子・主術訓》言：「攝權勢之柄，其於化民易矣。衛君役子路，權
　　　重也；景、桓公臣管、晏，位尊也。怯服勇而愚制智，其所託勢者勝也。故
　　　枝不得大於幹，末不得強於本，則輕重大小有以相制也。若五指之屬於臂，
　　　搏援攫捷，莫如志，言以小屬於大也。是故得勢之利者，所持甚小，其存
　　　甚大；所守甚約，所制甚廣。是故十圍之木，持千鈞之屋；五寸之鍵，制開
　　　闔之門。豈其材之巨小足哉？所居要也。」，頁672～674。
〔註71〕語出《金樓子・雜記下》。同樣的意思還見於《金樓子・立言下》：「夫吞舟之

將人才安置於適當的位置，使其得以大展伸手。

據上所述，《金樓子》中論及人才及其任用方面的文句實在不少，不論是蕭繹自己的言論或是抄錄前人成言而加以剪裁、重組，我們都能藉此看出蕭繹「人才觀」、「用人觀」的一些端倪。另外也可發現蕭繹似非單純地、隨機抄錄，因為各條引文雖含有相近的觀念，卻各有強調重點，使其論述更加完整而全面。

3、兼取各家之長以治國

在「論治道」方面，《金樓子》中另有一部份的內容可以「兼取各家之長以治國」為主題歸納之，自成一類。其中，與儒家德治、民本等思想傾向有關之內容，由於數量較多，已於前文中個別論之；而在用人問題上，涉及的《老子》思想，也已見於前，亦不贅述，因此此處只就此兩點以外的其他方面作討論。

先就「為政之理」而言，其言曰：

> 孔子東游，見兩小兒相鬥。一兒曰：「我以日初出去人近。」一兒曰：「日中近。」一兒曰：「初日如車蓋，至中裁如盤盂，豈不近者大，遠者小？」一兒曰：「日初出滄滄涼涼，至日中有如探湯，此非遠者涼，近者熱耶？」孔子亦不知日中天而小，落扶桑而大。為政亦如是矣。須日用不知，如中天之小也；須赫赫然，此蓋落日之治，不足稱也。（《金樓子‧立言上》）

引文中「日遠、日近」的故事似乎是採自《桓子新論‧離事》〔註72〕、《列子‧湯問》〔註73〕等篇，而以文句的相似度而言，直接襲取《列子》之處較多，但是蕭繹對這故事的體會卻明顯異於此二者。在《桓子新論》中，桓範是以

魚，不游清流；鴻鵠高飛，不就茂林。何則？其志極遠。牛刀割雞，矛戟採葵，甚非謂也。」

〔註72〕桓譚云小時曾聞閭巷言：「孔子東游，見兩小兒辯鬥，問其故。一兒曰：『我以日始出時近，日中時遠。』一兒以日初出遠，日中時近。」，頁《新論》卷下〈離事〉，頁47。

〔註73〕《列子‧湯問》：「孔子東游，見兩小兒辯鬥問其故。一兒曰：『我以日始出時去人近，而日中時遠也。一兒以日初出遠，而日中時近也。』一兒曰：『日初出大如車蓋；及日中，則如盤盂：此不為遠者小而近者大乎？』一兒曰：『日初出滄滄涼涼；及其日中如探湯：此不為近者熱而遠者涼乎？』孔子不能決也。兩小兒笑曰：『孰為汝多知乎？』」，見楊伯峻：《列子集釋》（北京：中華書局，1997年10月），卷五，頁168～169。

學術討論的眼光看待之，同時舉出時人的意見，並作出自己的評論，而整體
所反映的，是當時人對於天文現象的觀察與思辨；至於《列子》論述此事，
要在凸顯關於日遠日近的問題，孔子也「不能決也」，而被兩個小孩嘲笑：「孰
謂汝多知乎？」以此故事質疑孔子的權威。然就蕭繹看來，「日遠」還是「日
近」不是問題所在，至於孔子能不能回答兩小兒的問題也不影響孔子的聖人
地位，蕭繹注意的是「日中天而小，落扶桑而大」這個現象背後所蘊含的意
義，因而他提出了「爲政亦如是矣。須日用不知，如中天之小也；須赫赫然，
此蓋落日之治，不足稱也。」由自然界的「天文現象」聯想到人主「爲政之
理」，這一方面可說是反映了蕭繹的興治精神，另一方面蕭繹所謂的「爲政之
理」也反映出其思想中的儒、道色彩。蕭繹認爲「爲政」要「日用不知」，而
此意在《論語》、《老子》中亦曾出現過。《論語‧陽貨》有言：

> 子曰：「予欲無言。」子貢曰：「子如不言，則小子何述焉？」子曰：
> 「天何言哉？四時行焉，百物生焉，天何言哉？」〔註74〕

而《老子‧第二章》則言：

> 天下皆知美之爲美，斯惡已；皆知善之爲善，斯不善已。故有無相
> 生，難易相成，長短相形，高下相傾，音聲相和，前後相隨。是以
> 聖人處無爲之事，行不言之教。萬物作而不辭，生而不有，爲而不
> 恃，功成不居。夫唯不居，是以不去。〔註75〕

其中，《論語》中孔子所言的「四時行焉，百物生焉，天何言哉？」雖不是直接
對應到爲政之理，但就「四時」、「百物」順著天理自然推移、生長此點而言，
也隱含有「日用而不知」之意。而《老子》則是從「無爲而治」的角度出發，
提出聖人應「行不言之教」，不以後設的、人爲的規矩來約制人民，這就和蕭繹
之言更加吻合了。雖然儒道兩家所言的「不言」其出發點與目的皆不盡相同，
然而蕭繹卻融合二家之說而提出「日用不知」以爲爲政之理，可說是以一種落
實、具體的方式重新演繹儒、道二家之思想，以此作爲自己的治國原理。

除此，《金樓子》中，蕭繹還輯錄了頗多與法家思想有關的治國言論，其
言曰：

〔註74〕見《論語‧陽貨》，朱熹：《四書章句集注》（臺北：大安出版社，1996 年 11
月），頁 252。
〔註75〕引自《老子四種》（臺北：大安出版社，2003 年 8 月），《老子王弼注》上篇，
頁 2。

千里之路，不可別以準繩，萬家之邦，不可不明曲直。(《金樓子·立言下》)（法）

傅玄言：「寵臣大病，其君則病；寵臣過隆，其君則聾。」王良、造父不能同車而馭；伯喈、叔夜不可並琴而彈。是知人君不可分權也。人君當以江海爲腹，林藪爲心，使天下民不能測也。徒有其聲而無其實，若魚目之珠，入市而損價；斲冰爲璧，見日而銷也。(《金樓子·立言下》)（術）

勢者，君之輿；威者，君之策；臣者，君之馬；民者，君之輪。勢固則輿安，威定則策勁，臣從則馬良，民和則輪利。(《金樓子·立言上》)（勢）

一兔走街，萬夫爭之，由未定也。積兔滿市，過者不顧，非不欲兔，分以定矣，雖鄙人不爭。故治國存乎定分而已。(《金樓子·立言下》)（勢）

以上引文在現存的《金樓子》中是散置於〈立言篇〉中，而非自成一段落，然而今將其並列觀之，可發現正好是囊括了法家論「法」、「術」、「勢」的重要內容。就第一條引文看來，雖看似與《管子·宙合篇》之「千里之路，不可扶以繩；萬家之都，不可平以准。」〔註76〕有相似之處，然而蕭繹卻稍微更動其文句，使得文意產生變動。據《管子》原文，所強調者乃是人主治國須知「權」、「變」，而非執著於「經」、「常」；然而蕭繹卻將「萬家之都，不可平以准」改爲「萬家之邦，不可不明曲直」，語意的重心遂變爲強調以「法度」治國，而變得偏向法家思想了。再看第二條引文，其重點有二，其一、人君不可分權於他人。其二、人君之心意應使天下人不能測。其中以「車」、「琴」之喻說明人主不可分權之理，在《韓非子·外儲說右下》有近似但更爲詳細的論述，其言曰：

夫以王良、造父之巧，共轡而御不能使馬，人主安能與其臣共權以爲治？以田連、成竅之巧，共琴而不能成曲，人主又安能與其臣共勢以成功乎？〔註77〕

由此看來，蕭繹之言脫胎於《韓非子》的痕跡也就不言而喻了。而就「使天

〔註76〕見《管子·宙合》，引自顏昌嶢：《管子校釋》（長沙：嶽麓書社，1996 年 2 月），頁 108。

〔註77〕引自陳奇猷：《韓非子集釋》（高雄：復文圖書出版社，1991 年 7 月），卷十四，頁 762。

下民不能測」此點而言，則可歸於黃老道家與法家共有的君人南面之術。再看第三、第四條引文，所闡述的要點則與法家所看重的「勢位」、「威勢」有關，指出治國之根本在於確立人主之「權威」與「勢位」，威勢確立則臣從、民和，天下自然安定。整體觀之，蕭繹似乎是有意地選取、纂輯法家之言，充實其治國方面的參考資料。

《金樓子》中除上述所提及的儒、道、法等思想，對於墨、兵等家論及治國之道的理論似亦有所採納，如其云：

> 楚王之食楚也，故愛楚四境之民；越王之食越也，故愛越四境之民；
> 天子之食天下也，吾是以知兼愛天下之民矣。（《金樓子・立言上》）

此段引文可說幾乎是照抄自《墨子・天志》之語，〔註78〕而其論述焦點正是墨家思想宗旨所在：「兼愛」。又如其言：

> 有以乘舟死者，欲禁天下之船；有以用兵喪其國者，欲偃天下之兵。譬之若水火，能善用之則爲福，不能善用則爲禍。義兵之爲天下良藥亦大也。（《金樓子・立言下》）

> 制將之法，必使弛張從時。事疑則爭生，事侔則亂起。所以蕭、樊被於縲紲，信、布見於誅夷。馭將之間，可不深慎之？（《金樓子・立言上》）

就文中所提及的「善用兵」、「制將之法」而言，可說是沿襲了三國以降之諸子習於子書中談論兵法之風，〔註79〕雖不必然根源於傳統兵家之思想，但實可劃歸於兵家之範疇中。

〔註78〕《墨子・天志》：「今天下之士君子之欲爲義者，則不可不順天之意矣。曰順天之意何若？曰兼愛天下之人。何以知兼愛天下之人也？以兼而食之也。何以知其兼而食之也？自古及今無有遠靈孤夷之國，皆犓豢其牛羊犬彘，絜爲粢盛酒醴，以敬祭祀上帝山川鬼神，以此知兼而食之也。苟兼而食焉，必兼而愛之。譬之若楚、越之君，今是楚王食於楚之四境之內，故愛楚之人；越王食於越，故愛越之人。今天兼天下而食焉，我以此知其兼愛天下之人也。」引自孫詒讓：《墨子閒詁》，卷七〈天志下〉第二十八，頁210~211。

〔註79〕馬國翰於《玉函山房輯佚書》中子編法家類、曾論桓範《世要論》云：「書中多論行兵。蓋三國割據，日尋干戈，故論世者詳之。雖列法家，而略無殘苛之語。昔範嘗以示蔣濟，濟不肯視。試取蔣氏《萬機論》衡之，其識議亦止在伯仲間耳。」，見《玉函山房輯佚書》，頁2745。除了《世要論》、《萬機論》外，魏晉時期之子書亦多有談論兵法者，如杜恕《體論》、袁準《袁子正書》等。

　　就以上所論可知，彙整並歸納分析《金樓子》中「論治道」的內容後，確實可以釐清蕭繹本身對於「爲政」、「治國」可能隱含有的觀念與主張，及其沿襲、採納諸家思想的成分。但是，持平而論，這些散置於〈立言〉、〈雜記〉中的段落，雖然講了一些治國之理，也頗能把握各家思想的特色，然而卻沒有一個統整、貫串的脈絡，使其成爲更爲完整、有系統的理論，因此，即使我們試圖努力尋繹其中的條理，卻也無法改變《金樓子》宗旨淺薄的事實。

（二）論修身處世

1、明哲保身

　　在「論修身處世」方面，《金樓子》中有相當多的篇幅皆與「明哲保身」此一主題有關，書中亦不時流露「戒愼恐懼」、「全身避禍」的思想。在〈戒子篇〉中有一段類似小序的內容，云：

> 東方生戒其子以上容，首陽爲拙，柱下爲工，飽食安步，以仕易農，
> 依隱玩世，詭時不逢。詳其爲談，異乎今之世也。方今堯舜在上，
> 千載一朝，人思自勉，吾不欲使汝曹爲之也。（《金樓子·戒子》）

文中針對東方朔告誡其子之言提出自己的看法，其意似乎是不認同東方朔「容身避害」的處世態度，而鼓勵自己的子孫應該「人思自勉」，頗有積極昂揚、向上提昇的精神。然而，《金樓子》中卻充滿了「容身避害」的觀念，如其言：

> 趙簡子出畋，命鄭龍射野人，使無驚吾鳥。龍曰：「吾先君晉文公伐
> 衛，不僇一人。今君一畋，而欲殺良民，是虎狼也。」簡子曰：「人
> 畋得獸，我畋得士。」故緣木愈高者愈懼，人爵愈高者愈危。可不
> 愼乎？（《金樓子·雜記下》）

> 成湯誅獨木，管仲誅史符，呂望誅任矞，魏操誅文舉，孫策誅高岱，
> 黃祖誅禰衡，晉相誅嵇康，漢宣誅楊惲，此豈關大盜者？深防政術，
> 腹誹心謗，不可全也。（《金樓子·雜記上》）

在第一條引文中所出現的事例在其他子書中亦有之，〔註80〕而由此所引申的

〔註80〕如《晏子春秋·內篇諫上》便有相近的故事，原文如下：景公射鳥，野人駭
　　　　之。公怒，令吏誅之。晏子曰：「野人不知也。臣聞賞無功謂之亂，罪不知謂
　　　　之虐。兩者，先王之禁也；以飛鳥犯先王之禁，不可！今君不明先王之制，
　　　　而無仁義之心，是以從欲而輕誅。夫鳥獸，固人之養也，野人駭之，不亦宜
　　　　乎！公曰：「善！自今已後，弛鳥獸之禁，無以苛民也。」引自《晏子春秋集

觀念常是：人主應愛民、善納諫言、識才得才等。〔註81〕但蕭繹顯然有不同的體會，趙簡子出畋一事給予蕭繹的最大啓示在於「緣木愈高者愈懼，人爵愈高者愈危。可不慎乎？」其中反映的戒慎恐懼、容身避害的想法不言而知。又如第二條引文，蕭繹由歷史經驗所得出的感想亦頗值得注意。歷史上許多不幸遭到上位者殺害的人物，未必是作奸犯科的惡人，而多是因爲他人之「深防政術，腹誹心謗」因此不能全身保命。由此，一方面可以看到蕭繹對於這些招忌被害的人心存同情、惋惜之感；但另一方面似也有著深以爲戒的警惕。

　　至於如何「容身避害」？蕭繹則頗爲看重「謹言愼行」，在《金樓子》中無論是蕭繹之言或是其引用他人之言，都可看出此一「避免言行招禍」的傾向，如其言：

> 君子當去二輕取四重。言重則有法，行重則有德，貌重則有威，好重則有觀。言輕則招罪，貌輕則招辱。（《金樓子・立言上》）

此言出自《法言・修身》而稍加改動，〔註82〕但蕭繹對於其中內容似有深刻的體會，而非隨意抄錄，在其書中關於此種看重「言行」的內容還有〈戒子篇〉所引用的多篇前人箴戒之言：

> 后稷廟堂金人銘曰：「戒之哉！無多言，多言多敗；無多事，多事多患。勿謂何傷，其禍將長；勿謂何害，其禍將大。」崔子玉座右銘曰：「無道人之短，無說己之長；施人甚勿念，受恩甚勿忘。」凡此兩銘，並可習誦。杜恕家戒曰：「張子臺視之似鄙朴人然，其心中不知天地間何者爲美，何者爲惡，敦然與陰陽合德。做人如此，自可不富貴，禍害何因而生？」（《金樓子・戒子》）

整段引文看來，則是從「言」、「行」以及「態度」三個方面來談「如何避禍」的問題。順序閱讀下來，我們首先會明白「多言、多事」會招禍，繼而則理解不應「道人是非」、「計較回報」，最後則是由杜恕之言點出最關鍵、最有效的避禍準則在於：不要以自己的價值觀去衡量他人，則一切人事自然相和安好。「謹言愼行以全身避禍」的觀念在其中十分明顯。再看到下一條引文：

> 單襄公曰：「君子不自稱也，必以讓也，惡其蓋人也。」吾弱年重之中朝名士，抑揚於詩酒之間，吟咏於嘯傲之間，自得如山，忽人如

釋》（臺北：鼎文書局，1977 年），頁 89。

〔註81〕以前條註解所引原文觀之，便具有愛民的精神。

〔註82〕《法言義疏》，頁 96。

草，好爲辭費，頗事抑揚，末甚悔之，以爲深戒。(《金樓子・戒子》)

此段引文似是蕭繹因單襄公之言所引發的心得感想，文中蕭繹對於自己年輕時「自得如山，忽人如草，好爲辭費，頗事抑揚」自負驕人且喜好評論他人的輕忽言行，似乎頗爲後悔。由此看來，更加映襯出蕭繹對於「言行招禍」的體悟。又如：

> 馬文淵曰：「聞人之過失，如聞親之名，親之名可聞，而口不得言也。好論人長短，忘其善惡者，寧死不願聞也。龍伯高敦厚周愼，謙約節儉，吾重之愛之，願汝曹效之；杜季良憂人之憂，樂人之樂，有喪致客，數郡畢至，吾愛之重之，不願汝曹效之。效伯高不得，猶爲謹敕之士，所謂刻鵠不成，尚類鶩也；效季良不成，所謂畫虎不成，反類狗者也。」裴松之以爲援此戒，可謂切至之言，不刊之訓。若乃行事得失，已暴於世，因其善惡，即以爲戒云。然戒龍伯高之美言，杜季良之惡行，吾謂託古人以見意，斯爲善也。(《金樓子・戒子》)

由此段引文最後、蕭繹的評論之言看來，並未凸顯出馬援戒子之言的重點，只言馬援「託古人以見意，斯爲善也」。然而，蕭繹所引述的內容亦是以「謹言愼行」爲重點。再如其言：

> 歸義隱蕃爲豪傑所善，潘承明子肅與善之，承明問曰：「何故與輕薄通，使人心震面熱？」廣陵陽竺，幼而有聲，陸遜謂之必敗，令其兄子穆，與其別族。季豐年十五，賓客塡門，乃曰神童，而遂無週身之防，果見誅夷。相國掾魏諷有盛名，同郡任覽與諷善，鄭袤謂諷姦雄，必以禍終，子宜絕之，諷果敗焉。王仲回加子以檟楚，朱公叔寄言以絕交，此有深意，最宜思之。(《金樓子・戒子》)

引文中蕭繹連續舉了六個事例告誡其子，不僅是要注意自己的言行，就連朋友的言行亦需注意，交友之恰當與否亦是是否能夠全身避害的關鍵。除了〈戒子篇〉外，其他篇章中亦有強調言行之重要的文句，如：

> 夫鬬者，忘其身也，忘其親者也。行須臾之怒而鬬，終身之禍，然而爲之，是忘其身也。(《金樓子・立言上》)

> 漢張猛、皇甫商少而相善，爲狷旣過，乃至相殺，爰及出奔，故君子之愼之。貌必齊莊，於事爲善。(《金樓子・雜記上》)

> 有人以人物就問司馬徽者，徽初不辨其高下，每輒言佳。其婦人諫之曰：「人以君善士，故質疑問於君，君宜論辯，使各得其所，而一

> 者言佳，二者言佳，豈人所咨問君之意耶？」徽曰：「汝此言亦復佳。」
> 此所以避時也。（《金樓子・雜記上》）

由這些引文中，更能清楚看到蕭繹對於「言」、「行」的注意，且從各個方面提醒讀者藉由謹言慎行以趨吉避凶。

除了「謹言慎行」，蕭繹對於「明哲保身」所提出的準則還有「忌露才揚己」一項，其言：

> 龜所以有殼者，何也？欲以自衛也。而求而鑽灼之，何也？爲殼也。
> 鳥所以可愛者，爲有羽也，而人殺之，何也？爲毛也。私家有器甲，
> 欲以防盜也，而王法治之。閭閻間有利口之人者，欲自進也，而縣
> 官裁之，可不戒哉！（《金樓子・雜記上》）

> 夫翠飾羽而體分，象美牙而身喪，蚌懷珠而致剖，蘭含香而遭焚，
> 膏以明而自煎，桂以蠹而成疾，並求福而得禍，衣錦尚褧，惡其文
> 之著也。（《金樓子・立言下》）

不論上述兩則引文是否抄自他人成言，連續在兩篇文章中重複提及相關的文句，也就反映了蕭繹對此觀念的重視。引文中所欲強調者，乃是藉著說明「物因有用、有文飾而亡身」之理，提醒人們應汲取教訓以「露才揚己」爲戒。

2、學行並重

另外，《金樓子》類似傳統子書的內容、主題有一部份是關於「學行並重」方面的討論。自先秦以迄於六朝，勉學之言在眾多子書中幾乎已成爲必備內容之一，而《金樓子・立言篇》中亦收錄不少前人對此所提出的名言佳句，如：

> 玉不琢不成器，人不學不知道。若雖有天縱，曾無學術，猶若伯牙
> 空彈，無七弦則不悲；王良失轡，處駟馬則不疾。晉平公問師曠曰：
> 「吾年已老，學將晚耶？」對曰：「少好學者，如日盛陽；老好學者，
> 如炳燭夜行。」追味斯言，可爲師也。（《金樓子・立言上》）

引文頭二句引自《禮記・學記》，[註83]接著說明「雖有天縱」仍應學習；後引《說苑・建本》中晉平公與師曠的對話，強調活到老、學到老的精神。[註84]又如：

> 夜光之璧、黃彝之尊，始乃中山之璞，溪林之幹，及良工琢磨，則

〔註83〕《禮記・學記》，引自王夢鷗：《禮記今註今譯》（臺北：台灣商務印書館，1970年1月），下冊，頁477。

〔註84〕《說苑・建本》，引自向宗魯：《說苑校證》（北京：中華書局，1987年），頁69。

登廟堂之上矣。加脂粉則宿瘤進，蒙不潔則西施屏。人之學也亦如此，豈可不學邪？（《金樓子‧立言下》）

曾子曰：「患身之不善，不患人之莫己知。」丹青在山，民知而求之；善珠在淵，民知而取之。至道在學，而人不知就之，惑夫？（《金樓子‧立言下》）

以上二則引文，亦是一般習見的勗學語，其要在於勉人向學，追求至道，自我提昇。但蕭繹論「學」較特別之處在其除了勉人向學、勤學外，還主張「才學」雖可貴，但是個人的品德修養亦十分重要，而這部分的內容又以蕭繹自己的言論為主，似乎更能反映其觀點，試看其言：

卞彬為《禽獸決錄》云：「羊淫而狠，豬卑而攣，鵝頑而傲，狗險而出。」皆指斥貴勢。其〈蝦蟇科斗賦〉云：「紆青拖紫，出入苔中。」以比當時令僕也。「科斗唯唯，群浮闇水，唯朝繼夕，畫役如鬼。」比令史、咨事也。非不才也，然復安用此才乎？（《金樓子‧立言下》）

蕭賁忌日拜官，又經醉自道父名。有人譏此事。賁大笑曰：「不樂而已，何妨拜官？溫酒之談，聊慕言在。」了無怍色。賁頗讀書而無行，在家徑偷祖母袁氏物，及問其故，具道其母所偷，祖母乃鞭其母。出貧（貨）之，所得餘錢，乞問，乃估酒供醉。本名「渙」，兄弟共以其憸，〔註85〕因呼為「賁」。〔註86〕此人非不學，然復安用此學乎？（《金樓子‧立言上》）

引文中蕭繹分別記錄了兩件事，其一是卞彬好藉為書、屬文譏嘲諷刺當時「貴勢」與為官之人；其二是言蕭賁兩件「無行」之事。兩個事件之主角一是有才華，一是頗為讀書、好學，但是在蕭繹眼中，此二人皆未善盡其才、善用其學，反而顯示其自身品德的缺失與修養之不足。由此可知，蕭繹自身雖亦好學、〔註87〕且其書中多勉人為學，但也沒有一味以才學為重，而是認為個人德行、涵養方面亦應與學俱進。

關於蕭繹對於「學行並重」的主張，除了得見於上述引文外，在〈興王〉、〈說蕃〉等篇中，蕭繹所標榜的之賢明君主與侯王，亦多是強調其「好學」與「有德」，正可與其「學行並重」之主張相互呼應，如〈興王篇〉所記載的

〔註85〕有「奸佞」之意。
〔註86〕有「勇」之意。
〔註87〕關於蕭繹好學之事，可參看《金樓子‧自序篇》與《顏氏家訓‧勉學篇》。

魏武帝曹操一方面「御事三十年，手不捨書，晝則講軍策，夜則思經傳，登高必賦，被之管絃，皆成樂章。」另一方面則是「雅性節儉，不好華麗」，且能與士民同甘共苦：談及宋太祖則是言其「好讀史書，善楷隸，能文章」並且「溫和有人君之德」；至於記載自己的父親梁武帝之事時，則更是大力頌揚其既有才學又具孝行。〔註88〕而在〈說蕃篇〉中，自「昔屛藩之盛德者」以下所記之侯王，亦多強調其好學多才且有德行，僅以其中一則關於東漢北海靖王劉興之子劉睦之事爲例，其言曰：

> 劉睦少好學，博通書傳，光武愛之，數被延納。顯宗在東宮尤見幸。入則諷誦，出則執轡。中興初，禁網尚闊，而睦性謙恭好士，千里交結，自大儒宿德莫不造門，由是聲價益廣。永平中，法憲頗峻，睦乃謝絕賓客，放心音樂。歲遣大夫奉璧朝賀，召而謂曰：「朝廷設問寡人，大夫將何辭以對？」使者曰：「大王忠孝仁慈，敬賢樂士。」睦曰：「吁！子危我也。」其對以孤襲爵以來，志意衰惰，聲色是娛，犬馬是好。」使者受命而行，其能屈伸如此。（《金樓子·說蕃》）

由引文可看到，蕭繹大篇幅地襲用了《後漢書》記載劉睦的史事，其中正反映了蕭繹所看重的侯王特質，一是其「才學」，一則是其「行」。此處的「行」一方面是「德行」，例如謙恭有禮、忠孝仁慈、明上下之分、知所進退等；另一方面則顯示一種權謀保身之道。對於蕭繹而言，其所以如此強調「學行並重」，或許正與其登帝位以前的身份——湘東王——有關，爲了要在眾多手足之中出類拔萃、脫穎而出，得到武帝的青睞，即使蕭繹後來的表現失德之至，〔註89〕但《金樓子》中的他的確是汲汲營營想要在「才學」、「品德」、「涵養」三個方面充實自己、表現自己，既是勸人、亦是自勉。相較於其書中沿用前人嘉學語的部分，卞彬、蕭賁之事以及〈興王〉、〈說蕃〉中所提出的「學行並重」之主張，似較爲貼近蕭繹的眞實體會與關懷。

3、崇儉忌奢

《金樓子》中關於「修身處世」的討論，還集中在對於「崇儉忌奢」此一主題的討論。在閱讀〈興王〉、〈箴戒〉、〈說蕃〉等篇章時，很容易得到一個印象，即歷史上的爲人所稱道的帝王、侯王大部分都是崇尚儉約的；相反的，一些荒淫無道最後亡國滅身者，則多是驕奢縱逸之人。當然，歷史人物

〔註88〕以上諸例皆見於《金樓子·興王篇》。
〔註89〕參看《南史·梁本紀》、《梁書》卷五〈元帝本紀〉。

興衰成敗的理由不能被如此簡單的化約、解釋，但是蕭繹這樣的推論，卻可讓我們看到他的觀點。除了上述幾篇外，在〈立言〉、〈雜記〉、〈戒子〉等篇中，蕭繹一方面引用前人陳言說明儉約之重要，另一方面也從個人體會、歷史教訓歸納出驕奢足以亡身之理。在引用前人陳言方面，有以下幾條資料：

> 公沙穆曰：「居家之方，爲儉與約；立身之道，唯謙與學。」（《金樓子‧立言下》）

> 向朗遺言戒子曰：「貧非人患，以和爲貴，汝其勉之，以爲深戒。酒酌之設，可樂而不可嗜；聲樂之會，可簡而不可違。淫華怪飾，奇服麗食，慎勿爲也。」（《金樓子‧戒子》）

所談皆是一般人所習知的、強調「儉約」的老生常談，並無特別之處，也看不出蕭繹是不是特別重視「儉約」。但在下一條引文中，蕭繹言：

> 儉約之德，其義大哉！齊之遷魏於楚邱也，衛文公大布之衣，大帛之冠，務材訓農，敬教勸學，元年有車三十乘，季年三百乘也，豈不宏之在人。（《金樓子‧立言上》）

其中開頭蕭繹即言「儉約之德，其義大哉！」後又引《左傳》中的史事加以說明，如此一來，蕭繹似乎不是爲了湊篇幅而談儉約。再如其言：

> 君子以宴安爲鴆毒，富貴爲不幸。故溺於情者，忘月滿之爲虧；在乎道者，知日損之爲貴。（《金樓子‧立言上》）

今考《漢書‧景十三王傳》文末贊語有言：「是故古人以宴安爲鴆毒，亡德而富貴，謂之不幸。」〔註90〕和此段引文相對照之下，可發現蕭繹寫作此段時，或許參考了《漢書》之語，而略加改變，將「亡德而富貴謂之不幸」，直接講成「富貴爲不幸」，而後再引申出「勿溺於情、而察乎道」之意，重申切莫「驕奢縱逸」。在這樣有意或無意的刪改之下，都可大致看出蕭繹自己對於「儉約」之道亦有一定的理解與重視。再看其他如：

> 雖復拔山蓋世之雄，回天倒地之力，玉几爲樽，金湯設險，驪山無罪之囚，五嶺不歸之戍，一有驕奢，三代同滅。（《金樓子‧立言上》）

> 廣陵威王之蓄內也，……（豪奢之事的描述暫略）。向之所閉，今之所開；向之所聚，今之所散，屏去三惑，可不戒乎？（《金樓子‧雜記上》）

〔註90〕《漢書‧景十三王傳》

> 往者承華殿災，詔問高堂隆：「此何災？」隆曰：「殿名崇華，而爲
> 天災所除，是天欲使節儉，勿復興崇華之飾也。」(《金樓子‧立言
> 上》)

更是一再地強調驕奢之弊。而除了這些零散的文句外，另外有一較完整的段
落，可以看出蕭繹對於「崇儉忌奢」所提出的具體看法，云：

> 哲人君子戒盈思沖者，何也？政以戒懼乎所不睹，恐畏所不聞，況
> 其甚者乎？夫生自深宮之中，長於婦人之手，憂懼所不加，寵辱之
> 所未至，粵自齠亂，便作邦君。其天姿卓爾，則河間所以高步；窮
> 兇極悖，廣川所以顯戮，致之有由者也。錫瑞蕃國，執玉秉圭，春
> 朝則驅馳千乘；秋謁則儀□百辟，江都廣川，可以意者耳。請論之：
> 一曰驕，二曰富，三曰淫，四曰忌。幼饗尊貴，驕也；名田緣道，
> 富也；歌鐘盈室，淫也；殺戮無辜，忌也。夫刑罰不中，則民無所
> 措手足，況倍此者邪？夫貴而不驕者，鮮矣。驕而輕於憲網，富則
> 恃於金寶，淫則惑於昏縱，忌則輕於生殺。既不知稼穡之艱難，又
> 不知民天之有本，徒見珠璣犀甲之翫，金錢翠羽之奇，動容則燕歌
> 鄭舞，顧盼則秦箏齊瑟，謂與椿鵠齊齡，寧知蕣華易晚？覆其宗社，
> 曾不三省；損其身名，不逢八議，異矣哉！(《金樓子‧立言上》)

文中提到「哲人君子」之所以「戒盈思沖」源自於對於未知之事所抱持的一
種戒慎恐懼的態度，但蕭繹認爲，除此之外，還有比「未知」更需要小心防
範的事，如自小養尊處優的王宮貴族，這些「生自深宮之中，長於婦人之手，
憂懼所不加，寵辱之所未至，粵自齠亂，便作邦君」的人，在蕭繹看來，更
應該要戒慎恐懼、戒盈思沖，他舉出河間王劉德、廣川王劉去做爲正反例，
對比說明。在〈說蕃〉篇中正好也提及了劉德、劉去二人之事，相較於好學
有德的河間王，廣川王是位奢侈殘暴而最後落得自殺下場的昏庸侯王，而此
處引文所言「江都廣川，可以意者耳」以下直到文章最後，可說是蕭繹對於
廣川王之流者之所以招致禍害而亡身，所作的分析。文中所謂的「驕」、「富」、
「淫」屬於「驕奢淫逸」的範圍，而「忌」則是「殺戮無辜」，這兩個項目都
可說是行爲上的「太過」，都是要極力避免的缺點，也正是導致昏庸侯王「覆
其宗社」、「損其身名」的主要原因。由此看來，對於一個自小安逸又生來即
有名位權勢者，更應該要「戒盈思沖」、不放縱自己耽溺於慾望的滿足，亦不
以驕縱殘暴的態度待人處世。

看完這段文字之後，回過來看之前所引的、與「節儉」有關的文句，可發現，同樣具有侯王身份的蕭繹，所提倡的「崇儉忌奢」、「戒盈思沖」，實非空談，而是其在亂世之中對於保命、安身所作的思考與抉擇。

就以上看來，在《金樓子》中，蕭繹所談到的、關於「修身處世」之理，大部分仍是傳統子書中人們常見到的主題，泛論一些德行、修養、學問方面普遍的觀念，思想上接近於俗儒，陳意不高，境界亦狹，整體看來不過就是一些在亂世求自保的基本準則。其言說內容的格局既淺，言說的目的也侷限於自我提醒、告誡子孫，因此，儘管所談論的範疇同於傳統諸子，但稱不上是一家之言；而儘管有些個人的真實體會與心得，但也有別於傳統諸子著書立論背後的深層意義。此外，需要補充的是，在「修身處世」這個範疇中，蕭繹除了提出一些俗儒安身立命的準則外，也顯現出一種魏晉以來士人普遍有的風流意態，重視個人面對外在環境時對應的氣度與姿態，如其言：

> 太虛所以高者，以其輕而無累也；人生苟清而無欲，則飄飄之氣凌焉。（《金樓子·立言上》）

> 君子無邑邑於窮，無忽忽於賤；譽之而不加勸，非之而不加沮，定內外之分，夷平榮辱之心，立不易方，斯有恒也。（《金樓子·立言上》）

> 任彥升云：「人皆有榮進之心，政復有多少耳。然口不及，迹不營，居當為勝。」（《金樓子·戒子》）

前兩則引文或許可以以道家無欲無累、儒家貧賤不移、莊子毀譽無礙於己等道理來解釋，但是和第三則引文並列觀之，似乎又不是單純地宣揚儒道的應世心態，而可說是接近於魏晉名士普遍所表現出的風流之姿，即個人儘可以追求仕進、富貴，但外在仍要表現出一種從容自在的閒適之感。相對於前文中勸人進德修業、注重修養之俗儒的人生準則，此處所顯現的則可視為蕭繹所欲表現出名士風流。

以上，藉著歸納、重組、分析的過程，所欲呈現的，是《金樓子》中思想內涵之概況。然而由於現存《金樓子》之內容存在著不夠整全的問題，我們所見到的關於其思想內涵方面諸多可能的主題、想法，也僅是一種假設、推測，假設蕭繹在寫作《金樓子》時，雖未必自覺地且成功地以一成體系的思維脈絡，作為其構思謀篇的線索，但至少有一定的思想傾向與關懷重心，作為其選取、纂輯的基本依據；在此假設之下，進一步推測構成其思想內涵的重要組成。於是，我們可以發現蕭繹在《金樓子》所輯錄的前人陳言或是

其個人少數的議論，雖然不及傳統諸子來得有系統性、主體性，但是或多或少，仍然提供了我們瞭解蕭繹思想的的一些線索。

三、《金樓子》之思想特質

總結上述所論，蕭繹《金樓子》中所涉及的思想內涵大致和傳統諸子有著相同的範疇與主題，但是所呈現出來的面貌卻與傳統諸子明顯不同，以下便以上文的討論爲基礎，進一步檢討、分析《金樓子》的思想特質。

（一）一圍之木持千鈞，五寸之楗制開闔，總之者明也。

透過對《金樓子》思想內涵的分析，大致可得出一個印象，即蕭繹實欲兼取眾家之長，以爲治國、修身之法。如在治國方面，蕭繹一方面採取儒家「德治」觀點，主張治國者當正心、修己進而齊家、治國；但是關於用人、選才的立場，又不限於儒家以「德行」爲優先的考量，而是結合了老子「不棄人」以及魏晉以來「唯才是舉」的用人觀，強調用眾、用賢，並兼取名家循名責實的概念，提出「量才授任」使「人盡其才」的論點；此外，關於墨家兼愛、兵家之學亦多有提及。至於修身處世方面，所提及的明哲保身、學行並重、崇儉忌奢等主張，雖不能完全對應至某家某子的思想，但是所談及之內容於諸子書中亦俯拾即是。在在都顯示出，蕭繹兼取眾家之學以爲己用的企圖心。事實上，蕭繹對於諸子之學的優劣短長亦有頗確當的理解，其言曰：

> 天下一致而百慮，同歸而殊途，何者？夫儒者列君臣、父子之禮，序夫婦、長幼之別。墨者堂高三尺，土階三等，茅茨不剪，采椽不斷，冬日以鹿裘爲禮，盛暑以葛衣爲貴。法家不殊貴賤，不別親疏，嚴而少恩，所爲法也。名家苛察繳倖，檢而失眞，是謂名也。道家虛無爲本，因循爲務，中原喪亂，實爲此風，何、鄧誅於前，裴、王滅於後，蓋爲此也。

引文內容雖多襲用《史記‧太史公自序》之言，但明顯刪去了太史公對陰陽家的評論，且增加了對道家的負面批評，由此亦可看出蕭繹個人的判斷，即各家之學互有短長，其中似以儒墨爲尊，而以法、名、道爲劣。然而，對於各家學說主張，蕭繹並不主張偏重某家而廢棄某家，反而認爲應善用各家之長，其言曰：

> 世有習干戈者，賤乎俎豆；修儒行者，忽行武功。范甯以王弼比桀

紂，謝混以簡文方報獻，李長有顯武之論，文莊有廢莊之説，余以
爲不然。余以孫吳爲營壘，以周孔爲冠帶，以老莊爲歡宴，以權實
爲稻糧，以卜筮爲神明，以政治爲手足。一圍之木持千鈞，五寸之
楗制開闔，總之者明也。

顯然蕭繹對於前人看重一家之學的偏執不以爲然，無論是文武之道、或是諸
子之學，甚至連卜筮一類的雜學，都應該善盡其用。全方位地利用各種學術
知識作爲自己治國、修身的參考，是蕭繹的理想目標。此點和其書中所流露
的兼取眾家之學以爲己用的企圖心正可相互呼應。然而，要如何妥善應用各
家之學呢？蕭繹提出「一圍之木持千鈞，五寸之楗制開闔，總之者明也。」
這個概念。但此句所指涉的意涵爲何？在前文討論蕭繹之用人觀時，曾提到
以下引文：

夫辟狙不可使搏雞，魁牛不可使捕鼠。今人才有欲平九州，并方外，
責之以細事，是猶用鈇斤翦毛髮也。夫據幹窺井，雖通視不能見其
情。借明於鏡以照之，則分寸可察也。吞舟之魚，蕩而失水，則制
於螻蟻，離其處也；猿狄失木，擒於狐狸，非其所也。故十圍之木，
持千鈞之屋；五寸之楗，制九重之城。豈其才之足任哉？所居得其
要也。（《金樓子・立言下》）

其中於「十圍之木，持千鈞之屋；五寸之楗，制九重之城。」之後，蕭繹進
一步說明：「豈其才之足任哉？所居得其要也。」對照此文，再回過頭來看「一
圍之木持千鈞，五寸之楗制開闔，總之者明也。」其意也就清明可見了。在
蕭繹看來，「用人」與「用各家之學」之原理、原則是相似的，人才有短長、
各家之學亦是，單用其一而欲面面俱到，必有其難處，因此，面對不同的問
題就應該善用不同的人才與學說，如此，自然能以小制大，兼顧全局。

　　在這樣的觀念下，即使《金樓子》中不時出現尊儒重經的主張，似乎顯
示出蕭繹是以儒家爲宗，兼取各家的雜家之流；但經過以上的討論，眞正貫
串整部《金樓子》之中，主導其思想走向的概念，應該並非是諸子之中的任
何一家，而是「一圍之木持千鈞，五寸之楗制開闔，總之者明也。」背後所
反映的「變通活用」的概念、主張。儘管蕭繹引用儒家之理討論治國、修身
之準則的言論爲數不少，但是蕭繹卻未主張以儒家統合他家便足以爲治的觀
念，反而是強調唯有「變通活用」，才能廣採諸子百家、甚至是以各個門類的
學術知識以爲己用，游刃有餘、無所不利。

除了上述引文外，《金樓子》中還有一些事例、議論，觸及此一「變通活用」的概念，如其言：

> 夫結繩之約，不可以治亂秦之緒；干戚之舞，不可解聊城之圍。且熊經鳥伸，非謂傷寒之治；呼吸吐納，又非續骨之膏。故知濟世各有其方也。(《金樓子・雜記上》)

> 非直是以，復須適時用矣。魯人有身善織屨，妻善織縞，而徙於越。或謂之曰：「子必窮矣！」夫屨而履，越人跣行；夫縞而冠，越人被髮，蓋無益矣。(《金樓子・立言下》)

> 昔玉池國有民，婿面大醜，婦國色鼻齆。婿乃求媚於此婦，終不肯回。遂買西域無價名香而熏之，還入其室。婦既齆矣，豈分香臭哉？世有不說適物而變通求進，盡皆此類也。(《金樓子・雜記上》)

以上三則引文，各有其強調之重點。如第一條引文，便是強調治世之法各有其方，一方面應與時俱進，另一方面則應針對實際面臨的問題而以不同之道解決之，似不認為能以一套方法對應一切問題。第二條引文則是藉著魯人欲遷徙至越國，若是欲以「織屨」、「織縞」作為謀生之本，則「必窮矣」之例，說明處事應知變通、「適時用」。再看第三條引文，同樣是藉著有趣的故事，點出「適物而變通求進」之理。蕭繹連番引用這些事理，似乎不是單純地為了有趣而已，因為，這些反映了「變通實用」的事理，正和其用人、用諸子學說的原則是一樣的。因此，由以上討論可見，蕭繹所著之《金樓子》雖不像傳統子書，能夠提出一些完整的理論，以之貫串全書，成其體系；但是就其少數的思想議論分析歸納，仍然依稀可見其於纂輯各家之說以論治國、修身處世之理時，有一「變通實用」的概念作為主軸，一方面是其纂輯的標準，另一方面也反映了蕭繹建構其說的出發點。

（二）由「一家之言」到「箴戒格言」

承上所述，《金樓子》中「欲兼取諸家之長以為己用」的主張，不正好就是傳統雜家所秉持的宗旨嗎？且看《漢書・藝文志》對雜家的評論，即言：

> 雜家者流，……兼儒、墨，合名、法，知國體之有此，見王治之無不貫，此其所長也。〔註91〕

反觀《金樓子》，似也是以「兼儒、墨，合名、法」作為思想的依據。但是，仔

〔註91〕《漢書・藝文志》

細觀察《金樓子》，儘管其涉及了諸子之學，也試圖以「整合變通」的觀點總理各家之說，但是，整部《金樓子》和傳統雜家卻隱然存在著許多差異。先就思想之組成來看，傳統諸子述道言治的載體是從語錄格言不斷地演進爲長篇大論的獨立篇章，由後人纂輯變爲子家自述其道。而《金樓子》，雖然蕭繹以「一家之言」爲追求目標，然其思想之組成，卻以剪裁、纂輯前人陳言而形成的「箴戒格言」爲主體。其中雖不乏有蕭繹自己的選取、判斷，亦多少可看出其觀點、主張，但是其觀點、主張並不深刻也無特出之處，和傳統諸子各有宗旨的一家之言實有差距。此外，傳統雜家雖以「兼取各家之學」爲最大特徵，但是其對於「治道」的關懷，亦是其特色所在。如《呂氏春秋》、《淮南子》此等正統雜家中的傑作，可說是兼取眾家，但又有其「思想的宗主和體系」；其內容雖然包羅萬象，但卻以「治道」爲終極關懷。反觀《金樓子》，即便我們將其散至於全書中的、與傳統諸子「述道言治」之內容相關者，分類羅列，使其望之與傳統諸子有著相近的論題與關懷重心，但是，實際上，此書中仍有一部份的內容與「述道言治」毫無關係，雖有些許哲理、玄思，看似諸子之語，但卻不具有思想上的深度也無涉於興治理想，且舉數例爲證，如其言：

> 夫矢人豈不仁於函人？矢人唯恐不傷人，函人唯恐傷人，故伎術不同也。射使人端，釣使人恭，登高而望，臨深而闚，事使然也。出林不得直道，行險不得履繩。鬻棺者欲民之死，蓄穀者欲歲之饑。船漏水入，壺漏內虛也。狂者東走，逐者亦東走；溺者入水，救者亦入水。事雖同而心異也。（《金樓子·雜記上》）

> 江出岷山，河出崑崙，涇出王屋，潁出少室，漢出嶓冢，分流同注於東海，出則異，所歸者同也。（《金樓子·立言下》）

> 登高使人欲望，臨深使人欲闚，處使然也。射則使人端，釣者使人恭，事使然也。或吹火而然，或吹火而滅，所以吹者異也。（《金樓子·立言下》）

以上數例，看似稍有哲理，頗有名辨色彩，但是真要分析其中有何深刻的涵意，卻十分困難。而這些道理又與治國、修身何關？也實在難以推斷。再如：

> 鋸齒不能咀嚼，箕口不能別味，楛耳不能理音樂，屬鼻不能達芬芳，畫月不能擬望舒之景，床足不能有尋常之步。跨孺子之竹馬，不免於勞腳；剝玉蚌之盈案，無解於虛腹。圖敖倉以救饑，仰天漢以解渴，指水不能赴其渴，望冶不能止其寒。陶犬無守夜之警，瓦雞無

> 司晨之益，塗車不能代勞，木馬不能馳逐。皆所忽也。亦猶草木有
> 龍膽、狗脊、虎掌、麝牙，而非四獸也。(《金樓子・立言下》)

引文所言，在《抱朴子》中亦有極類似的文句，〔註92〕但是葛洪之所以提及
這些事例，其意在說明任人應注意名實相符，其說似是針對東漢以來，任人
多以虛名為據的弊病。然而蕭繹除了襲用葛洪之言外，又再堆疊了許多相近
的事例，而羅列事例之後，本段亦嘎然而止，未見有總結評論文中眾多事例
的說明語或是進一步闡發的理論。事實上，這些看似諸子之語而無深刻意義
的文句，充斥於整部《金樓子》中。如此看來，蕭繹實是《漢志》、《隋志》
中所說的「漫羨無所歸心」〔註93〕、「不求其本，才少而多學，言非而博，是
以雜錯漫羨，而無所指歸」〔註94〕的雜家末流。即使《隋志》將其列為雜家，
但其內容則已由「一家之言」轉為「箴戒格言」的匯集，而與傳統、正宗的
雜家之屬，判若雲泥。

再就其思想格局來看，《金樓子》中看似諸子之語但無深意的文字自然不
用討論，但是就前文曾經討論過的、與治國、修身處世相關的內容，仍須進
一步探討其與傳統諸子的差異。在討論《金樓子》之「思想內涵」時，曾舉
出頗多實例，說明蕭繹寫作此書時，並非隨機、隨選，任意鈔纂前人陳言以
充篇幅，而自有其選取的標準與關懷的主題。但是，持平而論，這一部分看
似「述道言治」的內容，和傳統諸子之「述道言治」，在思想格局上，有著相
當大的差異。先秦諸子針對其時代所面臨的難題，提出了各有宗旨的思想議
論，其言說的對象是君王、是其他子家、是後學子弟；其言說目的是為了實
踐其學，影響政治、改善社會。漢代諸子雖以批判取代了深刻理論的提出，
但其立說著書仍是因有感於外在環境所存在的各種問題，而欲陳述一己的治
國理想與主張。然而，《金樓子》雖也論「治國」、論「修身處世」，但是所言
多是前人陳言的直接引用，或以己意稍加增刪、重組，其思想議論，並非著
眼於實際時局之問題，而較近於個人的讀書心得筆記；其所關懷者，亦非實
際政治、社會、百姓，而是個人對於古代典籍的興趣、對於自身周遭無關大
道之所見所聞的感觸、體會。瀰漫全書的是蕭繹個人對於「全身避害」所提
出的各種因應之道，充滿了蕭繹自省、戒子、炫才的意味，而與傳統諸子所

〔註92〕《抱朴子・外篇》卷三十八，〈博喻〉，頁281。
〔註93〕《漢書・藝文志》
〔註94〕《隋書・經籍志》

提出的治世理論、治國、修身的寶典相比，明顯是一種淪落。

　　以上，就蕭繹對其著作的理想與其書中可能隱含的宗旨而言，其意在「兼取眾家之長以為己用」，並以「變通實用」作為總理諸家之學的主導概念。然而，就《金樓子》中實際的思想組成與格局來看，此書的實際表現，顯然不如蕭繹預期，亦不符合傳統諸子、以及正統雜家的標準。其中我們看到蕭繹的思想充滿了理想與現實之間的矛盾衝突，他一方面以周孔自期，但關懷面向卻由天下國家到個人見聞；雖有興治色彩，但更多的是亂世中避害求全的應世準則；雖有「述道言治」、「修身處世」的討論，但所論皆是淺顯、通俗的事理，而缺乏深層的理論闡發與遠大願景。一切道理所對應的皆是如何可以「避免亡國」、「避免亡身」、「避免招禍」；而不是談如何融合各家學說解決當時所面臨的實際問題，或是以當時實際的問題作為議論的事例。其雖欲兼取各家之學以為己用，但所取內容卻非各家理論的精華核心。如此看來，《金樓子》也就成了一部稍具諸子之「形」，但卻不具其「神」的子書了。

第四節　關注議題與表現形式

　　經過前面幾節〔註95〕的討論，可發現無論是就《金樓子》寫作的意向或是其中的思想內涵與特質來看，蕭繹所寫的這一部子書與我們所熟知的先秦諸子或是兩漢諸子有著許多相異之處：其內容多纂鈔前人成言，思想貧弱並且欠缺興治精神，實不足以和傳統諸子相提並論。然而綜觀全書在選擇材料、分類排比以及重述前人話語的過程中，仍然有其不可忽視的用心及背後蘊含文化意義。因此，面對這樣一部雖列於「子部」但卻望之不似傳統子書的著作，重新檢視、分析其撰作特徵，並由此推測蕭繹撰作一部子書的策略，應有助於我們觀察、理解傳統子學於此一時期的轉變之跡。基於此點，本節所集中處理的問題在於：當傳統諸子「述道言治」、「各有宗旨」的基本特徵，在《金樓子》中不復可尋，那麼蕭繹究竟選取了哪些題材、形式作為其書的血脈、骨幹？如果當代與政治、社會相關的議題不是蕭繹寫作此書時念茲在茲的討論重心，那麼其關注焦點又轉移至哪些面向上？以上兩個問題主要是從「作者用心」的角度出發，思考蕭繹寫作一部「子書」的可能策略；但若換個角度，改由「讀者反應」的角度來考察，我們要問的是：若是藉著閱讀傳統諸子書，能夠讓我們從

〔註95〕見本論文第三章之第二節、第三節。

中觀察人間萬象的「道」、「理」，領略爲政治民的準則，體會各時期諸子所欲解決的時代議題，那麼在閱讀蕭繹之《金樓子》之後，能夠給予讀者什麼樣的啓發？讀者又能夠從此書中看到哪些內容？在下文中，將從「關注議題」與「表現形式」兩個方面，來探討以上種種問題，期能更深入地理解《金樓子》，並藉此考察六朝子學發展歷程中可能存在的種種新變。

一、關注議題

在閱讀《金樓子》時，每每對其內容感到訝異與困惑，訝異緣於我們無法從《金樓子》中覓得我們所熟悉的子書內容，反而不斷地發現此書中異於傳統諸子的關注議題；困惑則在於這樣一部著作也能算是子書嗎？蕭繹對於「子書」的想像又爲何？當我們以先秦諸子爲典範來檢視《金樓子》，看到的是這本書所欠缺不足之處；但若我們暫且拋開典範的束縛，則《金樓子》讓我們看到的或許是另外一種「子書」的可能。以下便就書中所涉及的各個關注議題，分別討論，一窺此書在內容方面所關涉的各個層面，並嘗試藉此描繪蕭繹寫作子書的可能藍圖。

（一）與「史」相關之議題

「史」的成分在傳統子書中，一直是個重要的存在。諸子書中，雖未必如專門史家有成系統、大篇幅的史事記載以及各家鮮明的史法、史識，但也不乏一些珍貴的史料以及子家們對於歷史事件與人物的論斷。諸子往往藉著史實的陳述，論證一己之觀點、學說，而其是非論斷的權衡往往與其學說密切相關。「以史爲鑒」的精神不僅只是史書的專利，在諸子書中，亦俯拾即是。然而，東漢以降之子書中，子家們不再只是利用歷史述道言治，而是開始增加史事的記載、對史實的評論以及對史書、史家的比較與探討，與「史」相關的議題以及對「史」的重視，在傳統子書的發展歷程中，呈現出不斷增加、增強的趨勢。此一趨勢也反映於《金樓子》中。蕭繹於〈戒子篇〉中有言：

> 凡讀書必以《五經》爲本，所謂非聖人之書勿讀，讀之百遍，其意自見。此外眾書，自可汎觀耳。正史既見得失成敗，此經國之所急，《五經》之外，宜以正史爲先。譜牒所以別貴賤，明是非，尤宜留意，或復中表親疏，或復通塞升降，百世衣冠，不可不悉。（《金樓子·戒子》）

蕭繹認爲，在浩瀚書海中，有三類書是最先應該閱讀的，依序是：「五經」、「正

史」、「譜牒」。而此三類書籍中又應以「五經」為本，其理由在於「五經」是「聖人之書」；其次應讀「正史」，因為其中的得失成敗等教訓有助於經國大業；其三則應讀「譜牒」，在「門第」觀念盛行的六朝，「譜牒」成為當代的必讀書目之一是很容易想見的現象。〔註96〕蕭繹所提出的必讀書目與次序，一方面反映當時某種社會需求與學術風氣，另一方面也代表其個人的學術關懷重心。「五經」、「正史」、「譜牒」三類書籍分屬於「經」、「史」兩大範疇，由「經」、「史」並提，而「史」又佔了三分之二此點看來，蕭繹重經，但其對於史的重視或許並不亞於「經」。此外，蕭繹對於為何讀書應以「五經」為本，未多加說明，或許是因為「經」的崇高地位無須解釋，但相較於其對「正史」、「譜牒」在內容、功用方面的說明，抬高「五經」的話語反倒顯得像是場面話，而映襯出其對於「正史」、「譜牒」之重要性的真實體認。因此，其所開列的書目雖以「經」為先，但實際上或許卻是以「史」為重的。只由一段話論斷蕭繹對「史」的重視，似有偏頗、武斷之嫌，但若我們仔細閱讀《金樓子》，可發現蕭繹在寫作這一部「子書」時，採用了許多與「史」相關的題材，亦流露出其對於「史」的關注。以下分別就《金樓子》中與「史」相關的內容分項逐一討論。

1、以史論理、考證史實、評論史事

傳統子書中，總結歷史教訓以陳治道的內容相當普遍，子家每每引述史事作為佐證、說明其學說主張的依據。而兩漢至魏晉之子書中，則經常可見考證史實、評論史事等相關的內容。這些內容同樣為《金樓子》所繼承、沿用。就「以史論理」這方面而言，蕭繹雖未有其個人成體系的思想學說，但《金樓子》中也頗有一些引據史事以為借鑒的諸子遺風，〈雜記下篇〉便有多條與此相關的資料，這一部分的資料，大致可分為兩種類型，茲以表格呈現，並分析說明之：

以史論理的兩大類型	以〈雜記下〉之資料為例
1、概舉史事，並以己意評論、歸納事理。	1.1 殷湯取士於商賈，周武取士於負薪，齊桓取士於車轅，大漢取士於奴僕。明王聖主，取士以賢，不拘卑賤，故其功德洋溢，名流竹帛也。
	1.2 趙簡子出畋，命鄭龍射野人，使無驚吾鳥。龍曰：「吾先君晉文公伐衛，不傷一人。今君一畋，而欲殺良民，是虎狼也。」簡子曰：「人畋得獸，我畋得士。」故緣木愈高者愈懼，人爵愈高者愈危。可不慎乎？

〔註96〕關於譜牒於六朝時期之發展情形，可參看郝潤華：《六朝史籍與史學》（北京：中華書局，2005年3月），p197～207。

	1.3 魏絳〔註97〕請施舍積粟，自公以下有積者，盡出之。國無滯粟，亦無困人；公無禁利，又無貪民。行之期年，國乃有節。此蓋邃古之法耳。今若開府，並以濟民，忽值妖賊，便當束手。此劉虞惜放火，〔註98〕所以見誅；仲堪〔註99〕賑貧，民於茲竄矣。〈雜記下〉
2、詳述史事，由人物對話烘托事理。	2.1 周君出獵，見白雁爲群，周君鼓弩欲射道之行者。其御公孫龍下車拊矢曰：「君以雁射人，無乃虎狼也。」
	2.2 齊桓公飲酒醉，遺其冠，恥之，三日不朝。管仲曰：「此非有國之恥，胡不雪之以政？」公曰：「善。」因發倉粟賜貧窮，論囹圄出薄罪，處三日而民歌之曰：「公胡不復遺其冠？」
	2.3 齊宣王晝臥於社山，父老十三人迎勞王。王命賜父老田不租，又無徭役。父老皆拜，而閭邱先生獨不拜。王問之，對曰：「臣願得壽而富貴也。」王曰：「夫生殺有時，壽非寡人所得許也。今倉廩以備災荒，無以富先生，大官無缺，無以貴先生。」閭邱曰：「不然，願大王選良吏以牧之，臣得壽矣；春秋振之以時，無煩擾百姓，臣得富矣；大王出令曰：『少者敬老』，則臣得貴矣。」王曰：「善夫！」

第一類中的資料，多是概舉史事，並以己意評論、歸納事理。蕭繹有時並未詳細交代歷史事件發生的前因後果，只是提煉出事件中具有代表性的特徵，加以引申發揮自身所領悟的道理，如資料 1.1，即是藉著四位「明王聖主」取士之事，強調其中的共同性在於「取士以賢，不拘卑賤」，用以說明任人之理。有時則是記載一段首尾俱全，且包含生動人物對話的事件，後於文末抒發己見，如資料 1.2 便是藉由趙簡子爲獵鳥而欲射人之事及其與鄭龍的對話，說明「緣木愈高者愈懼，人爵愈高者愈危」之理。暫不論蕭繹的心得感想是否太過跳躍，但這樣的形式的確是傳統諸子中習見的說理形式。然而，蕭繹並非呆板的採取同一種論述模式，也並非全然套用前代諸子書中常見的史事，而後略以己意評述之；而是另有自己所留意到的史事，以及自己的思考與辯證。如資料 1.3，蕭繹簡述了《史記・魏世家》中「魏絳請施舍積粟」一事，但其用意不是單純地嘉許此事，並欲效法之，而是以一種「變通」的眼光，認爲古代之美事，未必能施行於今日，甚至會導致負面的結果，如後漢之劉虞、晉之殷仲堪，前者所帶領之兵士，因戀惜民居，不忍放火毀之，最後導致兵敗的下場；後者開倉賑濟災民，雖見愛民之心，但最終也因此事

〔註97〕《史記・魏世家》
〔註98〕《後漢書・卷七三》
〔註99〕《晉書・卷八三》

而招致大患。在這段資料中，無論是所引用的史事或是論述的觀點，皆讓我們有耳目一新之感，是《金樓子》眾多雜鈔陳言之中，較具獨創性的言論，也讓我們看到，蕭繹對於歷史文獻不只是照抄而已，也有自己的觀點與體會。這一類引史說理的事例在《金樓子》中並不多，而具有蕭繹獨特見解者更是罕見。《金樓子》中最常見的引史說理的形式是詳述一段史事，其後並無蕭繹個人的評論、見解，而是由人物對話烘托事理，如表格中之「類型二」所列舉的事例：2.1、2.2、2.3，皆是如此。這種單純以史事為主，不加個人言論，但由歷史事件中之人物對話中自可看出一番道理的說理模式，在《韓非子‧說林》、〈外儲說〉、《新序》、《說苑》、《淮南子‧說林訓》、〈說山訓〉中，也可看到。總括而言，上述兩類引史說理的形式，雖與史有關，但所欲強調者仍是史事、故事背後的道理，可說是蕭繹對傳統子書的繼承之處。

　　除了「引史說理」外，「考證史實」也是蕭繹寫作《金樓子》時，所收錄的內容之一。〈雜記上篇〉中便出現一段蕭繹考證《史記》記載不確的文字，其言曰：

> 太史公書有時而謬。〈鄭世家〉云：「子產，鄭成公子。」而實子國
> 之子也。《尚書‧顧命》衛實侯爵，〈衛世家〉則言「伯爵」。斯又乖
> 也。《尚書》云：「啟金縢」是周公東征之時，《史記》是姬旦薨後，
> 又紕謬焉。其餘瑣碎，亦不為少。（《金樓子‧雜記上》）

暫且不論蕭繹的考證是否正確無誤，但從這一段資料可以發現，蕭繹在閱讀《史記》時，吸引其目光者不再侷限於興亡成敗所提供的經驗教訓，史書中「史實」的準確性、真實性同樣也是蕭繹所關懷的內容。將史書作為討論的對象，探討其敘事是否恰當的內容，在東漢桓譚《新論》、仲長統《昌言》以及西晉傅玄《傅子》等書中亦曾出現過，今整理其內容如下：

桓譚《新論》	＊太史公造書，書成，示東方朔，朔為平定，因署其下。「太史公」者，皆朔所加之者也。〔註100〕
仲長統《昌言》	＊遷為〈滑稽傳〉，敘優旃事，不稱東方朔，非也。朔之行事，豈直旃孟之比哉？而桓譚亦以遷內為是，又非也。〔註101〕
傅玄《傅子》	＊班固《漢書》，因父得成，遂沒不言彪，殊異馬遷也。〔註102〕

〔註100〕《新論‧離事》，頁48～49。
〔註101〕《昌言，雜事》，頁691。
〔註102〕馬總：《意林》（臺北：新文豐出版社，1984年），卷五引《傅子》，頁290。

	＊吾觀班固《漢書》，論國體則飾主闕而抑忠臣，敘世教則貴取容而賤直節，述時務則謹詞章而略事實；非良史也。〔註103〕

但若將這些資料與蕭繹之言作一對照，可發現，蕭繹所關注者和桓譚、仲長統、傅玄等人，皆有不同。桓譚之言針對《史記》整體內容而發，指出其中言「太史公」者，皆為東方朔所加。仲長統與傅玄則較為相近，分別針對《史記》、《漢書》，對其中的觀點、體例給予評論。回過頭看蕭繹之言，則是十分仔細地考證《史記》中的細部內容。從桓譚、仲長統至傅玄，雖然只是零星幾條資料，卻可看出子書之中對「史書」討論的增加與史學觀念的日益清晰。蕭繹在此方面的論述，雖著重於枝微末節的探討，無法看出其是否對史家義例或是史學觀念有更深刻的認識，但由其將《史記》之細部內容作為考證對象此點來看，可說是反映了當時人看重《史記》的現象。當人們化被動為主動地從接收、引用史書資料論證說理，到反思史書資料的正確性並考證之，「史書」受重視的事實，自是表露無遺。

此外，關於「評論史事」，其內容主要是指對歷史事件或人物的評論，這方面的內容在魏晉子書中十分常見，如殷基《通語》、袁準《正書》、《正論》、周昭《周子新論》、孫綽《孫子》、傅玄《傅子》等書中，便常有這類的討論。〔註104〕而這方面的內容也是蕭繹所關注的題材之一，在《金樓子》中有兩條資料，便屬於「評論史事」的範疇。其一是〈立言下篇〉中，蕭繹評論漢高祖劉邦以及漢世祖光武帝二人優劣的言論，其言曰：

> **曹植**曰：「……」**諸葛亮**曰：「……」**仲長公理**言：「世祖文史為勝。」
> **晉簡文**言：「光武雄豪之類，最為規檢之風。」**世誠**以為，子建言其始，孔明揚其波，公理導其源，簡文宏其說，則通人之談，世祖為極優矣。（《金樓子・立言下》）

這段文字中，蕭繹鈔纂了曹植、諸葛亮、仲長統、晉簡文帝論漢高祖、漢光武帝的言論，讓我們清楚看到他們對於這兩位漢代君主的評價，最後，蕭繹綜合諸家意見，提出「世祖為極優矣」作結。蕭繹並不直接針對漢之二祖的優劣作出其個人的評論，而是藉著羅列前人之說，最後歸納結論。這樣的論述，乍看之下似乎也是子書中常見的內容，在《傅子》中，也曾出現過以漢

〔註103〕同前註，頁290～291。
〔註104〕詳細內容請參見本論文之第二章、第三節〈六朝諸子——轉型與變質〉。

高祖、光武帝爲討論焦點的言論；〔註105〕但是，仔細觀察，可發現蕭繹已然意識到這個熱門的議題，卻無法提出深刻的個人見解，似乎能掌握到子書中應有的題材，然未能恰如其份的表述。除此，另有一條資料也涉及了歷史人物的評論，云：

> 諸葛、司馬二相，誠一國之宗師，霸王之賢佐也。孔明起巴蜀之地，蹈一州之土，省刑任法，整齊軍伍，步卒數萬，長驅祁山，慨然有河洛飲馬之志。仲達據天下十倍之地，仗兼并之眾，據牢城、擁精銳，無擒敵之意。若此人〔註106〕不已（死），則雍梁敗矣。方之司馬，理大優乎？（《金樓子‧雜記下》）

此處所討論的是諸葛亮與司馬懿二人的優劣問題，相較於前一段引文引據多位前人意見而略作評論的論述方式，此段文字較能看出蕭繹的個人觀點。蕭繹從歷史上所記載的、關於此二人的功績，相互比較，最後認爲，「蹈一州之土」的孔明能夠與「據天下十倍之地」的司馬懿抗衡多時，相較之下，以少抗多的孔明自然略勝一籌。翻檢《金樓子》以前的子書，著墨於孔明、司馬懿二人的討論並不少，〔註107〕雖未明確將此二人並列論其優劣，但普遍皆以孔明爲高，而蕭繹顯然接續了這個議題與觀點。

綜上而言，前代子書中常見的、與史有關的議題，如「以史論理」、「考證史實」、「評論史事」等，在《金樓子》中，仍是蕭繹所關注的題材之一。儘管蕭繹的論述缺乏深刻的、具主體性的見解與觀點，但畢竟可看出其確實意識到子書之中幾個與史有關的討論題材，也體現了當代諸子重「史」的趨勢。

2、以人物爲主軸的史料彙編

上述幾種蕭繹所關注的討論議題，或是承襲了傳統諸子「以史爲鑒」的述事手法，或是偏向「史論」的論述方式，但是基本上，仍不出諸子書的討論範疇，雖缺乏識見，但多少有些諸子的餘緒。然而，《金樓子》中，卻有另外一大部分的內容，偏離了傳統諸子既有的關注焦點與撰述模式，直接與史

〔註105〕《傅子》：「漢高祖度闊而網疏，故後世推誠而簡直；光武教一而網密，故後世守常而禮義；魏武糾亂以尚猛，天下修法而貴理」見《全晉文》卷四十九，頁511。

〔註106〕應是指諸葛亮。整段看來，是認爲孔明優於仲達。

〔註107〕如袁準《正書》，見《全晉文》，頁 579～580。殷基《通語》，見《玉函山房輯佚書》，頁2590～2591。張儼《默記》則全載諸葛亮〈後出師表〉，見《玉函山房輯佚書》，頁2826～2827。

書內容發生重疊的現象，可以視爲一系列「以人物爲主軸的史料彙編」。這一部分的內容集中見於〈興王〉、〈后妃〉、〈箴戒〉、〈說蕃〉，另外也散見於〈雜記〉之中。蕭繹筆下這一系列「以人物爲主軸的史料彙編」又可概略分爲三種類型，其一、特定人物之傳記寫作與彙輯。其二、紀錄與自己有關的事件梗概。其三、近當代人物、事件的記載。以下就各類型與相關事例詳論之。

（1）特定人物之傳記寫作與彙輯

《金樓子》的前三篇，依序爲〈興王〉、〈箴戒〉、〈后妃〉，各篇之中分別紀錄了歷代君主、后妃之事，今將各篇中所記載的人物表列如下，以便於觀察這些篇章的大致架構：

興　王　篇	箴　戒　篇	后　妃　篇
天皇氏、地皇氏、人皇氏	末喜、桀之妃	有虞二妃
太昊帝庖犧氏	夏桀	湯妃
炎帝神農氏	殷武乙	光烈陰后麗華
黃帝有熊氏	殷帝紂	漢明德馬皇后
少昊帝金天氏	周厲王	梁宣修容
帝顓頊高陽氏	西周君（西周武公）	
帝嚳高辛氏	秦始皇	
帝堯	秦二世	
帝舜	漢昌邑王（賀）	
帝禹	漢哀帝	
成湯	漢桓帝	
周文王	漢靈帝	
漢高祖（劉季）	魏明帝	
漢太宗（劉恒）	魏齊王芳	
漢世祖文叔（光武帝）	晉惠帝（衷）	
魏武帝曹操	宋景和子業	
晉世祖安世（司馬炎）	宋蒼梧王（昱）	
宋高祖德輿	齊武帝	
宋太祖義隆	齊鬱林王	
梁高祖武皇帝	東昏侯寶卷	

〈興王篇〉記載了自上古至梁以前之歷代君主，尤其是開國元首的事蹟。觀

其篇名及內容，所謂的「興王」，所指應是「能興盛一國」之賢主名君。所載之帝王事蹟多著重在發生於其身上的吉兆、神異之事，〔註108〕所推崇的帝王特質則為崇尚節儉、長於軍事或富有文才、愛好詩書、能賦詩等。〔註109〕蕭繹所欲強調的「興王」條件，一方面是發生在君主身上的外在的瑞兆，另一方面則在於其內的能力、品德。然考篇中所列之君王，未必皆是無懈可擊，如晉世祖司馬炎在位後期便多有昏昧之舉，〔註110〕然而蕭繹卻似刻意忽略，在〈興王篇〉中，營造出一幅又一幅、歷代興王的圖象。〈箴戒篇〉則是蒐羅了歷代昏庸荒淫之君主的事蹟。相較於〈興王篇〉，本篇中所列之帝王事蹟，多強調其奢侈淫佚、貪好酒色、僭越無度種種無德之舉以及其政將亡之前所出現的凶兆。〔註111〕若說〈興王篇〉所描繪的是一位理想君主所應具備的條件，〈箴戒〉之中則列舉出各種反面事例，用以說明衰世之君不能興國的種種因素。至於〈后妃篇〉之主旨，蕭繹於篇中小序有言：

> 夫以坤維厚載，實配乾道，月以陰精，用扶陽德，故能輔佐天子，求賢審臣。二妃擅於虞朝，十亂興乎周室，其所以卜世隆長，誠有以矣。（《金樓子・后妃》）

正可看出蕭繹寫作此篇之用心，乃是為了表彰「輔佐天子」之歷代后妃。不過相較於〈興王〉、〈箴戒〉兩篇，此篇內容篇幅較少，部分后妃事蹟只有草草數語，且無涉其品德誼行，如：

> 漢明德馬皇后，身長七尺二吋，方口美髮。（《金樓子・后妃》）

> 光烈陰后麗華，南陽新野人也。初漢世祖適新野，聞后美，心悅之，後至長安，見執金吾車騎甚盛，因嘆曰：仕宦當作執金吾，娶妻當得陰麗華。（《金樓子・后妃》）

就上所述，〈興王〉、〈箴戒〉兩篇合而觀之，正可視為一篇「歷代帝王史」，

〔註108〕如言帝嚳高辛氏「生而神靈，自言其名」，帝舜「龍顏大口，圓天日角，出額重鼻，足履龜文，……嘗夢擊天鼓」，漢世祖出生時「有赤光照室，影如五麟七鳳」，甚至記自己父親梁武帝「生而靈異，有盛德，頸光龍液，舌文八字，頂垂帶重邸，額照日象，有文在守曰『武帝』並上諱三字。」並見《金樓子・興王篇》。

〔註109〕如言宋高祖「清簡寡欲」，宋太祖「好讀史書，善楷隸，能文章」，梁武帝「究覽墳籍，神悟知機，讀書不待溫故，一閱皆能誦憶。」並見《金樓子・興王篇》。

〔註110〕詳見《晉書》卷三、帝紀第三。

〔註111〕如記秦二世「以鹿為馬，以蒲為脯」；記漢昌邑王賀於昭帝崩後「不哭」，在藩時則「有大鳥集於宮中，血污坐席」及「即位二十七日見廢」之事；記漢哀帝寵任董賢之事。似皆欲凸顯出國政之衰，必有其兆之理。詳見《金樓子・箴戒》。

而〈后妃篇〉之內容雖少，但也可與史書中的「后妃傳」並觀。這些題材，皆是傳統子書中所不曾出現的。除了記載帝王、后妃之事蹟外，《金樓子·說蕃篇》中詳細蒐羅了歷代蕃侯的事蹟，其篇名之下注云：

> 案此篇雜舉古侯王善惡之事，以列勸戒，而宗室爲多，其事多以類相從，如所謂昔蕃屏之盛德者，某某；功業無成者，某某是也。其他如劉章以下四人，則以武功著；劉長以下十二人，則多以悖逆得罪。意原書必各有標目，半佚之矣。（《金樓子·說蕃篇》）

依此注所言，並參照〈說蕃〉之內容，〈說蕃〉之大體綱要如下表所示：

1.古時有盛德之蕃王	2.昔蕃屏之盛德者	3.悖逆之侯王	4.其功業無成者
周公	劉德（〔漢〕河間獻王）	劉長（〔漢〕淮南厲王）	（悖逆爲亂者）
召公奭	劉游（〔漢〕楚元王）	剌王旦（漢）	司馬穎（成都王）（晉）
齊桓公	劉蒼（〔東漢〕東平憲王）	劉胥（漢）	司馬乂（武帝六子）（晉）
秦穆公	劉輔（漢）	劉荊（東漢）	司馬越（東海王）（晉）
楚莊王	劉羨（〔東漢〕陳敬王）	劉英（東漢）	（奢侈者）
宋襄公	劉睦（〔東漢〕）	劉端（漢）	劉餘（之 or 初）（漢）
	曹袞（魏）	劉彭祖（漢）	劉京（東漢）
	司馬攸（晉）	劉建（漢）	司馬道子（晉）
	劉休慶（劉修度）（劉宋）	劉去（漢）	劉休祐（劉宋）
	劉義慶（劉宋）	劉讓（漢）	劉義康（劉宋）
	蕭子良（南齊）	劉次昌（漢）	劉義恭（劉宋）
	王子隆（南齊）	劉宇（漢）	劉義宣（劉宋）
	劉安（〔漢〕淮南王）		劉休範（劉宋）
	曹子建（魏·陳思王）		蕭遙光（南齊）
	劉休元（玄）（劉宋）		蕭子響（南齊）
	劉章（〔漢〕朱虛侯）		
	劉非（〔西漢〕景帝之子）		
	曹子文（魏·任城威王）		
	司馬承（晉）		

由表中資料可看出，蕭繹在〈說蕃〉中，分別將三代、春秋時期、兩漢、魏晉、劉宋、南齊等時期的諸侯、蕃王分類整理、記載其事蹟。前人讀此篇時言「其事多以類相從」〔註112〕、「意原書必各有標目，半佚之矣」，〔註113〕就今日可見的資料看來，確實如此。〈說蕃篇〉中所記載的蕃王事蹟可以分爲好

〔註112〕見《四庫全書》本《金樓子》，〈說蕃篇〉標題下之案語。
〔註113〕同前註。

幾類，蕭繹有時直接點出其類目，然後依據時間先後順序列舉蕃王之事；部
分無類目者，我們也能由其內容判斷出其中幾位蕃王所共同具有的特色，例
如：悖逆犯上或奢侈僭越。總括言之，〈說蕃〉之中所記載的不外乎「蕃屛之
盛德者」、「悖逆爲亂者」兩大類型的諸侯、蕃王之事。所謂「蕃屛之盛德者」，
多是一些雅好詩書、謙恭勤學、謹言愼行、儉約孝順之人，自劉德起、至劉
長等，十之八九皆符合上述條件。而所謂「悖逆爲亂者」，則是一些奢侈荒淫、
無視長上、胡作非爲的蕃王，如表格 3、4 中所列者，多有因此而招罪亡身者。

〈興王〉、〈箴戒〉、〈后妃〉、〈說蕃〉之內容大致如上所述，考其內容，
多半出自於歷代史書，〔註 114〕另一部分，則有出自經書與諸子者。〔註 115〕但
是，特別值得注意的是，蕭繹並非只是將經、史、子中的史料，以類相從、
按時代先後排列整理，上述諸篇之中，也有出自蕭繹筆下的史傳之作。首先
在〈興王〉篇末，便有一篇蕭繹爲其父親梁武帝所撰寫的傳記。文章開頭先
是描繪武帝「生而靈異」，外表上各種的祥瑞徵兆以及異於同齡孩童的能力、

〔註 114〕 今考〈興王篇〉之內容，多與晉・皇甫謐《帝王世紀》相似。如敍古代帝王之
事，每段開頭必是「某帝，某某氏」，其後交代父母爲何人，及其異於常人的
出生狀況、豐功偉業等。以下分別從《帝王世紀》與《金樓子・興王篇》選取
一段談及炎帝神農氏的記載，以觀其相似性：《帝王世紀》：「神農氏，姜姓也。
母曰妊姒，有喬氏之女，名女登，遊於華陽，有神龍首感女登於尙羊，生炎帝。
人身牛首，長於姜水，有聖德，以火承木，位在南方，主夏，故謂之炎帝。都
於陳，在位百二十年而崩。」《金樓子・興王篇》：「炎帝，神農氏，姜姓也。
母曰女登，爲少典妃，遊華陽，有神龍感。女登生炎帝，人身牛首，有聖德，
以火承木，都陳，遷魯，嘉禾生，醴泉出，在位百二十年。」二者之內容大同
小異，而幾個關鍵點的敍述次序亦十分相近，我們也許可以大膽假設蕭繹在撰
寫〈興王篇〉時，有很大的可能是以《帝王世紀》作爲參考對象的。除此，〈興
王〉、〈箴戒〉、〈后妃〉、〈說蕃〉等篇之內容亦時有與《漢書》、《後漢書》、《魏
書》、《晉書》相似的文字，部分段落甚至可以看出是蕭繹從他人著作中截頭去
尾，稍加己意重組而成，以〈說蕃〉中所記之劉睦事爲例，其言：「劉睦少好
學，博通書傳，光武愛之，數被延納。顯宗在東宮，尤見幸。入則諷誦，出則
執轡。中興初，禁網尙闊，而睦性謙恭好士，千里交結，自大儒宿德，莫不造
門，由是聲價益廣。永平中，法憲頗峻，睦乃謝絕賓客，放心音樂。……」便
幾乎全鈔自《後漢書》中的〈劉睦傳〉，而略有增刪、合併。

〔註 115〕 以〈興王〉中關於舜之事的記載爲例，蕭繹除了參考《史記・夏本紀》、《帝
王世紀》中的內容外，似也一併參考了《尙書・舜典》、《大戴禮・五帝德》
以及《孟子・萬章篇》等篇章。只不過，當其中內容大致皆可由《帝王世紀》
中覓得時，蕭繹究竟是用功地整理經、史、子的資料匯聚成〈興王篇〉，或是
直接剪輯《帝王世紀》的文字以爲己用？在兩者並不矛盾、對立的情況下，
我們也許可以視此兩種情形有並存的可能。

舉止，在在均凸顯出武帝天賦異稟，具帝王之資。再者，則由各種事件烘托、強調武帝孝順、勤學、才學過人、氣度非凡，文末則盛讚「蓋虞舜、夏禹、周文、梁帝，萬載之中，四人而已。」將自己的父親抬高到與古代聖王並列，極盡歌功頌德之能事。而在〈后妃〉篇末，則有一篇蕭繹為自己母親宣修容所寫的傳。相較於為其父親梁武帝所寫的傳記而言，這篇文章，更能見出蕭繹對於母親的懷念與追思。〔註116〕文章中所記之事，有宣修容對蕭繹的諄諄教誨，以及各種生活上所發生的、能夠反映宣修容母儀天下之德行的事件。除了為自己的父親、母親寫傳之外，〈說蕃〉之中也有南齊諸侯王，如蕭遙光、蕭之響等人的傳記，文雖簡短，但所記載之事，卻多有正史所未見者。如〈說蕃〉篇中記：始安王蕭遙光「將敗，都不復識人」、「於時名士皆在側，見不識人，沈昭略、昭光之徒，一時皆去」之事；遙光「性聰察、善吏政」，深受東昏侯信任之事；東昏侯死後與後主失和之事，以及最後被殺的情景，這些事件，多有《南史》、《南齊書》中所未詳者。上述這些篇章，擺放於史書之中，或稍嫌流於主觀、失之片面，但其性質畢竟是近於「史」，而遠於傳統諸子。不論是蕭繹彙集前代史書中的資料或是自己記載的資料，類似這樣將特定人物之傳記彙為一編引為子書的內容，可說是突破了傳統諸子既有的題材限制，將「史傳」寫入「子書」中了。

（2）紀錄與自己有關的事件梗概

除了「特定人物之傳記寫作與彙輯」這一部分的內容外，《金樓子》中也常見到蕭繹紀錄了一些與自己有關的事件梗概。蕭繹嘗言：「人間之世，飄忽幾何？如鑿石見火，窺隙觀電，螢睒朝而滅，露見日而消，豈可不自序也？」〔註117〕或許是基於這種亟欲在短暫生命中，證明自己曾經存在的企圖，使得蕭繹於《金樓子》記載了許多與「自己」有關的事，敘述其自以為不凡的各種經歷。若說〈興王〉、〈箴戒〉、〈后妃〉、〈說蕃〉等篇，是蕭繹選取了一些特定的人物所撰寫、彙編的人物類傳；〈自序〉篇中所述，則可說是蕭繹之自傳。雖然〈自序篇〉的內容是由一小段、一小段的事件所組成，不像〈興王〉、〈后妃〉中蕭繹為梁武帝、宣修容所寫的傳記那麼完整，但是將這些零散的

〔註116〕日本學者興膳宏曾就此篇作過詳細討論，撰有〈由兒子寫的一篇母親傳——關於《金樓子》后妃傳〉，收錄於葛曉音主編之《漢魏六朝文學與宗教》（上海：上海古籍出版社，2005年），頁8～19。

〔註117〕語出《金樓子‧自序篇》。

段落組織起來，也足以補充史書所未言者，讓我們對蕭繹之生平、個性、交遊等有更具體的認識。今觀〈自序篇〉之內容，除了篇首小序、以及第二條記載葛洪言論、最末一條記載石季倫之事外，共計有九小段，幾乎全是蕭繹以第一人稱所撰寫的個人生平事蹟。如其言：

> 余六歲解爲詩，奉敕爲詩曰：「池萍生已合，林花發梢稠；風入花枝動，日映水光浮。」因爾稍學爲文也。（《金樓子・自序》）

所記載的是自己六歲便能作詩之事，文字看似平淡，但與〈興王〉、〈說蕃〉之中那些蕭繹極力稱讚的、有文才的君主、諸侯對照觀之，似能感受到蕭繹頗以此事爲傲，且欲追步前賢之心。再看到另外一條資料：

> 余不閑什一，憎人治生，性乃隘急，刑獄決罪，多從厚降。大辟之時，必有不忍之色，多所捶扑，左右之間耳。劉之亨嘗語余曰：「君王明斷不凡，此皆大寬小急也。」天下萬事，汎汎罪犯，余皆寬貸之，必有不遜者，多不蒙宏貸也。（《金樓子・自序》）

則是記載自己「刑獄決罪，多從厚降」，不忍將嚴刑重罰施諸於人的慈愛表現。除了自吹自擂自己的才能、品德之外，蕭繹還記下了一些足以反映其風流意態的言行舉止，如：

> 余性不耐奏對，侍姬應有二三百人，並賜將士。（《金樓子・自序》）

> 余不飲酒，而又不憎人飲，每遇醉者，輒欣欣然而已。（《金樓子・自序》）

蕭繹眼中的自己，和我們從正史中認識的蕭繹，有著很大的差距。史書中的蕭繹是汲汲營營於爭權奪利，爲了奪取王位，不惜殘害手足，而且個性褊急、多忌，怎樣都與風流瀟灑、平易近人的形象搭不上邊。然而，在他筆下，自己的個性是不拘小節、好相處的。另外，〈自序〉中還記載了蕭繹小時苦讀、以及好易卜、易卜靈驗、與僧人學誦咒等事，皆可從中看出蕭繹的才能與興趣。除了〈自序〉之外，在〈雜記〉之中也有一些資料，同樣是蕭繹以第一人稱的敘事筆法記載自己經歷的文字，如下文：

> 余以九日從上幸樂遊苑，被敕押伏蒙敕板。軍主新從荊還，人馬器甲震耀京輦，百姓觀者如堵牆焉。上諸子之中，特垂慈愛，相賚相接，其日賦詩，蒙賞其晚，道義被稱，左右拭目，朋友改觀。此時天高氣清，炎涼調適，千載一時矣。上謂人曰余義如荀粲，武如孫策，余經侍副君講。時季秋也，召登含露之閣，同時奉令者，定襄

> 侯、祇舍人、庾肩吾而已。曲蒙恩宴，自夜至朝，奉玉浴之溫，入
> 銅龍之省。瞳矓日色，還想安仁之賦；徘徊月影，懸思子建之文。
> 此又一生之至樂也。余後為江州刺使，副君賜報曰：「京師有語曰：
> 『議論當如湘東王，仕宦當如王克時。』」始為僕射領選也。(《金樓
> 子·雜記上》)
>
> 余作金樓子未竟，從荊州還都。時有言是鍛真金為樓子者，來詣余，
> 三爵之後，往往乞借金樓子玩弄之。應大奇巧，此則近可咍也。(《金
> 樓子·雜記上》)
>
> 余好為詩賦及著書。宣修容敕旨曰：「夫政也者，生民之本也。爾
> 其勗之。」余每留心此處，恆舉燭理事，夜分而寢。(《金樓子·
> 雜記下》)
>
> 余六歲能為詩，其後著書之中，唯《玉韜》為最善。(《金樓子·雜
> 記下》)

這些內容雖然被歸類於〈雜記篇〉中，但所述之事和〈自序〉中之記載，性
質相近、句式吻合，皆可說是蕭繹為自己生平留下見證、紀錄的自傳性文字。

　　類似上述的內容，在先秦諸子中，不是沒有相近者，以《論語》、《孟子》
為例，中亦多有記載孔子、孟子其人其事之內容。然而，需要注意的是，孔、
孟之事蹟是由弟子以第三人稱的觀點所敘述的，至於《金樓子》中蕭繹之生
平經歷，則是由蕭繹自己以第一人稱的觀點，為自己的一言一行做紀錄。兩
者之間的差異，一方面反映出蕭繹自視不凡的心理，另一方面也再一次反映
出《金樓子》作為一部「子書」，其題材內容所發生的質變。

　　（3）近當代人物、事件的記載

　　在傳統子書中，子家除了引述古代歷史、傳說以說理、論政外，有時也
會述及近當代的人物、事件，加以批判、討論，佐證己說，其中尤以兩漢諸
子書為顯例。這一部分的資料，固然可以視為補證史書的史料，但推考子家
最初的寫作用心，應不是為了「撰述歷史」，而在於「述道言治」、「闡明己說」。
在魏晉子書中，這一方面的內容有增多的現象，而其中「史」的成分則有逐
漸高於「說理」成分的趨勢。例如諸葛亮、司馬懿兩相抗衡、鼎立的史事，
便是其中一項熱門議題，但子家們所強調之焦點，卻日益集中在事件本身以
及人物評論，而非事件背後所蘊含之「道理」。此一趨勢在《金樓子》中發揮
得淋漓盡致，蕭繹對「史」的關注與興趣，除了表現於彙輯、撰寫帝王、后

妃、諸侯及其個人的傳記外，還在於記載與其年代相近之其他人物與事件。
此處所指的「人物」、「事件」，並非蕭繹於《金樓子·志怪》、〈捷對〉中所記
載的異聞怪事或是妙趣橫生、機智敏捷的人物對話，也不是〈雜記篇〉中先
記一些時人話語、事件，之後再略為闡明個人心得體會者；〔註118〕而是指一
些內容完整、頗具史傳神韻的人事記載。如蕭繹記劉穆之之事，言：

> 劉穆之居京下，家貧。其妻江嗣女，穆之好往妻兄家乞食，每為妻
> 兄弟所辱，穆之不為恥。一日，往妻家食畢，求檳榔。江氏兄弟戲
> 之曰：「檳榔本以消食，君常飢，何忽須此物？」後穆之來為宋武佐
> 命，及為丹陽尹，乃召妻兄弟設盛饌。勸酒令醉，言語致歡。令廚
> 人以金柈貯檳榔一斛，曰：「此日以為口實。」客因此而退。（〈雜記
> 上〉）〔註119〕

不論這段引文之後是否原有蕭繹的評論之語而今已亡佚，若僅就上述內容看
來，可說是一篇有清楚的因果關係、有情節進展，深具故事性的短文。文中
未見蕭繹之評論，但人物的個性、言行表現，卻躍然紙上、歷歷分明，蕭繹
的褒貶也暗含於其中。劉穆之入贅江家，為妻子之兄弟羞辱，卻不引以為恥
的吞忍、沈潛；江家兄弟輕視貧窮的劉穆之，而故意戲弄他的醜惡面目；以
及最後劉穆之發達之後看似不計前嫌大宴妻子之兄弟，而後巧妙地抒發早時
被辱之怨氣。這些內容除了補充了《宋書》本傳之不足，解釋何以史書中的
劉穆之會有「性豪奢，食必方丈，……」的表現；〔註120〕另一方面，這些內
容本身也正反映了蕭繹不僅蒐集史書、有主題地彙輯史料，或許還意欲以史
家的筆法撰寫歷史。關於此段引文，劉躍進曾讚曰：「人情之冷暖，世態之炎

〔註118〕如〈雜記上〉中記南陽劉類之事為例，蕭繹言：「南陽劉類，好察民間，聞狗
　　　　逐豬子聲，謂吏殺豬，便曳五官掾。孫彌時在職，有三不肯遷之也，吏題其
　　　　門曰：「劉府君三不肯。」此戒褊急也。余豈可不三復斯言哉？」又如：「宋
　　　　山陽王休祐屢以言語忤顏色。有庾道敏者，能相手板。休祐以己手板託為它
　　　　許，令占之，庾曰：『此板相乃甚貴，然後使人多譽忤。』休祐以儲淵詳密，
　　　　乃換其板。它日，淵得侍帝，自稱『下官』，太宗多忌，甚不悅。而手板往往
　　　　入相，余以為信然。」這些段落雖也記載人物、事件，且文末都有蕭繹的評
　　　　論，然後此處的「評論」往往只是一些無關宏旨的心得感想，事件經過、人
　　　　物心態的描寫並未多加敘述，和《金樓子》中其他充滿史傳色彩的文字相比，
　　　　此等內容較接近瑣碎見聞之雜記與心得。
〔註119〕參看《御覽》971引《宋書》，所載之事大致與此同。
〔註120〕劉躍進亦曾言及此意，其說詳見〈關於《金樓子》研究的幾個問題〉，頁171
　　　　～172。

涼，寥寥數筆，傳神寫照，頗得《漢書‧朱買臣傳》之神韻。」〔註121〕可謂的評。再如記顏師伯要倖之事：

> 顏師伯要倖，貴臣莫二，而多納貨賄，家累千金。宋世祖常與師伯樗蒲籌將決，世祖先擲得雉，喜為必勝；師伯後擲得盧，帝失色。師伯擲遽斂手佯曰：「幾作盧爾。」是日，師伯一輸百金。（《金樓子‧雜記上》）〔註122〕

據《宋書》顏師伯本傳，可知顏師伯「少孤貧」，但自從「王景文時為諮議參軍，愛其諧敏，進之世祖」之後，因其「善於附會」故「大被知遇」，此後便是一路官運亨通的榮景，〔註123〕甚至後來「居權日久，天下輻輳，游其門者，爵位莫不踰分。多納貨賄，家產豐積，伎妾聲樂，盡天下之選，園池第宅，冠絕當時」。然而關於顏師伯如何「善於附會」討世祖歡心，卻未說明。而這個疑問，在《南史》中可以得到解答，《南史》顏師伯本傳有言：

> 孝武踐阼，以為黃門侍郎，累遷侍中。大明元年，封平都縣子。親幸隆密，臣莫二。多納貨賄，家累千金。孝武嘗與師伯樗蒲，帝擲得雉，大悅，謂必勝。師伯後得盧，帝失色，師伯遽斂子曰：「幾作盧。」爾日，師伯一輸百萬。仍遷吏部尚書、右軍將軍。上不欲威權在下，前後領選者唯奉行文書，師伯專情獨斷，奏無不可。〔註124〕

其中對於顏師伯取悅孝武帝，有著詳盡、生動地描寫。孝武帝在博奕之中由以為勝算在己而「大悅」到看著師伯就要勝過自己時大驚「失色」；師伯「遽斂子」佯稱「幾作盧」，而後「一輸百金」的刻意討好。在這之後，史官再接著敘述師伯屢屢升遷、權傾一時之事，如此一來，正可說是對師伯「善於附會，大被知遇」這八個字，作了再清楚不過的注解。然而，需要注意的是，《南史》中這一大段劇情生動的文字，似非出自史臣之筆，因為我們在《金樓子》中便可發現幾乎如出一轍的文字敘述。蕭繹於〈雜記篇〉中所記載的「顏師伯要倖」之事，幾乎全被唐代編纂《南史》的史臣們照鈔、收錄。可見蕭繹對於近當代人物事件的記載，不只是能得史傳之神韻，而是可直接收入正史，成為史傳中一個重

〔註121〕此語出處同前註，頁172。
〔註122〕參看《宋書》卷七七，《南史》卷三十四。
〔註123〕《宋書》載其自世祖踐阼後，歷任「黃門侍郎，隨王誕驃騎長史、南郡太守。改為驃騎大將軍長史、南濮陽太守，御史中丞」，及至世祖臨崩，還「受遺詔輔幼主，尚書中事，專以委之。」在在可見其受到世祖重用，權傾一時。
〔註124〕《南史》卷三十四、列傳第二十四。

要的段落。〔註125〕另外，蕭繹記載南朝僞蜀馬耽之事，也頗值得注意。關於馬耽其人其事，主要附載於《晉書‧譙縱傳》以及《宋書‧朱齡石傳》中，然而《晉書》、《宋書》彼此所言又有異同，同者在於皆記載馬耽「封倉庫以待王師」之事；異者在於，《晉書》較《宋書》多記載了一段涉及馬耽之死的文字，云：

> 朱齡石徙馬耽於越嶲，追殺之。耽之徙也，謂其徒曰：「朱侯不送我京師，滅口也，吾必不免。」乃盥洗而臥，引繩而死。須臾，齡石師至，遂戮尸焉。〔註126〕

文中雖提及馬耽遭朱齡石徙邊、追殺以及後來「引繩而死」，死後又遭「戮尸」的慘事，但馬耽爲何會被朱齡石遷徙至越嶲，又何以遭朱齡石追殺？這些問題無論在《晉書》、《宋書》中都無法找到答案，而關於馬耽這個人，在朱齡石討伐僞蜀譙縱的事件中，似乎只是個無關緊要的小角色。但是，回過頭看蕭繹對馬耽的記載，其言曰：

> 馬耽以才學知名，譙縱文表皆耽所製，會則賦詩多箴諫。蜀土聞王師當至，耽方檢封儲藏，爲國防守。朱齡石具以聞，耽性軒傲，故猶徙邊。自發之後，諸譖日至，耽越嶲界，謂所親曰：「朱侯不因我下，而見遣來此，必惑於眾口，恐卒不免也。」居無幾，而聞蜀信當至，遙判知盡，沐浴席地安臥，作詩畢，嘆曰：「所恨生於亂世矣！我雖不引樂，比於瞑目，信有事。便隨宜見殺，勿嘆我狂也。」言訖，泯然，若已絕矣。蜀使繼至，一遵其言，戮尸訖無所知，此爲能耿介也。（《金樓子‧雜記上》）〔註127〕

由引文，我們可以清楚看到馬耽與譙縱、朱齡石彼此之間的關係。因才學受到譙縱重用的馬耽，卻因「性軒傲」而遭徙邊，又因爲受到他人毀謗、誣謟，最後仍未得身全。文中馬耽對於自身處境的準確判斷，坦然面對死亡的無奈與鎮定，「言訖，泯然，若已絕矣。蜀使繼至，一遵其言，戮尸訖無所知」，簡短的敘述中，卻將當時場面的蕭穆、蜀使的殘暴以及馬耽的堅忍，刻畫地得淋漓盡致。在《晉書》、《宋書》之中毫不起眼的馬耽，在此卻成了蕭繹筆下的「耿介」之士。

〔註125〕此處雖言「記載」，事實上我們無法確知〈雜記上〉之內容是否眞爲蕭繹自著或出於其引述而被留存，然而無論是何種情況，都能表現出《金樓子》的價值地位。

〔註126〕《晉書‧譙縱傳》

〔註127〕見《晉書‧譙縱傳》、《宋書‧朱齡石傳》，各書不同，互可參看。

類似上述所說的，蕭繹對於近當代人物、事件的記載，爲數尚多，如劉撝〔註128〕與齊武帝交游、相善之事，〔註129〕與孟昶妻以巧計幫夫之事〔註130〕等皆是。這些內容既非單純地纂鈔陳言，也不同於傳統諸子「以史爲鑒」、「以史說理」的風格，而似是以史家眼光與筆法，爲前朝舊事留下紀錄。蕭繹似已由「運用歷史故事來論述己說」轉變爲「歷史事件的見證、敘述」，其所關注的焦點，明顯有異於傳統諸子。

3、簿錄的編纂：以〈著書篇〉為例

《金樓子》中與「史」相關之內容除上述兩點外，「簿錄之編纂」也是一項引人注目的題材。西漢劉向作《別錄》，劉歆作《七略》，是爲簿錄之始。而後由東漢班固《漢書·藝文志》至魏時荀勗《中經新簿》，六略分類法逐轉變爲四部分類法。其後陸續有人對簿錄之法提出修正意見，但基本之形式大體不出於此。這些簿錄之書多是針對歷代所有圖籍所作，並隨著圖籍之發展而發展出各種分類樣態。然而，蕭繹卻將簿錄學之概念運用至編排自身著作，並有系統地紀錄、說明之。今整理《金樓子·著書篇》之內容如下表：

著　書　篇		
書　　名	袟/卷	原注與四庫館臣之案語
連山	3 袟 30 卷	原注金樓年在弱冠著此書，至於立年其功始就，躬親筆削，極其有勞。
金樓秘訣	1 袟 22 卷	原注金樓纂，即連雜事無奇也。
周易義疏	3 袟 30 卷	原注金樓奉述制義，私小小措意也。案《梁書·本紀》
禮雜私記	5 袟 50 卷	「義」作「講」，三十卷作十卷。 原注十七卷未成。
右 4 件，132 卷，**甲部**。		

〔註128〕《南齊書三七》作「到撝」

〔註129〕見《金樓子·雜記上》：「劉撝少有豪氣，家產富，厚自奉養，伎妾藝貌當時絕倫。築館穿池，雅有佳趣，飲食珍味，貴游莫及。當世之士，皆願與交，撝隨方接對，無不諧款。齊武帝微時，撝未之識，時嘗附人車載至撝門，同乘與撝善，獨下造焉。言畢而辭退，撝怪而問焉。對曰：『與蕭侍郎同車。』撝自至車後請焉，既而歡飲如舊相識。齊武甚懷之。」

〔註130〕《金樓子·雜記上》：「孟昶立功，專由妻也。昶謂妻曰：『劉邁毀我於桓玄，正應作賊耳。』妻曰：『觀君非謀及婦人，或由須錢財故也。』於是下其絳帳，姊妹適人者有帳，並縫衣服，皆方便借取，密壞爲襖，得三十餘領。及平京城，昶軍容最盛。」另可參看《晉書》九六〈孟昶妻周氏傳〉。

註前漢書	12 袟 115 卷	
孝德傳	3 袟 30 卷	原注金樓合眾家孝子傳成此。
忠臣傳	3 袟 30 卷	案《隋書‧經籍志》有《顯忠傳》三卷，梁元帝撰。
丹陽尹傳	1 袟 10 卷	原注金樓為尹京時自撰。
仙異傳	1 袟 3 卷	原注金樓年小時自撰，其書多不經。
黃妳自序	1 袟 3 卷	原注金樓小時自撰，此書不經。
全德志	1 袟 1 卷	原注金樓自撰。
懷舊志	1 袟 1 卷	原注金樓自撰。
研神記	1 袟 1 卷	原注金樓自為序，付劉穀纂次。
晉仙傳	1 袟 5 卷	原注金樓使顏協撰。案《梁書‧顏協傳》，協所撰《晉仙傳》五篇。
繁華傳	1 袟 3 卷	原注金樓使劉緩撰。

右 11 件，211 卷，**乙部**。

孝子義疏	1 袟 10 卷	原注奉述制旨，并自小小措意。案《梁書‧本紀》武帝有《老子講疏》，元帝有《老子講疏》四卷。今自注云：「奉述制旨」，則「孝」字即「老」字之訛，「義」字即「講」字之訛，但卷數不同，未敢輒改，復識於此。
玉韜	1 袟 10 卷	原注金樓出牧渚官時撰。
貢職圖	1 袟 1 卷	
語對	3 袟 30 卷	
同姓同名錄	1 袟 1 卷	案《梁書‧本紀》作《古今同姓名錄》一袟一卷（原注金樓撰）
式苑	1 袟 3 卷	原注金樓自撰。案《梁書，本紀》有《式贊》三卷，「苑」字疑訛。
荊南志	1 袟 2 卷	原注金樓自撰。
江州記	1 袟 3 卷	
奇字	2 袟 20 卷	原注金樓付蕭賁撰。
長州苑記	1 袟 3 卷	原注金樓付劉之亨撰。
玉子訣	1 袟 3 卷	原注金樓付劉緩撰。
寶帳仙方	1 袟 3 卷	
食要	1 袟 10 卷	原注金樓付虞預撰。
辯林	2 袟 20 卷	案《隋書‧經籍志》，《辯林》二十卷，注蕭賁撰。
藥方	1 袟 10 卷	
補闕子	1 袟 10 卷	原注金樓為序，付鮑泉東里撰。
譜	1 袟 10 卷	原注金樓付王琨撰。
夢書	1 袟 10 卷	原注金樓使丁覘撰。

右 18 件，160 卷，**丙部**。

安成煬王集	1袟4卷	《隋書‧經籍志》安成煬王集五卷
集	3袟30卷	案《梁書‧本紀》，《文集》五十卷。《隋書‧經籍志》作五十二卷，又有《梁元帝小集》十卷。疑作此書時方三十卷，非訛也。
碑集	10袟100卷	原注付蘭陵蕭奔撰。案《隋書‧經籍志》梁元帝撰《雜碑》二十二卷，《碑文》十五卷，此作百卷，疑至隋時已失其全。
詩英	1袟10卷	原注付瑯琊王孝祀撰。案《隋書‧經籍志》有《詩英》九卷，注《謝靈運集》，注又云梁十卷不著姓名，擬即元帝此書。
右4件，144卷，丁部。		
內典博要	3袟30卷	案《梁書‧本紀》作一百卷
已上677卷		

今存之《金樓子‧著書篇》可分爲兩大部分，其一即是上表所列之內容，敘述蕭繹親著或由蕭繹指定某人撰著等書籍之卷袟數目，其後或有注語交代撰著者是誰。〔註131〕其二則是蕭繹爲上述書籍所撰寫的書序、篇序，如〈孝德傳序〉、〈忠臣傳序〉、〈忠臣傳‧諫諍篇序〉，或是隨書上陳之表，如〈上忠臣傳表〉等。我們於此所要特別的討論的，即是第一個部份，屬於簿錄之學的內容。由表中可知，蕭繹所採取的是四部分類法，將分屬於經、史、子、集之圖籍，依甲、乙、丙、丁之次序與部門分類記述。這樣的分類法，一方面繼承了荀勗所創之四部分法，另一方面則似是依據東晉李充之說，在四部之次序上做了更動，將原屬於乙部之諸子，調至丙部，繼而將原居於丙部之史記提升至乙部，呈現出大致以「五經、六藝爲甲部，史傳、雜記爲乙部，諸子、術數爲丙部，詩賦、文集爲丁部」的分類模式。最後，則於四部之後，另收佛教類著作《內典博要》。這樣有條理地區分四部、以及將佛教類著作獨立自成一類的目錄分類觀念，可說已經和後來十分成熟的圖書目錄《隋書‧經籍志》非常近似了。〔註132〕

〔註131〕需要説明的是，這部分的內容經過四庫館臣的考證，可以確定並非經後人增補而成，而是《金樓子》所原有。在四庫本《金樓子‧著書篇》篇名下有館臣案語，其言：「案《金樓子》目錄有〈著書篇〉。《永樂大典》《金樓子‧聚書篇》後，有自『連山三袟』至『已上六百七十七卷』云云。今按其文，蓋係〈著書篇〉正文脱其篇目，因誤與〈聚書〉合爲一篇，今分爲〈著書篇〉。」以此可見此部分之內容實爲蕭繹所作。

〔註132〕事實上，若我們將《金樓子‧著書篇》與王儉《七志》、阮孝緒《七略》以及

　　如上所論，梁代蕭繹對於簿錄之學中之四部分類頗有概念，就上述表格中之記載而言，簡直可說是一部小型的、私人的圖籍目錄。然而，細看其中內容，有幾個頗值得特別提出討論的現象。第一、篇中乙部所著錄之書，大部分皆可於《隋書‧經籍志》「雜傳類」中尋得，如《孝德傳》、《忠臣傳》、《丹陽尹傳》、《懷舊志》、《全德志》、《研神記》等。然而，同被《隋志》納入史部、雜傳類中的《同姓同名錄》，〔註133〕蕭繹卻將其劃入丙部，與諸子、術數合爲一編。至於篇中丙部所著錄之書，大部分未收入《隋志》之中，我們無法進一步瞭解其確實內容爲何。然而，若就書名並參照《隋志》著錄作臆測，約可分爲幾類，以表格示之如下：

類　　別	圖　　籍
道家	《老子義疏》〔註134〕
兵家	玉韜〔註135〕
縱橫家	補闕子〔註136〕
小說家	辯林〔註137〕
雜學	語對〔註138〕、奇字
醫方、五行	寶帳仙方、食要〔註139〕、藥方、玉子訣、夢書〔註140〕

後來的《隋書經籍志》並列觀之，可發現彼此之間明顯反映出傳統目錄分類方法的演變過程，四者之間隱然有一脈絡可尋。不過，需要注意的是，蕭繹雖與王儉、阮孝緒時代相近，但是其圖書分類觀點卻和此二人有所不同。三者同將佛教之書別爲一類，但是對於地理、譜牒之作，蕭繹將其歸於子部，王儉卻將此二類書籍由子部中獨立出來，阮孝緒則進一步將其歸於近於史部的「紀傳錄」，此後《隋書‧經籍志》則延續此一觀點。由此可見當時人對於圖籍彼此性質的判定從分歧、模糊走向統一的過程。關於兩晉南北朝時期圖書分類體系之變遷，可參看辛德勇撰寫之〈由梁元帝著述書目看兩晉南北朝時期的四部分類體系──兼論卷軸時代卷與帙的關係〉，《文史》第四輯、1999年總期數49，頁51～63。

〔註133〕《隋志》作《同姓名錄》。

〔註134〕據四庫館臣之考證，此書應爲《老子義疏》，在《金樓子‧著書篇》中，館臣案語云：「案《梁書‧本紀》武帝有《老子講疏》，元帝有《老子講疏》四卷。今自注云：『奉述制旨』，則『孝』字即『老』字之訛，『義』字即『講』字之訛。」其言甚是，本表據此而改之。

〔註135〕《隋志‧子部》「兵家」中有《玉韜》十卷，梁元帝撰。

〔註136〕《隋志‧子部》於「縱橫家」「鬼谷子三卷皇甫謐注」條下云：……梁有補闕子十卷，湘東鴻烈十卷，並元帝撰，亡。

〔註137〕《隋志‧子部》「小說家」中有《辯林》二十卷，注蕭賁撰。

〔註138〕《隋志‧子部》「雜家」中有《語對》十卷，朱澹遠撰。

應屬史部者	同姓同名錄；荆南志、江州記、長州苑記；〔註141〕譜；〔註142〕貢職圖〔註143〕
近於類書者	式苑〔註144〕

由表格可以大致揣想蕭繹心目中對於「諸子」一類著作的義界，應包含了道家、兵家、縱橫家、小說家、雜學、醫方、五行以及一部份接近史部的著作。其中，諸子之中併入雜學、醫方、五行，正與《隋志》中的表現一致，然而令人疑惑的是，《同姓同名錄》、《荆南志》、《江州記》、《長州苑記》、《譜》、《貢職圖》這些在《隋志》中明顯屬於史部的著作，何以蕭繹卻將其列入子部呢？第二、若我們將蕭繹列入子部、但實屬於史部之書扣除，則原本因有十八部書而位居四部之冠的「丙部」，則變爲有十二部書；而原本的史部，若新增入這些由子部調來的書籍，則會增爲十七部書。如此一來，我們可以說，〈著書篇〉中所著錄之書，其中屬於史部性質者，實較其他各部之書爲多。經過這一番檢視，我們隱

〔註139〕 《隋志・子部》「醫方」中有「《四時御食經》一卷。」條下所記他書多有「食要」一類的書名，故推測蕭繹所著之《食要》，亦大致不出此類。

〔註140〕 《隋志・子部》「五行」中有《夢書》十卷，不著撰人。

〔註141〕 《隋志・史部》「地理」中多有以地爲名之書，如《洛陽記》、《吳興記》，而〈著書〉所載之《荆南志》、《江州記》、《長州苑記》或許亦屬此類。

〔註142〕 《隋志・史部》「譜系」之中多有以「譜」名書者，其中以姓氏譜爲大宗，推想蕭繹此處所記之《譜》，或屬此類。

〔註143〕 據《金樓子・著書篇》中所載之〈貢職圖序〉言：「竊聞職方氏掌天下之圖，四夷八蠻，七閩九貉，其所由來久矣。……甘泉寫閼氏之形，後宮玩單于之圖。臣以不佞，推轂上游，夷歌成章，胡人遙集，歟開蹶角，沿泝荆門，瞻其容貌，訴其風俗。如有來朝京輦，不涉漢南，別加訪採，以廣聞見，名爲《貢職圖》云爾。」觀其中内容，正與《隋志・史部》「地理」類之範疇相同，略引其中幾句以相互映證：「昔者先王之化民也，以五方土地，風氣所生，剛柔輕重，飲食衣服，各有其性，不可遷變。是故疆理天下，物其土宜，知其利害，達其志而通其欲，齊其政而修其教。故曰廣谷大川異制，人居其間異俗。書錄禹別九州，定其山川，分其圻界，條其物產，辨其貢賦，斯之謂也。……夏官職方，掌天下之圖地，辨四夷八蠻九貉五戎六狄之人，與其財用九穀六畜之數，周知利害，辨九州之國，使同其貫。……」兩相對照之下，實可判斷蕭繹所撰之《貢職圖》若依《隋志》之分類法，應屬於史部、地理類。

〔註144〕 據辛德勇之推論，此書應近於類書之作。辛氏嘗云：「以"苑"名篇正是蕭梁類書的通行習慣，如見於《隋志》雜家類書類項下者就有梁劉孝標《類苑》和劉杳《壽光書苑》，又《南史》卷七六〈陶弘景傳〉記弘景纂有《學苑》百卷，後人也視爲類書：……梁元帝《式苑》應當就是與此類似的類書。」詳見氏著〈由梁元帝著述書目看兩晉南北朝時期的四部分類體系——兼論卷軸時代卷與帙的關係〉，《文史》第四輯、1999年總期數49，頁55。

約可以察覺，〈著書篇〉中所著錄之書，無論是蕭繹自著、或是蕭繹遣人所著，明顯以「史部」、「子部」兩類爲多，或可反映蕭繹於此兩部之學的熱衷與關注。此外，就〈著書篇〉所載之書籍目錄觀之，蕭繹對於「史部」、「子部」二者之間的義界似乎有混淆的現象，如同姓名之人物傳記、地記、譜錄、各地風土圖說等方面的書籍，《隋志》明白納入史部者，蕭繹卻收入子部。而蕭繹置放於史部者，卻又明顯形成以「雜傳」爲大宗的局面。我們一方面可以觀察到蕭繹對於簿錄之學有著相當成熟地理解與應用，但另一方面，其對於子、史的區分又頗令人感到混亂。此一混亂現象又可對應至《金樓子》中的其他篇章，如〈興王〉、〈后妃〉、〈說蕃〉、〈箴戒〉等篇，如果蕭繹清楚地認定「雜傳」一類之著作屬於「史部」，似乎不該將同樣是以人物爲主、極似雜傳之篇章收入其所著之「子書」中。就這些子史相互錯置混亂的現象而言，也許是蕭繹對於子、史間的界線未臻成熟，也許是蕭繹對於史部之學特別關注的表現，但另外有一可能則是，〈興王〉、〈后妃〉、〈說蕃〉、〈箴戒〉等篇以及《同姓同名錄》、《荊南志》、《江州記》、《長州苑記》、《譜》、《貢職圖》等書，在蕭繹看來，雖具有「史」之性質，然而對於上位者自我惕勵、期勉以及理解各地風土民情、姓氏大族之譜系，有著實質地參考效益，因此將其收入子書、納入子部。〔註145〕無論如何，當蕭繹寫了一篇「書籍目錄」作爲《金樓子》的一篇，不論其對於「簿錄」屬於「史部」一事，有無自覺，這件事本身就說明了蕭繹對於「史部」之學的關注以及史學觀念的體會。

（二）史學以外之學術相關議題

在《金樓子》中，除了可看到蕭繹對「史」的關注，另有一部份的內容涉及蕭繹對於當代其他門類之學術的紀錄與討論。此部分資料雖是由零碎片段的語句組成，且其中「他人之言」多於「己見」，初看之似乎只是蕭繹出於雅趣或是爲了增加篇幅而記載，然而仔細歸納、分析，卻可看出蕭繹對於當代學術的觀察與體會。此一與「當代學術」相關之議題，亦是《金樓子》中一個引人注目的特色所在。而此一議題，一方面涉及了當時所流行且爲蕭繹

〔註145〕當然另外也有一種可能是，蕭繹的觀點不同於後世目錄編纂者，而是繼承了舊有的分類原則，辛德勇即指出：「地理書在《漢志》隸屬於數術略形法類下。荀勗創立四部分類體系，把數術類書籍納入子部，地理書也隨之成爲一種子書。梁元帝著述書目子部中列有多種地理書，說明它被劃歸史部是梁元帝時代以後的事情。」辛文參看前註，頁57。

所留意之種種「學術」本身，另一方面還包括了學術之傳播、接收者，即當時之「學者」的各種表現。這些題材被納入子書之中，並非是蕭繹之創舉，自東漢揚雄《法言》、王充《論衡》，乃至於魏之曹丕《典論》、晉之葛洪《抱朴子》、傅玄《傅子》以及其他多部六朝子書中皆可看見與此相關之內容，〔註146〕但是蕭繹之《金樓子》顯然較前人更廣泛地記載、討論此一議題。以下即分別從「對當代學術的觀察與涉獵」與「對當代學者的分析與批評」兩個方面，談談蕭繹對於當代學術、學風的關懷，並藉此觀察蕭繹究竟在子書中增添了哪些內容、題材。

1、對當代學術的紀錄與涉獵

事實上，由先秦以迄於南朝，大部分的子書中皆可觀察到當時學術的發展概況，而子書之作者往往也是參與當時學術活動的重要角色。然而對傳統諸子而言，子書中固然可涉及學術方面之議題，但一切的討論仍然是以「述道言治」爲主要依歸。以《孟子》書中孟、告二人辯論人性善惡一事爲例，雖屬於哲學中人性論方面的議題，但孟子所欲推闡之學說並不是哲學範疇的原理原則，而是一個以仁義爲訴求的德治理想。其所以討論「仁義內外」的問題，最大的目的也是爲了將仁義定義成人心本有之善端、良能，勉人盡力發揮本有之善端，積極爲仁行義。再如《莊子》、《韓非子》、《荀子》書中對於其他諸子的述評，雖是學術史上的重要材料，但其立論之動機卻非針對學術本身。自漢代以降，子書之中關於學術方面的討論日益增多，而其討論內容亦逐漸偏離以往「述道言治」之政治實用目的，關於學術本身的討論遂成爲子書中的一大重心。〔註147〕以文學批評爲例，南朝劉勰《文心雕龍》、鍾嶸《詩品》等專門討論作家與作品的專書固然是研究當時學術者必然關注之焦點，然追溯其源流，劉、鍾二人所提出的文學觀點、理論在漢晉諸子中已略見其端倪，如揚雄《法言》、王充《論衡》、曹丕《典論》、葛洪《抱朴子》等著作中所言及之文學觀，便或直接、或間接地影響劉勰與鍾嶸。再如小學方面，《顏氏家訓》中〈書證〉、〈音辭〉兩篇更是研究中古文字、音韻者之必讀篇章。《金樓子》中之資料雖多是零碎之語、他人之言，但若稍加分類整理，亦處處可見蕭繹對當代學術的用心。梁代蕭琛曾寫過一首對蕭繹讚譽有加的詩，言其：

〔註146〕參見本論文第二章、第三節中所討論之六朝子書轉變面向之二：由「議政講學」到「學術研究」。

〔註147〕在第二章已論及，此處不再重複。

妙善有兼姿，群才成大廈。奕奕工辭賦，翩翩富文雅。麗藻若龍雕，
洪才類河瀉。案牘時多暇，優游閱典墳。儒墨自玄解，文史更區分。
平臺禮申穆，兔苑接卿雲。軒蓋蔭遲道，珠履復成群。德音高下被，
英聲遠近聞。〔註148〕

詩中對於蕭繹之才學極力稱讚，稱其工詩善賦、文采翩翩，又讚其博覽宏觀、
精通百家、長於文史。今若參照《金樓子》書中資料，蕭琛之詩誠非過譽。
關於其在「史學」方面的熱衷表現，上文中已多論及，而在其他方面，如文
學、小學、思想、經學等，蕭繹亦頗能有所掌握、發揮。以下即依序詳論之。

（1）文　學

先就文學方面而言，學者對於蕭繹的文學思想、文學批評理論所言甚多，
其取材往往出自《金樓子》中的少數幾句話，配合蕭繹其他詩文作品；而論
述則多聚焦於幾個特定議題，如「文筆之辨」、「文學觀」等。關於這些討論
內容，此處不擬重複。我們所欲探討的問題不在於蕭繹個人在文學以及文學
理論方面的造詣，而是著眼於作為子書之《金樓子》，其中有哪些內容與文學
議題有關？由此考察《金樓子》所呈現之子書新風貌。

《金樓子》中與文學有關之內容集中出現於〈立言下〉篇，除了論及「古
今文筆之別」一段文字較多、論述較完整外，其餘多只是不成篇章且主旨不
甚明確之寥寥數語。其中又不全然是蕭繹之言，還夾雜了蕭繹自他人著作鈔
纂而來的言論。據其所討論之內容整理後如下表所示：

主　題　與　內　容	
蕭繹引述他人之言	a-1.引述劉勰《文心雕龍・指瑕篇》之言
	管仲有言：「無翼而飛者，聲也；無根而固者，情也。然則聲不假翼，其飛甚易；情不待根，其固非難。以之垂文，可不慎歟？」〈立言下〉
	管仲有言：「無翼而飛者，聲也；無根而固者，情也。然則聲不假翼，其飛甚易；情不待根，其固非難。以之垂文，可不慎歟？」〈立言下〉
	古來文士，異世爭驅，而慮動難固，鮮無瑕病。陳思之文，群才之儁也。武帝誄云：「尊靈永蟄。」明帝頌云：「聖體浮輕。」（浮輕）有似於蝴蝶，永蟄可擬於昆蟲，施之尊極，不其嗤乎。〈立言下〉
	a-2.引述摯虞論蔡邕〈元表賦〉之言
	摯虞論邕〈玄表賦〉曰：「〈通〉精以整，〈思玄〉博而贍，〈玄表〉擬之而不及。」余以為仲治此說為然也。〈立言下〉

〔註148〕蕭琛〈和元帝詩〉

	a-3.引用楊泉〈賦〉序之言
	楊泉〈賦〉序曰：「古人作賦者多矣，而獨不賦蠶，乃爲蠶賦。」是何言與？楚蘭陵荀況有〈蠶賦〉，近不見之，有文不如無述也。〈立言下〉
蕭繹之言	b-1 文筆之辨
	至如不便爲詩如閻纂，善爲奏章如伯松，若此之流，汎謂之筆。吟詠風謠，流連哀思者，謂之文。〈立言下〉
	筆退則非謂成篇，進則不云取義，神其巧惠，筆端而已。至如文者，維須綺縠紛披，宮徵靡曼，脣吻遒會，情靈搖蕩。〈立言下〉
	古之文筆，今之文筆，其源又異。至如〈彖〉、〈繫〉、〈風〉、〈雅〉，名、墨、農、刑，虎炳豹蔚，彬彬君子，卜談四始，劉言〈七略〉，源流已詳，今亦置而弗辨。〈立言下〉
	b-2 對古今文士之批評
	潘安仁清綺若是，而評者止稱情切，故知爲文之難也。曹子建、陸士衡，皆文士也，觀其辭致側密，事語更（堅）明，意匠有序，遣言無失，雖不以儒者命家，此亦悉通其義也。徧觀文士，略盡知之。任彥昇甲部闐如，才長筆翰，善輯流略，遂有龍門之名，斯亦一時之盛。〈立言下〉
	b-3 對銘頌碑贊等文體之討論
	銘頌所稱，興公而已。夫披文相質，博約溫潤，吾聞斯語，未見其人。班固碩學，尚云贊頌相似；陸機鉤深，猶稱碑賦如一。〈立言下〉
	b-4 內外相感說
	摶衣清而徹，有悲人者，此是秋士悲於心，摶衣感於外，內外相感，愁情結悲，然後哀怨生焉。苟無感，何嗟何怨也？〈立言上〉

表格中「蕭繹引述他人之言」的部分，可看到《金樓子》中收錄了劉勰、摯虞、楊泉三人論文之語。其中劉勰之言，明顯纂鈔自《文心雕龍·指瑕篇》開頭數語，只不過今日可見之《金樓子》將同一段落之文句分作兩條，且在文字上略作更動。〔註149〕另外兩則資料則是在引言之後，還有蕭繹的短評。纂鈔他人之言納入己書之中，是蕭繹寫作《金樓子》所慣用之手法，然而需要留意的是，蕭繹於此處所鈔纂之內容，既無涉於政事、史事，亦與五經、諸子無關，而是記載了晉、梁之間，學者在文學方面的討論。若暫時忽略引文之原文主旨爲何，單就蕭繹所引之文句來分析，這些文句正好涵蓋了「文學創作」、「文學批評」、「文學體裁」三方面的議題。以劉勰之言爲例，似是

〔註149〕比對劉勰、蕭繹二人之生平，《文心雕龍》之成書當早於《金樓子》甚多，在《金樓子·后妃篇》中記載了梁宣修容薨於「大同九年」之語，今據學者考證劉勰之卒年，最遲亦在梁大同元年至大同五年間（公元535～539年），以此可見，蕭繹《金樓子》時，極有可能參考了劉勰之《文心雕龍》。

強調結合了聲、情之文章，易傳之久遠，故爲文者，在創作時更當謹慎小心，避免像曹植一般，雖爲「群才之雋」，卻也因粗心而有遣詞用語上的瑕疵，招人嗤笑。而摯虞論蔡邕〈玄表賦〉一段，則似分別將班固〈幽通賦〉、張衡〈思玄賦〉與蔡邕〈玄表賦〉並列對比，以精簡之語概括評論前二者之優點，再言蔡邕「擬之而不及」，如此一來，儘管今日已無法得見〈玄表賦〉之內容，卻可由此大略推斷其性質應近於〈幽通〉、〈思玄〉兩賦，但稍有遜色。〔註150〕再看楊泉〈賦〉序之言，蕭繹引此主要是針對楊泉所說的「古人作賦者多矣，而獨不賦蠶」一事，提出解釋，認爲古人並非沒有賦蠶之作，楊泉未見之，而作〈蠶賦〉，然其價值在蕭繹看來似乎不高，故言「有文不如無述」。由上述這些內容可發現，蕭繹對文學本身確有相當的關注與理解。除了抄錄他人之論文之語外，在《金樓子》中，還有蕭繹對於諸多文學議題所抒發的個人見解，此一部份之內容向來是學者討論的重心。其內容大致可分爲四個主題，其一、文筆之辨。其二、對古今文士之批評。其三、對銘頌碑贊等文體之討論。其四、內外相感說。在「文筆之辨」方面，蕭繹分別對「文」、「筆」作出定義，將「不便爲詩，善爲奏章」者歸爲「筆」；而「吟詠風謠，流連哀思」者屬於「文」。並進一步指出「文者，維須綺縠紛披，宮徵靡曼，脣吻遒會，情靈搖蕩。」強調「文」之特質在於詞藻華麗，音韻流暢，且能透過文字撼動人心。這樣一種文體觀，可說是當時人之共識，章太炎便曾言：「文即詩賦，筆即公文，乃當時恒語。」〔註151〕但是蕭繹講來

〔註150〕關於摯虞論蔡邕〈玄表賦〉之文句，孫詒讓曾作過考證，其言：「此蓋摯虞《文章流別》之語，『邕』上當有『蔡』字。《文選》謝朓〈拜中書記室辭〉隋王《牋》李《注》引蔡邕〈玄表賦〉云：『庶小善之有益』是也。（宋本《蔡中郎集》無此賦）『通』上當有『幽』字，謂張平子〈幽通賦〉也。『仲治』當作『仲洽』，見《晉書》本傳。」其說大體無誤，然而在原文斷句，以及對解釋上卻稍有疏失。就孫氏之意，摯虞之論似是將〈幽通賦〉與蔡邕〈玄表賦〉作比較。認爲前者「精以整思，玄博而贍」，爲邕賦所不及。此說固然可通，然而最大的問題在於，〈幽通賦〉並非張衡所作，而是出自班固之手。但孫氏似忽略了摯虞之語有另一種斷句可能，即「〈通〉精以整，〈思玄〉博而贍」，由此看來，孫詒讓所提到的張衡倒非憑空冒出，而是〈思玄賦〉的作者。這樣一來，摯虞之語則是藉著評論班固、張衡二人之賦，映襯出蔡邕〈玄表賦〉的特質。筆者以爲，無論是就字句的解釋或是結構，第二種斷句與解讀似較孫氏之說更爲通順，故本文採取第二種斷句，並將〈通〉釋爲班固之〈幽通賦〉，將〈思玄〉對應爲張衡之賦。

〔註151〕見氏著：《國故論衡‧文學總論》（上海：上海古籍出版社，2006 年 7 月），頁 40。

卻又格外妥貼、清晰，實屬難得。除此，蕭繹還注意到古今文筆之別，認為魏晉以前之「文」、「筆」分別是以「〈彖〉、〈繫〉、〈風〉、〈雅〉」等《易經》與《詩經》的作品為代表的有韻之文，以及以「名、墨、農、刑」等諸子之文為代表的無韻之文。由此看來，蕭繹對於古今文體之演進、差異，實有敏銳的觀察與理會。此外，對於當代文士的特色，蕭繹也頗有見地，由其對於潘岳、曹植、陸機、任昉等人的文風所作的評價看來，也可說是反映出當時文人、文學作品受到相當程度的重視，以及文學批評日益成熟等現象。在「對銘頌碑贊等文體之討論」方面，雖只有簡短數語，卻能看出蕭繹對於各種文體性質的辨析。其說有兩個重點，其一、認為論及「銘頌」一類的文章，當推孫興公（綽）為優。而其中上乘作品，則應該「披文相質，博約溫潤」。其二、其言「班固碩學，尚云贊頌相似；陸機鈎深，猶稱碑賦如一」語氣似未完結，且似是認為「贊」與「頌」，「碑」與「賦」這些文體，彼此雖類似，連班固、陸機亦不別，然而似乎仍有其差異處。不過，由於資料不足，此處亦只能揣想推測而已。然而，能夠注意到這些問題，則蕭繹在文體辨析上之用心亦不難發現。最後，在「內外相感說」方面，蕭繹所言之「擣衣清而徹，有悲人者，此是秋士悲於心，擣衣感於外，內外相感，愁情結悲，然後哀怨生焉。苟無感，何嗟何怨也？」似欲說明〈擣衣詩〉之所以使人讀之有悲傷的感覺，是因為作者（秋士）寫作時內心已有「悲」之情，再加上外在環境的渲染，觸發一己心緒之興發感動，於是作者與外在環境「內外相感，愁情結悲」，復以詩遣懷，作品中便凝聚出一種「哀怨」之感，而文學作品中若無此作者與外物彼此的相感，也就失去其感人之力量。蕭繹雖未在此大加議論，不過只是這幾句話，卻已經提供我們相當寶貴的資料，用以理解當時人對於文學批評方面的思想高度。

事實上，蕭繹所談之議題、觀念，在摯虞、劉勰、鍾嶸等人之書中皆可覓得更為精闢、完整的論述。在文學的領域中，蕭繹參與其中，同時也對整個時代的文學發展有充分的觀察與領悟，儘管其成就遠遜於他人，但從另一個角度看，蕭繹卻是將「文學」帶入傳統子書之中，增加其份量、比重，使原本以談「政事」、「做人處世之理」為主的子書，有另外一番風貌。

（2）小　學

在《金樓子》中，有兩條有趣的記載，如下：

世人有忿者，題其門為「鳳」字，彼不覺，大以為欣，而意在「凡

　　鳥」也。有寄檳榔與家人者，題爲「合」字，蓋人一口也。人有罵
　　奴而命名「風」者，凡蟲也。如此皆爲聽察也。(《金樓子・立言下》)
　　羊戎好爲雙聲。江夏王設齋，使戎鋪舒法坐戎處分，曰：「官教前床，
　　可開八尺。」江夏曰：「開床小狹。」戎復唱曰：「官家恨狹，更廣
　　八分。」文帝與戎對曰：「金溝清泄，銅池漾洩；極佳光景，當得劇
　　棊。」(《金樓子・捷對》)〔註152〕

其內容看似兩則文字遊戲的記載，但實際上卻涉及了當時人對於語言文字的
成熟應用。由第一則資料可知，在蕭繹身處的時代，人們不只是利用「文字」
表情達意，更能觀察、分析文字的結構，進而解構之，從中發現另外的含意
與趣味。如文中所記之「鳳」字，可拆爲「凡」、「鳥」二字，於是原本具有
正面意義的字詞，拆解之後卻變成了貶抑之字詞，代表鳥中之王的「鳳」遂
轉爲不起眼的「凡鳥」。又如「風」字，本意無涉褒貶，但拆解之後，卻轉而
有「凡蟲」之意，反倒可以用來嘲弄、恥笑他人。由「鳳」、「風」到「凡鳥」、
「凡蟲」，我們可以看出當時人連罵人都帶有一種風流意趣、溫婉含蓄。此外，
除了理解字形解構之後的詞義轉換外，當時人似也明白由一個字之組成元件
來理解其意義，如「合」字，便可解作「人一口」。因此，僅由此段資料，便
可得知中國文字發展至梁朝，已經相當成熟，而人們對於文字本身的理解與
應用更達到一定的水準與高度，以致於可以巧妙應用、引申文字蘊意，或含
蓄、或精簡地表達己意。而記錄此事，並言其「如此皆爲聽察也」的蕭繹，
也讓我們看到他在此方面的深究與興趣。若說第一條引文讓我們理解當時「文
字學」的發展情形，第二條引文則可說是有助於我們觀察六朝人對「聲韻學」
的熱衷與鑽研。自漢末發明反切注音之法，中間又經歷了三國孫炎《爾雅音
注》、李登《聲類》、晉代呂靜《韻集》的研究，聲韻學之發展至南朝已有相
當的成就。〔註153〕文中所提及之羊戎應是劉宋人，〔註154〕而所記之事則是關
於當時人應用其對聲韻學的認識所進行的一場文字競賽。競賽規則是每一位
參賽者所說之語，除須合於固定主題外，還須具備「雙聲」的條件，等於是

〔註152〕參看《南史》卷三六；原注：此其滑稽之雄，未足以稱辨也。
〔註153〕參考：李學勤：《中國學術史》(魏晉南北朝卷)(南昌：江西教育，2001年)
　　　　(頁碼待查)
〔註154〕今查考史籍，並無羊戎此人之生平事蹟記載，然而，引文中所提及的「江夏
　　　　王」，則應是被劉宋文帝策封爲江夏王的劉義恭。詳細資料可參看《宋書・文
　　　　帝本紀》。因此，此處推測羊戎應是與文帝、劉義恭同屬劉宋時期之人。

限定用「雙聲」之語來討論既定之題目。分析引文中各人之發言，可發現皆是兩字一組的雙聲配對，如下表分析：

			原句 / 國語注音 / 聲母反切上字								
句一	聲母	原句	官	教	前	床	可	開	八	尺	
		國語注音	ㄍ	ㄐ	ㄑ	ㄔ	ㄎ	ㄎ	ㄅ	ㄔ	
		反切上字	見系	見系	見系	莊章系	見系	見系	幫系	莊章系	
句二	聲母	原句	開	床	小	狹					
		國語注音	ㄎ	ㄔ	ㄒ	ㄒ					
		反切上字	見系	莊章系	見系	見系					
句三	聲母	原句	官	家	恨	狹	更	廣	八	分	
		國語注音	ㄍ	ㄐ	ㄏ	ㄒ	ㄍ	ㄍ	ㄅ	ㄈ	
		反切上字	見系	見系	見系	見系	見系	見系	幫系	非	（古無輕唇音，故幫非爲雙聲）
句四	聲母	原句	金 溝 清 泄，	銅 池 漾 洩；	極 佳 光 景，	當 得 劇 鏗					
		國語注音	ㄐ ㄍ ㄑ ㄒ	ㄊ ㄔ ㄧ ㄒ	ㄐ ㄐ ㄍ ㄐ	ㄉ ㄉ ㄐ ㄐ					
		反切上字	見系 見系 精系 見系	端系 莊章系 以母 以母	見系 見系 見系 見系	端系 端系 群母 群母					

經過分析可知，這樣一種文人之間的競賽遊戲，既要兼顧文意又須顧及諧聲，可說是充分考驗了文人對文字、聲韻的敏銳度，也反映出當時人在此方面的關注。〔註155〕

　　由上述資料，可讓我們瞭解當時人在文字學、聲韻學方面的認識高度與研究水準，但回過頭，我們要問，這些資料怎麼會出現在《金樓子》這一部子書之中？這些資料無論如何是與政治議題拉不上關係的，也與深一層的

〔註155〕鍾仕倫《金樓子研究》亦論及此段引文，認爲蕭繹對於當時流行之以反語入詩以及好做雙聲兩事，皆持反對態度，進一步認爲蕭繹「主張作詩易通顯」。然事實上，在「雙聲」方面，於《金樓子》中只存在單純事件的紀錄，並無蕭繹的意見，因此，鍾氏之推論似乎有待商榷。詳參氏著：《金樓子研究》，頁 145～147。

「道」、「理」無關，純粹就是當時人對文字、聲韻有了相當程度之瞭解後，所產生的趣味遊戲。甚至其中遊戲的成分還要高於學術研究的成分。而把這一切記錄下來的蕭繹又是基於怎樣的一種心態？在《顏氏家訓》中，有多條記載談及了蕭繹在小學方面之造詣，如〈書證〉中蕭繹論「痎」、「疥」之讀音，〔註156〕論漢書中「宵」、「冎」兩字的寫法、字義，〔註157〕再如其論「觟」、「㹠」之讀音，〔註158〕以及〈音辭〉中「梁世有一侯，嘗對元帝飲謔，自陳『癡鈍』，乃成『颸段』，元帝答之云：『颸異涼風，段非干木。』」〔註159〕一事之記載，在在都可看出蕭繹對「小學」的留心與鑽研。而《金樓子》中的紀錄則可說是蕭繹以其在小學方面之研究為基礎，觀察、紀錄當時人對於「文字」、「音韻」等學科之應用。故此兩筆資料看似只是單純的語言文字遊戲，卻反映出時人對於「小學」的理解與興趣；同時亦是蕭繹個人的學術興趣。

（3）思想方面

在本論文第三章、第三節的部分，曾討論過《金樓子》中的「思想內涵」，其論述焦點在於《金樓子》中思想議論的成分、主題、表述方式之特色。而此處再提「思想」一詞，則是將思想視為當時學術之中一個重要項目，討論蕭繹對此方面的理解與參與。

整部《金樓子》中，我們可以看到的是蕭繹試圖兼綜各家學說之長，建構出一套變通、實用且能涵蓋各方面修身、治世問題的理論體系。儘管蕭繹

〔註156〕原文見：《顏氏家訓集解》，頁 427。

〔註157〕原文如下：《漢書》：「田冎賀上。」江南本皆作「宵」字。沛國劉顯，博覽經籍，偏精班《漢》，梁代謂之《漢》聖。顯子臻，不墜家業。讀班史，呼爲田冎。梁元帝嘗問之，答曰：「此無義可求，但臣家舊本，以雌黃改『宵』爲『冎』。」元帝無以難之。吾至江北，見本爲冎。同前註，頁 443。

〔註158〕原文如下：《晉中興書》：「太山羊曼，常頹縱任俠，飲酒誕節，兗州號爲㹠伯。」此字皆無音訓。梁孝元帝常謂吾曰：「由來不識。唯張簡憲見教，呼爲㹠羹之㹠。自爾便遵承之，亦不知所出。」簡憲是湘州刺史張纘謚也，江南號爲碩學。案：法盛世代殊近，當是耆老相傳；俗間又有㹠㹠語，蓋無所不施，無所不容之意也。顧野王玉篇誤爲黑傍沓。顧雖博物，猶出簡憲、孝元之下，而二人皆云重邊。吾所見數本，並無作黑者。重沓是多饒積厚之意，從黑更無義旨。同前註，頁 473。

〔註159〕原文如下：古人云：「膏粱難整。」以其爲驕奢自足，不能剋勵也。吾見王侯外戚，語多不正，亦由內染賤保傅，外無良師友故耳。梁世有一侯，嘗對元帝飲謔，自陳「癡鈍」，乃成「颸段」，元帝答之云：「颸異涼風，段非干木。」謂「鄧州」爲「永州」，元帝啟報簡文，簡文云：『庚辰吳入，遂成司隸。』如此之類，舉口皆然。元帝手教諸子侍讀，以此爲誡。同前註，頁 564。

在此方面所表現的強烈的企圖心與其實際表現結果有相當大的落差，然而，畢竟仍展現出其努力。進一步考察《金樓子》之內容，可發現蕭繹對於學術中思想一端的體會與鑽研，除了博覽、廣涉諸家以藉此擬構己說之外，還在於對各家思想進行分析與批判，由此表達自身對於當代學風的考察與意見。試看下列引文：

> 天下一致而百慮，同歸而殊途，何者？夫儒者列君臣、父子之禮，序夫婦、長幼之別。墨者堂高三尺，土階三等，茅茨不剪，采椽不斲，冬日以鹿裘為禮，盛暑以葛衣為貴。法家不殊貴賤，不別親疏，嚴而少恩，所為法也。名家苛察徼倖，檢而失真，是謂名也。道家虛無為本，因循為務，中原喪亂，實為此風，何、鄧誅於前，裴、王滅於後，蓋為此也。（《金樓子・立言上》）

此節引文，可說是蕭繹拾取、彙編了前人對於諸子百家之學的見解與批判，所作出的總結性評論。其中關於儒、墨、法、名四家之評論，大抵不出前人既有的說法。〔註160〕然而，值得一提的則是蕭繹對於道家的批判。其言曰：「道家虛無為本，因循為務，中原喪亂，實為此風，何、鄧誅於前，裴、王滅於後，蓋為此也。」此段話相較於其對儒、墨、法、名的評論之語，有明顯的譴責之意，也較具個人觀點。首先，讓我們一一考察前人對於道家之學的批評語，從司馬談、遷父子二人對道家的盛讚與推崇，言其：「道家使人精神專一，動合無形，贍足萬物。其為術也，因陰陽之大順，采儒墨之善，撮名法之要，與時遷移，應物變化，立俗施事，無所不宜，指約而易操，事少而功多。」到班固於《漢志》之中稱其：「知秉要執本，清虛以自守，卑弱以自持，此君人南面之術也。」再到《隋志》所言之「聖人體道成性，清虛自守，為而不恃，長而不宰，故能不勞聰明而人自化，不假修營而功自成。其玄德深遠，言象不測。」各家對於道家之學的理解與評論大體上是正面的、肯定的。儘管《漢志》、《隋志》之中對於道家末流有所貶抑，如前者言：「及放者為之，則欲絕去禮學，兼棄仁義，曰獨任清虛可以為治。」；後者則言：「下士為之，不推其本，苟以異俗為高，狂狷為尚，迂誕譎怪而失其真。」但是，所貶抑、批判者在於「獨任清虛」、「不推其本」的「放者」、「下士」；對於道家之學的根本之理，並未否定。回過頭看蕭繹於〈立言篇〉中對道家所下的論斷則是直指道家是以「虛無為本，因循為務」，並將「中原喪亂」之因歸咎於此。於

〔註160〕見前第三章、第三節。

是由《史記》、《漢志》、《隋志》反覆刻畫的道家印象到此可說有了一大轉變，在前人看來是「清虛自守」、是「與時遷移，應物變化」且「不勞聰明而人自化，不假修營而功自成」的道家，在蕭繹心目中卻演變爲「虛無」、「因循」的無益之學。

　　儘管由上文討論可知蕭繹對於道家提出了頗爲嚴厲的批判，然而，根據史籍以及《顏氏家訓》之記載，蕭繹對於道家之學不但頗有研究，還曾熱衷於講述《老子》義，並撰有《老子講疏》一書。《梁書・元帝紀》即言：

> 承聖三年九月辛卯，於龍光殿述《老子》義，尚書左僕射王褒爲執
> 經。乙巳，魏遣其柱國万紐、于謹來寇。冬十月丙寅，魏軍至於襄
> 陽，蕭詧率眾會之。丁卯，停講。〔註161〕

引文指出蕭繹登基後的第三年，曾於宮中聚眾講述、闡釋《老子》精義，其中雖經歷諸多動亂，仍未終止此一講學活動。關於此事，顏之推於其書中有更爲詳細的記載，《顏氏家訓》有言：

> 泊於梁世，茲風復闡，《莊》、《老》、《周易》總謂《三玄》。武皇、
> 簡文，躬自講論。周弘正奉贊大猷，化行都邑，學徒千餘，實爲盛
> 美。元帝在江、荊間，復所愛習，召置學生，親爲教授，廢寢忘食，
> 以夜繼朝，至乃倦劇愁憤，輒以講自釋。〔註162〕

由引文可知，魏晉間以談玄爲主的道家之學到了梁朝又邁入另外一個高峰，蕭衍、蕭綱、蕭繹父子三人皆是其中的提倡者、參與者。蕭衍、蕭綱之「躬自講論」已是史上難得的帝王獎掖道家之學之舉，而蕭繹之「親爲教授，廢寢忘食，以夜繼朝，至乃倦劇愁憤，輒以講自釋」則更見其投入之熱誠。但是，回顧《金樓子・立言》中言，與此二則史料對照觀之，蕭繹對於道家之學顯然有截然不同的兩種態度，一是親身投入、獎掖倡導；一則是批判貶抑、歸罪譴責。這樣一來，蕭繹豈不是自相矛盾了嗎？其對於道家之學的態度、立場，究竟是怎樣的呢？事實上，仔細尋繹《金樓子》，可發現另外一條資料，涉及了蕭繹對老子學說的源流分析，或許可提供我們另外一個思考的面向，蕭繹云：

> 河上公〈序〉言：「周道既衰，老子疾時王之不爲政，故著《道德經》
> 二篇。西入流沙。」至魏晉之間，詢諸大方，復失老子之旨，乃以

〔註161〕《梁書・元帝紀》
〔註162〕《顏氏家訓・勉學篇》

無爲爲宗，背禮傷教，傷風敗俗。至今相傳，猶未袪其惑。皇甫士安〔註163〕云：「世人見其書云：『谷神不死，是謂元牝。』故好事者遂假託老子以談神仙。」老子雖存道德，尚清虛，然博貫古今，垂文〈述而〉之篇，及《禮傳》所載，孔子慕焉是也。而今學者，乃欲棄禮學，絕仁義，云獨任清虛可以致治，其違老子親行之言。（《金樓子·立言下》）

文中，蕭繹記錄了河上公、皇甫謐兩人論老子之學的言論，並於此二人言論之後復加上自己的短評。歸納其要點如下：其一、蕭繹之所以引用河上公、皇甫謐之言，似欲還原老子之學之本義。依河上公之言，《道德經》原是老子因「疾時王之不爲政」，故立言而施教之書，後世以「無爲爲宗」、「背禮傷教」、「傷風敗俗」之老子後學，乃是背離了老子初衷本義。而就皇甫謐之言看來，後世將老子之學比附於神仙道家者，同樣是曲解、背離了老子《道德經》的宗旨。其二、蕭繹在認同河上公、皇甫謐之語的前提下，爲老子之學所作出的辯解與定義顯然有一個對話的對象，據引文，似是提倡「棄禮學，絕仁義，云獨任清虛可以致治」之梁代學者。由此可知，以講述老子之學來排憂遣悶的蕭繹，對於梁代流行的道家之學，並非盲目跟隨於流行之中，而自有其定見。蕭繹在批判當時講述老子之學的學者們廢棄禮學、仁義、獨任清虛以爲治的同時，實在聲明老子之學的本義不該與禮學、仁義分割，亦非純然講求「清虛爲治」。當其言老子「垂文〈述而〉之篇，及《禮傳》所載，孔子慕焉是也」更讓我們看到其亟欲將道家之老學與儒家講求禮法、仁義之學相互連結的用心。這一連串的表現，不禁讓我們聯想到中國思想史中魏晉玄理、玄風盛行之時所興起的「自然與名教之辯」的論題。〔註164〕由以上討論可知，當蕭繹以「虛無」、「因循」定義道家之學時，所要批判的是當時主張廢棄名法、禮教之束縛，專以清虛、無爲爲務之道家者流；當其提及河上公、皇甫謐之語，則是要爲老子學說正本清源，還原其本來之宗旨與面目。顏之推眼

〔註163〕皇甫謐，晉人也，著有《高士傳》、《列女傳》、《帝王世紀》等書。

〔註164〕如《世說新語箋疏·上卷下·文學第四》第八條所載：王輔嗣弱冠詣裴徽，徽問曰：「夫無者，誠萬物之所資，聖人莫肯致言，而老子申之無已，何邪？」弼曰：「聖人體無，無又不可以訓，故言必及有；老、莊未免於有，恆訓其所不足。」又如第十八條所載：阮宣子有令聞，太尉王夷甫見而問曰：「老、莊與聖教同異？」對曰：「將無同？」太尉善其言，辟之爲掾。世謂「三語掾」。衛玠嘲之曰：「一言可辟，何假於三？」宣子曰：「苟是天下人望，亦可無言而辟，復何假一？」遂相與爲友。

中沈迷於講述老子之道的蕭繹，所熱衷的老學顯然不屬於放誕無本、藐視仁義禮法一派，而是近似於結合名教與自然，儒道兼通之老學。若將此與整本《金樓子》作對照，則蕭繹所主張的道家之學，反而更近似於史遷、班固所言之黃老道家。

以上所言，足見蕭繹對於當代學術在思想方面、尤其是道家之學的沿革、流變，明顯有相當的涉入與體會。其說雖未必符合老學真正的宗旨與精神，然而，其投入之用心，卻也十分可貴。

（4）經　學

在本論文第二章第三節論及六朝諸子在關注議題方面的轉變時，曾提及此時期有多部子書之內容涉及了「經學」等議題的討論。〔註165〕此一六朝子學發展之趨勢，在蕭繹《金樓子》中亦有相似的討論主題。蕭繹云：

> 按《周禮》，筮人氏掌三《易》：夏曰《連山》、殷曰《歸藏》、周曰
> 《周易》，解此不同。按杜子春云：「連山，伏羲也；歸藏，黃帝也。」
> 予曰：「按《禮記》曰：『我欲觀殷道，得坤乾焉。』今《歸藏》先
> 坤後乾，則知是殷明矣。推《歸藏》既則殷制，《連山》理是夏書。」
> （《金樓子·立言下》）

蕭繹於此條引文中，記下了自己研究經學的心得。文中首先提及《周禮》之中關於「三《易》」的記載，〔註166〕然而後人對於此條記載的解釋卻是眾說紛紜，爭論之焦點似乎在於三易之時代、作者這一方面的問題。對於此，蕭繹根據《禮記》，推論《歸藏》應屬於殷商之作，加上《周易》屬周自不待言，則《連山》屬夏之作，也就再清楚不過了。這樣一種涉及了個人讀書、研究經驗與過程的記載，在六朝子書中並非特例，〔註167〕蕭繹顯然也在此風潮之中，將此一主題納入《金樓子》中。雖然當今所見之《金樓子》只有此條與經學有關，但由《金樓子·著書篇》中，我們卻可看到，蕭繹對於經學、尤其是《易》學的興趣，顯然並不僅限於此三言兩語的記載。〈著書篇〉中，蕭繹在經學（甲部）方面的著作計有四部，分別為：《連山》、《金樓秘訣》、《周易義疏》、《禮雜私記》，其中之《連山》與《周易義疏》明顯與《易》學相關，

〔註165〕見前第二章第三節。
〔註166〕《周禮·春官宗伯·筮人》：「筮人掌三易，以辨九筮之名。一曰連山，二曰歸藏，三曰周易。」（詳細資料待補）
〔註167〕見前第二章第三節。

由此看來，《金樓子》中關於學術方面之記載，一方面固然是蕭繹對當時學術趨勢的觀察與反省，再則亦是反映了自身的學術涵養、興趣與涉獵。不單只是經學，其他如前文所述之文學、小學、思想在在皆是如此。

2、對當代學者的分析與批評

在《金樓子》中，蕭繹除了對當代各門類之學術有過實際的參與、記錄與評論之外，對於學術之傳播者、實行者——學者——也有過一番深入、詳盡地觀察與剖析。爲了討論上的方便，以下將《金樓子》中，蕭繹論及古今學者之語，整段抄錄於下：

> 古之學者爲己，今之學者爲人。學而優則仕，仕而優則學，古人之風也；修天爵以取人爵，獲人爵而棄天爵，末俗之風也。古人之風，夫子所以昌言；末俗之風，孟子所以扼腕。然而古之學者有二，今之學者有四。夫子門徒，轉相師受，通聖人之經者，謂之儒。屈原、宋玉、枚乘、長卿之徒，止於辭賦，則謂之文。今之儒，博窮子史，但能識其事，不能通其理者，謂之學。至如不便爲詩如閻纂，善爲奏章如伯松，若此之流，汎謂之筆。吟詠風謠，流連哀思者，謂之文。而學者率多不便屬辭，守其章句，遲於通變，質於心用。學者不能定禮樂之是非，辯經教之宗旨，徒能揚搉前言，抵掌多識。然而挹源知流，亦足可貴。筆退則非謂成篇，進則不云取義，神其巧惠，筆端而已。至如文者，維須綺縠紛披，宮徵靡曼，脣吻遒會，情靈搖蕩。而古之文筆，今之文筆，其源又異。至如〈彖〉、〈繫〉、〈風〉、〈雅〉，名、墨、農、刑，虎炳豹鬱，彬彬君子，卜談四始，劉言〈七略〉，源流已詳，今亦置而弗辨。潘安仁清綺若是，而評者止稱情切，故知爲文之難也。曹子建、陸士衡，皆文士也，觀其辭致側密，事語更明，意匠有序，遣言無失，雖不以儒者命家，此亦悉通其義也。徧觀文士，略盡知之。至於謝元暉始見貧小，然而天才命世，過足以補尤。任彥昇甲部闋如，才長筆翰，善輯流略，遂有龍門之名，斯亦一時之盛。夫今之俗，搢紳稚齒，閭巷小生，學以浮動爲貴，用百家則多尚輕側；涉經記則不通大旨。苟取成章，貴在悅目，龍首豕足，隨時之義；牛頭馬髀，強相附會。事等張君之弧，徒觀外澤；亦如南陽之里，難就窮檢矣。射魚指天，事徒勤而靡獲；適郢首燕，馬雖良而不到。夫挹酌道德，憲章前言者，君

子所以行也。是故言顧行，行顧言。原憲云：「無才謂之貧，學道不行謂之病。」末俗學徒，頗或異此，或假茲以爲技術，或狎之以爲戲笑。若謂之技術者，黎軒眩人，皆技術也；若以爲戲笑者，少府鬥獲皆戲笑也。未聞彊學自立，和樂慎禮，若此者也。口談忠孝，色在於過鴻；形服儒衣，心不則於德義。既彌乖於本行，實有長於澆風。一失其源，則其流已遠。其與不隕穫於貧賤，不充詘於富貴，不畏君王，不累長上，不聞有司者，何其相反之甚？（《金樓子‧立言下》）

以往論及此段文章，多將討論焦點置於「文筆之分」、「文人分類理論」等與文學批評有關之主題上。但若我們就此段文章之整體架構與脈絡觀之，蕭繹實是就其所觀察到的「士（學者）」與「士風（學風）」之流變，作出分析、歸納。其內容雖涉及文學批評方面的重要觀念，但卻不限於此。因此，此處將從一種較爲整全的角度，探討蕭繹於此文中所展現的撰作企圖與關注議題。通觀此文，蕭繹對於古今「學者」、「學風」的討論，大致上可分爲幾個層次。首先，蕭繹由「動機」來論古今學者的分別，指出「古之學者爲己，今之學者爲人」。再從「學者之動機」延伸到「學風的形成」，進一步闡明，古之學者所謂的「爲己」之學，是「學而優則仕，仕而優則學」，學問對古之學者而言，本身即是目的，而非只是牟取權勢地位的手段、過程。因此，即便因自我知識、涵養的日益精進而取得了爲人民服務以貢獻所學之、「出仕」的機會，其「學」仍不因此而終止。相反的，對於「今之學者」的「爲人」之學，蕭繹認爲，這些人之所以讀書、做學問，所求不在於充實自己的內在，提昇自己的知識、涵養。學問對其而言，只是一個過程，而非目標。蕭繹藉著《孟子‧告子上》中所提出的「天爵」、「人爵」之說，批評「今之學者」們所形成的一種「末俗之風」，正與孟子所批判的「脩其天爵以要人爵，既得人爵，而棄其天爵」〔註168〕之輩如出一轍。學問對這些人而言，其意義與價值不過是通往高官厚祿、富貴榮華的階梯而已。在得到外在環境所加諸其身的榮寵與肯定之後，「學」即可拋諸腦後、再也不須聞問。透過這一小段古今學者「動機」與「學風」的比較，可發現蕭繹是以儒家的角度審視古今學者之間的異同。對於「學」與「學者」的定義，並非單一指涉「知識」與「讀

〔註168〕《孟子‧告子上》，引自朱熹：《四書章句集注‧孟子集注》（臺北：大安出版社，1996年）卷十一，頁470。

書人」。透過其所引用之《孟子》「天爵」、「人爵」之說，我們可看出，其所謂的「學」與「學者」，除了要能掌握典籍之中的知識、學問之外，更應該具備「仁義忠信，樂善不倦」〔註169〕的特質。而眞正的學者，其「學」更應涵蓋「道」的層次，即除了追求知識之充實外，更應不斷地涵養自己之品德，至於「仕」與「人爵」不過是「學」之餘事，而非唯一的追求。

其次，蕭繹列舉古今學者的幾種類型與代表人物，具體說明其所觀察到的學者風貌。蕭繹認爲，古之學者大體可區分爲「通經」之「儒者」以及「長於辭賦」之「文者」。前者以儒家學者爲主，後者則多爲先秦兩漢之辭賦名家。而與時推移，古之「儒」、「文」等學者，在後來又演變、發展成爲四大類型，即「儒」、「學」、「筆」、「文」等「今之學者」。其中「儒」、「文」二者雖沿用古之學者之名稱，但在定義上，卻發生了明顯的轉變。先就「今之儒」而言，原本在古代鑽研儒家之學、以「聖人之經」爲研究對象的「古之儒」，在蕭繹所身處的時代，搖身一變成爲「博通子史」者，其學不限於「經」，而擴及「子」、「史」。這不但是當代學者研究領域的轉變，更能反映魏晉以降經學不再獨尊，而子史日益繁盛之現象。然而，儘管「今之儒」以「博通子史」爲務，但卻非人人皆可達到「能識其事、能通其理」的儒者境界。於是，蕭繹認爲對於一些雖以「子史」爲鑽研對象，卻無法於此領域中出類拔萃；雖廣泛通知子史之學，卻未能究竟其中道理者，只能稱爲「學」，而未能躋身儒者之列。而無論是「儒」或「學」，其源皆出於古之「儒」，其學術特長蓋有一通性，即偏向於古代經典之學。此外，極其類似的，古代長於辭賦之「文」者，亦發展爲兩大類型之學者，分別爲「筆」、「文」二者。要言之，謂之「筆」者，大多「不便爲詩，善爲奏章」；而所謂「文」者，則精於「吟詠風謠，流連哀思」。後人多據此闡述此一時代盛行之「文筆之辯」，認爲是中國古代文學觀念之一大進展。但回歸全文脈絡，蕭繹所以言及此二者，其論述焦點在於明辨當代學者之類型與專長，並與「古之學者」做一對照，而不在於探討文學理論之流變與發展。因此，在此前提之下，「筆」、「文」二者之提出，似是要說明古之「長於辭賦」之「文」在此時，又可細分爲「長於奏章」以及「長於爲詩」兩類。

〔註169〕孟子曰：「有天爵者，有人爵者。仁義忠信，樂善不倦，此天爵也；公卿大夫，此人爵也。古之人，脩其天爵而人爵從之；今之人，脩其天爵以要人爵，既得人爵，而棄其天爵，則惑之甚者也，終亦必亡而已矣。」見《孟子・告子上》，同前註。

　　在提出今之學者的四大類型之後，蕭繹接著提出評論。對於「博通子史」
的「今之儒」，蕭繹並未多談，一來或許是此類學者爲其心目中之典範，故不
加以批判；另一方面，或許是當其時，此類「儒者」數量過少，亦無從評論
之。但對於其他三種類型的學者，如「學」、「筆」、「文」三者，蕭繹則分別
提出其優缺點，云：

> 而學者率多不便屬辭，守其章句，遲於通變，質於心用。學者不能
> 定禮樂之是非，辯經教之宗旨，徒能揚搉前言，抵掌多識。然而挹
> 源知流，亦足可貴。筆退則非謂成篇，進則不云取義，神其巧惠，
> 筆端而已。至如文者，維須綺縠紛披，宮徵靡曼，脣吻遒會，情靈
> 搖蕩。（《金樓子・立言下》）

蕭繹先論「學」者，指出以此爲長者，大多不善文章寫作，而是專守章句之
解釋，且多泥於經籍，缺乏變通的思考能力。明白點出以經、子、史爲研究
範圍，以章句爲務的「學」者的缺點。然而蕭繹進一步指出，此類學者雖以
經、子爲其學之所長，但其程度和真正之儒者則頗有差距。蕭繹所定義的儒
者，似是能「定禮樂之是非，辯經教之宗旨」之人。但此處之「學」者，卻
無法到達此一境界，只能做到「揚搉前言，抵掌多識」，雖有「挹源知流」之
功，但相較於真正的儒者，則又略遜一籌。就以上所論而言，蕭繹所描述之
之「學」者，既不能創作文辭，又不能曉暢經籍知識，並以此來定禮樂、辯
經旨，實是經學持續衰疲〔註170〕的一個具體反映。其次再就以「筆」爲長者
而言，蕭繹同樣未給予極高的評價。在他看來，善於寫作應用類的文章，如
章表奏議、誄碑銘刻者，寫得好也無涉經義宏旨，然而寫得不好則連「文章」
都稱不上了。此類「筆」者之長處，僅只是掌握了文書寫作的技巧罷了。最
後，蕭繹提到了以「文」爲長者，言其「維須綺縠紛披，宮徵靡曼，脣吻遒
會，情靈搖蕩。」此一番話在歷來文學批評相關著作中，一再被徵引、詮釋，
學者一方面以此確認當時相當進步的文學觀念，另一方面也由此推論當時之
文學風格與潮流。〔註171〕但若順著整篇文章行文之邏輯、脈絡觀之，蕭繹似

〔註170〕皮錫瑞亦曾提及此時實爲經學之中衰時代，見氏著：《經學歷史》（臺北：台
　　　　灣商務，1978 年）。
〔註171〕此類內容甚多，如李士彪即曾由蕭繹《金樓子・立言》論及文筆之語，進一
　　　　步考察六朝時期文筆觀念的演進以及當時之文學風氣。其說見氏著：《魏晉南
　　　　北朝文體學》（上海：上海古籍出版社，2004 年 4 月），頁 99〜110。其他如
　　　　郭紹虞、王運熙等文學批評理論專家亦多有論述，此不贅述。

非純粹爲了闡述文學批評論或文學現象而有此言。文中「維須」二字，似應做「只須」解，〔註172〕如此一來，所謂以「文」爲長者，也只是較一般人更加能掌握詩歌的形式與韻律之美，並能融合詩歌中的意境與情感，使讀者能夠進入創作者的思維情感中，與之共感，「情靈搖蕩」。這番見解固然是文學進步至一定程度之後才能出現，但在我們眼中進步的文學觀與文學表現，在蕭繹的觀念中，卻只是當時眾多學術之中的一面。在蕭繹所提出的「儒」、「學」、「筆」、「文」四類型「學者」之中，博通經、子的「儒」似是蕭繹最爲讚賞的類型，而「學」已是「儒」之餘波與末學，稍有「挹源知流」之功；「筆」者已無關經義，只是稍有筆端之巧慧；最後所提之「文」者，和「筆」者顯然是同一等級的兩個面向，其所長皆在於駕馭文字的技巧，其異則在於寫作文類的不同。

　　就以上所述，蕭繹先是從古今學者爲學之觀念談起，進而提出古今學者的幾種類型，再就今之四類學者提出定義與評價。這樣一種關於學者分類的論述在《金樓子》中，尚有一段類似的內容，即蕭繹引用王充之言，如下：

> 王仲任言：「夫說一經者，爲儒生；博古今者，爲通人；上書奏事者，爲文人；能精思著文連篇章，爲鴻儒，若劉向、揚雄之列是也。蓋儒生轉通人，通人爲文人，文人轉鴻儒也。」（《金樓子・立言下》）

若將此文與蕭繹之文兩相對照，蕭繹的學者分類理論似即脫胎於王充之言，而再加以進一步引申、變化。爲便於說明，且以表格比較此二家在學者分類理論之異同：

	王　充			蕭　繹
學者分類	儒生	說一經者	儒	博窮子史，識其事，通其理。
	通人	博古今者	學	定義： ・博窮子史，但能識其事，不能通其理者。 評論： ・不便屬辭，守其章句，遲於通變，質於心用。

〔註172〕大陸學者劉晟亦持此說，云：「這裡的『惟』，是『唯獨』、『只須』的意思，這裡的『唯獨』、『只須』從上下文來看，並非是正面肯定，而是從反面認識，寓有貶意（古文中不乏其例，如『唯利是圖』、『唯我獨尊』、『唯命是聽』等）。意思是說，至於文，只要『綺縠紛披，宮徵靡曼，脣吻遒會，情靈搖蕩』就可以了。」見氏著：〈蕭繹《金樓子・立言》主旨辨正〉，《華南師範大學學報（社會科學版）》，2000年第二期，2000年4月，頁47。

				・不能定禮樂之是非，辯經教之宗旨，徒能揚搉前言，抵掌多識。 ・挹源知流，亦足可貴。
	文人	上書奏事者	筆	定義： ・不便爲詩，善爲奏章。 評論： ・退則非謂成篇，進則不云取義，神其巧惠，筆端而已。
	鴻儒	能精思著文連篇章（若劉向、揚雄之列）	文	定義： ・吟詠風謠，流連哀思者。 評論： ・維須綺縠紛披，宮徵靡曼，脣吻遒會，情靈搖蕩。
四類關係	儒生→通人→文人→鴻儒	各有所長，並皆肯定。		

表中雖將王充所提出的四類學者：「儒生」、「通人」、「文人」、「鴻儒」與蕭繹所提出之「儒」、「學」、「筆」、「文」相互對應，但仔細分析，此二人所提出的文人類型看似雷同，實則有異。就其同者觀之，王充所言之「通人」頗似蕭繹所言之「儒」，前者爲「博古今者」，後者則能「博窮子史」。其共通點皆在博學多聞。而王充所謂「通一經者」之「儒生」，則可與蕭繹所言之「學」並觀，二者相較於「通人」、「儒」而言，其於學皆有所偏，只能「通一經」、「務章句」，未能「通其理」、「辯宗旨」。再看到王充提出的「文人」，其長在於「上書奏事」，則又和蕭繹所提「不便爲詩，善爲奏章」之「筆」大致吻合。以上王、蕭二人所言之學者類型，大致上是大同小異，但接著看到王充之「鴻儒」與蕭繹之「文」，則頗有差距。王充言「能精思著文連篇章，爲鴻儒，若劉向、揚雄之列是也」，此處所言「精思著文連篇章」者，與蕭繹之「吟詠風謠，流連哀思者」顯然不同。蕭繹所言之「文」者在創作的時候，固然也必須「精思著文連篇章」，但就王充所舉出的學者範例：劉向、揚雄看來，其所謂「著文」、「連篇章」恐非單純的文學創作，而近似於著書立言。蕭繹所謂的「文」則偏向於講求藉由文學作品之形式美以興發情感的作者。兩者之間實有相當大的差異。就兩人在學者類型、定義方面，可說是同中有異。但進一步就其各自所提出的學者類型彼此間的關係來看，王充與蕭繹所提出的學者分類理論則存在著相當大的不同。王充所言之「儒生」、「通人」、「文人」、「鴻儒」四類學者，彼此有各自獨立的特色、屬性，但四者之間卻存在著縱

向的關係。此處所言之「縱向關係」可分爲兩點說明：其一、爲階層性。即此四類學者之間有高下之別，以「鴻儒」爲最高階者，「通人」、「文人」次之，「儒生」最下。其二、爲發展進程之關係。四類學者之間雖有高低之別，但彼此之間的界線是非固定的、可以打破的，因此，類與類之間存在著可向上提昇的、轉變的可能性與發展性，於是「儒生」可爲「通人」，「通人」可爲「文人」，甚至更進一步到達「鴻儒」之境界。然而此一「縱向關係」在蕭繹所提出的學者分類理論中卻不見蹤跡。就全文旨意觀之，蕭繹對於古之學者以及通經之儒所抱持的態度基本上是推崇的，但是對於後代新興之「學」、「筆」、「文」三種類型之學者，也相當重視。「今之學者」相較於「古之學者」雖有無法超越之處，但是對於四種各有所長的「今之學者」蕭繹大致仍予以肯定。其對於「今之學者」的肯定可由兩方面看出：

其一、透過古、今之間的縱向對比，在學術的發展進程中，凸顯「今之學者」的優點。蕭繹言：

> 而古之文筆，今之文筆，其源又異。至如〈象〉、〈繫〉、〈風〉、〈雅〉，
> 名、墨、農、刑，虎炳豹鬱，彬彬君子，卜談四始，劉言〈七略〉，
> 源流已詳，今亦置而弗辨。潘安仁清綺若是，而評者止稱情切，故
> 知爲文之難也。曹子建、陸士衡，皆文士也，觀其辭致側密，事語
> 更（堅）明，意匠有序，遣言無失，雖不以儒者命家，此亦悉通其
> 義也。徧觀文士，略盡知之。至於謝元暉始見貧小，然而天才命世，
> 過足以補尤。任彥昇甲部闕如，才長筆翰，善輯流略，遂有龍門之
> 名，斯亦一時之盛。

引文中，蕭繹首先就古今「文筆」的本質、根源作一對比，提出古今文筆之分別。但是對於古代作品中何者爲「文」、何者爲「筆」，蕭繹並未明確區分，只以一種概括而全面的說法，指出：所謂的「古之文筆」，其內容涵蓋了「經」（〈象〉、〈繫〉、〈風〉、〈雅〉）、「子」（名、墨、農、刑）等著作。對於這些著作之或文或筆之性質、源流，蕭繹未加以釐清，但對於這些作品蕭繹卻是大加讚賞的，認爲此皆「虎炳豹鬱，彬彬君子」，兼具了形式與內涵，文、質並備，燦然可觀。不過，蕭繹並未就古代文學作品之優點大書特書，而是以一種置而不論的態度接著詳談當今文學之特色。他列舉了魏晉以降之作者，並對其文章風格作出分析評論。蕭繹所列舉之作者，可分爲三類：以潘岳爲例，是第一類。此類作者之作品在其他評論者眼中，屬於「情切」之作，蓋指其

文章之「質」略勝於「文」，稍嫌其文采不足。但蕭繹卻站在作者爲文之難處發論，爲潘岳之文辯駁，認爲其文可稱爲「清綺」，並指出創作文質兼具之佳作的難處。而以曹植、陸機爲代表者，則是第二類作者之類型。蕭繹認爲，此二人「皆文士也」，可說是道地的文學創作者，乃「能文之士」，其作品無論在內容方面或是形式表現方面，皆能兼顧，且出類拔萃。除此，觀其文章所蘊含之思想，更暗含了儒家宗旨，非但文質彬彬，甚至可說已到達王充所謂「能精思著文連篇章」之「鴻儒」的境界了。第三類作者，則以謝元暉、任昉等近代作者爲例，前者有「貧小」之失，後者則未能兼善眾體，然而亦有可觀之處。以謝朓而言，其文格局「貧小」，卻能以才氣補之；任昉雖「甲部闕如」，然「才長筆翰，善輯流略」，其長不在「文」，而在「筆」。不在「文」之創作，而在應用文書的綜輯。對於其時之文學作品，蕭繹的分析評論大致上是持正面、肯定的態度，並能以一種「楂梨橘柚，各有其美」的開放性眼光，分別從「文筆之辨」、「爲文之難」的角度，詳細檢視近代作者、作品之性質與優點。這些作者及其作品，在蕭繹看來，正是那個時代中所謂「文筆」的典範，在中國「文」史之發展歷程中，是接續了「經」、「子」等經籍典範的又一高峰。於此，蕭繹對於「今之學者」，尤其是爲「文」者地位之推崇與肯定，也就十分清晰了。

其二、透過「今之學者」與「今之俗」的橫向對比，反映出「今之學者」的可貴。蕭繹言：

> 夫今之俗，搢紳稚齒，閭巷小生，學以浮動爲貴，用百家則多尚輕側；涉經記則不通大旨。苟取成章，貴在悅目，龍首豕足，隨時之義；牛頭馬髀，強相附會。事等張君之弧，徒觀外澤；亦如南陽之里，難就窮檢矣。射魚指天，事徒勤而靡獲；適郢首燕，馬雖良而不到。夫挹酌道德，憲章前言者，君子所以行也。是故言顧行，行顧言。原憲云：「無才謂之貧，學道不行謂之病。」末俗學徒，頗或異此，或假茲以爲技術，或狎之以爲戲笑。若謂之技術者，黎軒眩人，皆技術也；若以爲戲笑者，少府鬭獲皆戲笑也。未聞彊學自立，和樂慎禮，若此者也。口談忠孝，色在於遇鴻；形服儒衣，心不則於德義。既彌乖於本行，實有長於澆風。一失其源，則其流已遠。其與不隕穫於貧賤，不充詘於富貴，不畏君王，不累長上，不聞有司者，何其相反之甚？（《金樓子・立言下》）

從古今的對比之中，固然可以凸顯出「今之學者」的重要性地位，另外，蕭繹又進一步藉著批判「今之俗」，來強調「今之學者」的難能可貴。引文中，蕭繹主要從「爲文」、「爲學」兩個方面來批判「搢紳稚齒，閭巷小生」等「今之俗」者之弊。首先，在「爲文」方面，蕭繹指出「今之俗」者最大的缺點在於「苟取成章，貴在悅目」。其爲文雖亦多從「百家」、「經記」中取材，看似頗有思想深度，實則並無宏旨，其引經據典不過只是爲文之策略之一，目的在使文章「悅目」罷了。其所引用之經典的裝飾性意義，遠高過於實用性與思想性，只是徒有「外澤」，實則「難以窮檢」。其次，在「爲學」方面，則就今之俗者「學行不符」此點上，加以批判。蕭繹認爲，「才」、「學」固然可取，但是要成爲「君子」，「行」才是關鍵。「挹酌道德，憲章前言」固然可以爲文章增色，但是爲文者若不能「言顧行，行顧言」，則文章之創作亦不過只是炫耀己才、取悅他人耳目的技術、戲笑之流。所謂的道德、仁義也不過是標語、口號，此輩與眞正能「彊學自立，和樂愼禮」有德君子實判若雲泥。在蕭繹眼中，這些「末俗學徒」無論是「爲文」或是「爲學」；無論是論「才」或論「行」，皆無法眞正的「學者」相提並論。此類「今之俗」者，既無眞才實學，又缺乏知識份子的風骨，儘管能在文章上炫人耳目，但在層次上已經淪於下流，不足以稱爲「文士」、「學者」，而只能視之爲「黎軒眩人」、「少府鬪獲」之輩，未足觀矣。藉著通過對於「今之俗」的批判，蕭繹所欲強調的、不但是學者之「才」、「學」，更在於「德行」以及「道德實踐」方面的問題。學術也好、文學作品也好，蕭繹所看重的除了外在的形式表現之外，內在的思想以及爲文者、爲學者能否言行合一，也是其關注之所在。前文中所提及之「儒」、「學」、「筆」、「文」四類學者，相較於古代學者，雖在本質上、境界上有所轉變，但是基本上，對於這些轉變，蕭繹仍能給予包容、欣賞，肯定一個時代中所衍生的學術發展特色。然而，對於新時代之中的學術流弊，蕭繹顯然亦能有所洞悉，對於附庸風雅、徒具形式而不具實質精神的後學、末流，則能準確地指出其弊端。在古今、雅俗的兩相對比下，「今之學者」的時代性價值與地位則躍然紙上了。

透過以上之討論，可發現蕭繹對於古今學術、學者之發展、流變有著相當深刻的觀察與理解。對於學術，蕭繹既是實際參與者，亦是評論者、記錄者。在《金樓子》中，我們所能看到的，乍看實是單純地雜纂、雜鈔，但在詳細地辨析之後則可知，蕭繹雖多有纂鈔，但對於整個時代的學術脈動，卻

頗能深切洞察。儘管鈔纂他人資料是不可抹滅的事實，但整體觀之，蕭繹對於學術發展此一議題的關注軸線、與討論架構，則確實是其用心之處。

（三）其　他

在《金樓子》中除了上述兩大議題之外，還有一些議題同樣受到蕭繹的關注，如：「人物品評」、「奇聞軼事」等。這些明顯歧出於子學傳統主流論述的議題，在東漢以迄於六朝諸子書中已屢見不鮮，唯各書所載之相關言論，多只是隻言片語；〔註173〕然在《金樓子》中，卻可見到蕭繹大量地蒐羅了與此相關之資料，並編列成為其子書中之篇章。此時，「人物品評」、「奇聞軼事」等議題，儼然成為子書之中理所當然的存在。以下便就《金樓子》中與此相關的論述作一番歸納、分析，以見蕭繹何以選取這些議題作為其子書中的重要成分、而這些論述之內容、特色又具有怎樣的時代意義與學術定位。

1、人物品評

對於「人物」的關注是《金樓子》中一個明顯的特徵，書中一方面彙編了同類型歷史人物之事蹟，或針對特定事件中人物之功過是非給予論斷；另外一方面，則以一種「人物品評」的態度，以品鑒的眼光以及新興的識人標準記載人物對話、事件，凸顯風流意態。事實上，在《金樓子》中，這兩種面向的、關於「人物」的討論，有著重疊的灰色地帶，同一段資料，很可能具備了兩種面向的特徵。在〈雜記上篇〉中便有幾則資料呈現出此一現象，如蕭繹記「劉穆之由貧而富」、「顏師伯要倖」、「馬耽慨然就義」、「孟昶立功專由妻」等諸多事件，雖然都可視為內容完整、頗具史傳神韻的人事記載；然而，藉著其中人物應對進退之言語與態度，或多或少也足以反映人物之個性、才智與氣質，廣義言之，似也符合於東漢以降所盛行的人物品鑒之風。為了避免討論範圍的無限擴張，在此，筆者擬將《金樓子》中較偏向於「史傳」、「事件記載」之篇章排除於外，而將討論焦點集中於以「人物品評」為主的篇章。此處所言之「人物品評」，著眼於篇章中是否明確指出或能反映出蕭繹對於人物的品鑒標準。若依此原則來檢視《金樓子》，可發現這部分的內容集中出現於〈立言上〉、〈捷對〉、〈雜記上〉、〈雜記下〉等篇中。就這些篇章中的內容加以分析歸納，可發現蕭繹對於「人物品評」除了有相當程度的

〔註173〕關於此點詳參本論文第二章、第三節之（3）、轉變面向之三：由「天下國家」到「個人興趣」。

關注之外，更有自己的品鑒標準。其中〈捷對篇〉更是直接仿效《世說新語》
列舉品鑒類目，而後搜聚、紀錄相關人物之言行以成篇，觀其所載之事，更
像是結合了《世說新語》中的〈言語〉、〈捷悟〉兩篇，將「敏捷機智的應對」
視爲一種足以稱許的才能。除此，在〈立言上〉、〈雜記上〉、〈雜記下〉等篇
中，蕭繹雖未採取「分類」、「舉例」之模式，但我們仍可從中看出他對於某
些才能、氣質的看重。以下便依據這些篇章，歸納蕭繹所看重的人物特質，
並逐項說明蕭繹在「人物品評」方面的獨特眼光：

（1）對當代人物「才學」方面之表現的推崇與批判

　　無論是透過《金樓子》之內容或是他人的評價，蕭繹的好學、博學是顯
而易見的。蕭繹曾於《金樓子·自序篇》中記載了關於自己小時好學苦讀之
事，云：

> 吾小時，夏日夕中下降紗蚊絢，中有銀甌一枚，貯山陰甜酒，臥讀
> 有時至曉，率以爲常。又經病瘡，肘膝爛盡。比以來三十餘載，泛
> 玩眾書萬餘矣。自余年十四，苦眼疾沉痼，比來轉暗，不復能自讀
> 書。三十六年來，恒令左右唱之。曾生言：「誦詩讀書，與古人居；
> 讀書誦詩，與古人期。」茲言是也。（《金樓子·自序篇》）

蕭繹自小對於讀書的興趣，以及雖遭病痛纏身依然苦讀不輟的勤勉，於文中
一一可見。同樣的事蹟亦見於《顏氏家訓·勉學篇》，顏之推曾引元帝小時好
學、勤學之事勸勉其子弟，曰：

> 梁元帝嘗爲吾說：「昔在會稽，年始十二，便已好學。時又患疥，手
> 不得拳，膝不得屈。閑齋張葛帷避蠅獨坐，銀甌貯山陰甜酒，時復
> 進之，以自寬痛。率意自讀史書，一日二十卷，既未師受，或不識
> 一字，或不解一語，要自重之，不知厭倦。」帝子之尊，童稚之逸，
> 尚能如此，況其庶士，冀以自達者哉？〔註174〕

藉由顏之推對蕭繹之言的轉述，我們更能清楚看到蕭繹在學問方面的投入與
勤勉。或許正是因爲蕭繹自身對於知識學問孜孜不倦的投入與追求，在《金
樓子》中有多條資料流露出蕭繹對於時人之「才」、「學」的重視，「才學」顯
然是其品評人物時一個關鍵的指標。對於才學過人者，蕭繹大加推崇之；對
於不學無術者，蕭繹則批判之。然而所謂「才」、「學」所指涉之意涵爲何？
以下便就《金樓子》中之資料分析蕭繹對於「才」、「學」之定義、範疇。在

〔註174〕《顏氏家訓·勉學》，頁197。

〈雜記上〉篇中，蕭繹有言：

> 邱遲出爲永嘉郡，群公祖道於東亭，任敬子、沈隱侯俱至。邱云：「少
> 來搜集書史，頗得諸遺書，無復首尾，或失名，凡有百餘卷，皆不
> 得而知，今併欲焚之。」二客乃謂主人云：「可皆取出共看之。」傅
> 金紫〔註175〕末至，二客以向諸書示之，傅乃發摘剖判，皆究其流，
> 出所得三分有二，賓客咸所悅服。（《金樓子・雜記上》）

文中記載邱遲所聚之書內容散亂不全，難以判斷成書時代與作者，故持書以
示人，然人多不能判別眾書之源流，唯有傅昭能「發摘剖判，皆究其流，出
所得三分有二」，故爲眾人所佩服。蕭繹特地將此事錄於其書中，對於傅昭之
博學多聞想必是十分推崇的。進一步言之，在蕭繹所處之時代，雖有前代所
遺留的龐大的文化遺產與學術著作，然而整個梁代的社會卻充斥著許多不學
無術、徒有虛名者，顏之推便曾就此風加以批判，云：「梁朝全盛之時，貴遊
子弟多無學術，至於諺云：『上車不落則著作，體中何如則秘書。』無不熏衣
剃面，傅粉施朱，駕長簷車，跟高齒屐，坐棋子方褥，憑斑絲隱囊，列器玩
於左右，從容出入，望若神仙。明經求第，則顧人答策；三九公讌，則假手
賦詩。」〔註176〕整個時代所展現的正是一種浮華不實、不重學術的氛圍。反
觀蕭繹對於傅昭「博學」的讚許，也更加具有時代意義，傅昭之博學不但顯
示了蕭繹所看重的人物特質，更反襯了當時之社會風氣。而蕭繹對於「博學」
之看重，還可見於另一事例中，見〈雜記下篇〉：

> 元嘉中，張永開玄武湖，值古冢，尚有一銅斗，有柄若酒枓。太祖
> 訪之朝士，莫有識者。何承天曰：「此亡新威斗。王莽三公亡，皆以
> 賜之。一在冢內，一在冢外。」俄而又啓冢，內有一斗，有銘書稱
> 「大司徒甄邯之墓」。（《金樓子・雜記下》）

文中看似單純地記述元嘉年間從古墓間發現古物之事，但實則是對何承天「博
學多聞能辨識古物」的推崇。此事亦見於《南史》，文字與《金樓子》所載大
抵相同，但文前多了「承天博見古今，爲一時所重」，文末則多了「時帝每有
疑議，必先訪之，信命相望於道」。〔註177〕以此觀之，蕭繹之所以記載此事，

〔註175〕今考察《梁書》知傅金紫即爲傅昭，身歷南朝宋、梁二世，《梁書》稱其「博
　　　　極古今，尤善人物」，於梁普通二年受封「金紫光祿大夫」。詳見《梁書》卷
　　　　二六〈傅昭傳〉，標點本，頁394。
〔註176〕《顏氏家訓・勉學》，頁148。
〔註177〕《南史・卷三十三》：「承天博見古今，爲一時所重。張永嘗開玄武湖遇古冢，

應非單純雜記前代人物事件，而可能是出自於對何承天「博見古今」的推許。以上諸例中，人物之共性在於「博學多聞」，蕭繹所欲強調的是傅金紫以及何承天等人對於古籍、古文物等相關知識的淵博。相較於蕭繹對「博學多聞」者的推崇，《金樓子》另有資料顯示出蕭繹對於「無學之人」的輕視與感嘆，見〈雜記下篇〉：

> 桓譚有《新論》，華譚又有《新論》；揚雄有《太玄經》，楊泉又有《太玄經》。談者多誤，動形顏色。或云：桓譚有《新論》，何處復有華譚？揚子有《太玄經》，何處復有《太玄經》？此皆由不學使之然也。
> （《金樓子·雜記下》）

時人對於相同書名、不同作者的混淆情形讓蕭繹頗有感觸，故言「此皆由不學使之然也」，言中對於不學無術之人的批判，清晰可見。除此，在〈雜記上篇〉更記載了一則士人無學而貽笑大方之事：

> 何敬容書名，「敬」字大作「苟」小作「文」；「容」字大作「父」，小作「口」。陸倕戲之曰：「卿名苟既奇大，父殊不小。」敬容不能答。常事衣服，夏月入朝，衣裳不整，乃扶伏床下，以熨斗熨之，衣既甚輕，背便焦灼。不辨「屯」、「毛」兩字之異，答人書曰：「吾比毛弊」，時人以爲笑也。不知晉國及晉朝，人或嘲之曰：「獻公殺賈后，重耳殺懷愍，卿憶此？」敬容曰：「從來所難此，故足稱匪人也」。（《金樓子·雜記上》）

引文中之何敬容非但無學術，甚至連自己的名字都寫不好，也無法照理自己的日常生活，無論是在文字辨識上、或對歷史常識都無法達到常人之標準，蕭繹對於其不學無術相關事蹟的記載，已不全然是以「無學」來批判，而可視之爲笑話題材了。

　　對於古今學術是否能夠有一定的認識與瞭解，是蕭繹品評人物的一項標竿。除此之外，蕭繹識人還多著眼於是否有「才」。在《金樓子》中蕭繹分別在〈雜記上〉、〈雜記下〉兩篇中收錄了「有才之人」與「無才之人」之事蹟，其事如下：

冢上得一銅斗，有柄。文帝以訪朝士·承天曰：『此亡新威斗。王莽三公亡，皆賜之。一在冢外，一在冢內。時三台居江左者，唯甄邯爲大司徒，必邯之墓。』俄而永又啓冢內更得一斗，復有一石銘『大司徒甄邯之墓』。時帝每有疑議，必先訪之，信命相望於道。」

> 孔翁歸解玄言，能屬文，好飲酒，氣韻標達，嘗語余曰：「翁歸不畏
> 死，但願仲秋之時，猶觀美月；季春之日，得玩垂楊。有其二物，
> 死所歸矣。」余謂斯言雖有過差，無妨有才也。(《金樓子·雜記上》)
>
> 高貴鄉公賦詩，給事中甄歆、陶成嗣，各不能著詩，受罰酒。金谷
> 聚前，絳邑令邵榮陽、中牟潘豹、沛國劉遠不能著詩，並罰酒三斗。
> 斯無才之甚矣。(《金樓子·雜記下》)

在第一則引文中，蕭繹以「解玄言，能屬文，好飲酒，氣韻標達」四件事概括評論了孔翁歸這個人，文中蕭繹雖對孔氏放達、灑脫的人生觀不表認同，但對於此人之「才」卻深表認同。而何謂「才」？由蕭繹對孔氏的評價中，我們可看出蕭繹所言之「才」，頗近於六朝名士所展現的「風流意態」，既要能談玄論道、連綴篇章，還要具備一種不凡的「氣韻」，歸納言之，蕭繹所言之「才」，既包含了「才藝」，又兼涉「氣質」。其品評人物有「才」與否時，所依據的便是人物所具備之「才藝」或是「氣質」。由第二條引文可明確看到，蕭繹將「不能著詩」，即無著詩才藝者，並皆歸於「無才」之流。然而若徒具著作之才，在蕭繹看來似乎仍不足以列入名士之流，如其評論卞彬時，曾言：

> 卞彬為《禽獸決錄》云：「羊淫而狠，豬卑而攣，鵝頑而傲，狗險而
> 出。」皆指斥貴勢。其〈蝦蟇科斗賦〉云：「紆青拖紫，出入苔中。」
> 以比當時令僕也。「科斗唯唯，群浮闇水，唯朝繼夕，聿役如鬼。」
> 比令史、咨事也。非不才也，然復安用此才乎？(《金樓子·立言上》)

文中對於卞彬之文才雖然給予相當的肯定，但卻於文末言「非不才也，然復安用此才乎？」似對卞彬雖有撰作文章之才藝，然而卻是以文嘲諷、戲弄他人一事，頗有微詞。相較於上文曾提及之孔翁歸，卞彬顯然於「氣韻」方面不逮於人，其作品的字裡行間雖是對貴勢、惡吏的指責，卻也反映其個性中的褊急、刻薄，在六朝名士著力追求一種喜怒不形於色的風流氣度時，卞彬之言行卻與此背道而馳。當蕭繹感嘆其「安用此才呼」時，或許正是為卞彬空有才藝卻無氣質、涵養而感到遺憾。

以此而言，蕭繹品評人物之標準之一，即在於「才學」。而其所定義之「才學」則涵蓋了「學識」、「才藝」與「氣質」等項目。蕭繹一方面承襲傳統的識人標準，強調士人應該「博學多聞」、「學貫古今」；另一方面則跟隨著時代的風潮，將人物之「才藝」、「氣質」列為名士的條件。

（2）聊復記言，以觀捷對

然而蕭繹不單只是看重時人是否有才、有學，更重視一個人在應對之間是否具備機智、捷才。《金樓子》便專門立了〈捷對〉一篇，收錄了魏晉至梁朝，名士之間的巧言妙對。〈捷對〉篇首之序有言：

> 夫三端爲貴，舌端在焉；四科取士，言語爲一。雖諜諜利口，致戒
> 嗇夫：便便爲嘲，且聞謔浪。聊復記言，以觀捷對。

序文中蕭繹明確將「言語」視爲人物品評的重要項目，然而卻不認爲「捷對」一概皆是值得效法、推崇的，如同《史記・張釋之列傳》所記之嗇夫雖「諜諜利口捷給」〔註178〕而未拜之事則引人深戒；至於其他「便便爲嘲」者，亦不過視爲生活趣談「且聞謔浪」。〈捷對〉中所記載的人物或未必符合蕭繹對名士的要求，但當蕭繹將「捷對」作爲一個品類，檢視、蒐集各種可以歸入此品類中的事例時，捷對所需的「機智」、「捷才」也就成爲其品評人物時另一個重要的觀點。

今考察〈捷對篇〉之內容，多有取自於《世說新語》、史書以及笑話集中的材料，但蕭繹並非雜亂無章的湊成篇幅，而有其關注的面向。若我們大致將〈捷對篇〉所載之巧妙應對之事加以歸類，主要有以下兩類，見下表：

類　　別	事　　例
Ⅰ 既有才學又有捷智者	1.晉武帝受禪，探得「一」字，朝士失色。裴楷對曰：「天得一以清，地得一以寧，侯王得一以爲天下貞。」 2.宋文帝嘗與群臣汎天淵池。帝垂綸而釣，回旋良久，竟不得魚。王景文乃越席曰：「臣以爲垂綸者清，故不獲貪餌。」此並風流閒勝，實爲美矣。 3.魏文帝受禪，郭淮晚到。帝曰：「防風後至，便行大戮。」對曰：「五帝教民以德，夏后始用刑書。臣在唐虞之世，知免防風之戮。」 4.宋武帝登霸陵，乃眺西京，使傅亮等各詠古詩名句。亮誦王仲宣詩曰：「南登霸陵岸，回首望長安。」 5.陳大（太）武該（陔）問鍾毓曰：「皋陶何如人？」對曰：「君子周而不比，群而不黨也。」〔註179〕 6.費禕使吳，孫權饗之，逆敕群臣，使至伏食勿起。禕至，權爲輟食。禕嘲之曰：「鳳凰來朝，麒麟吐哺；鈍驢無知，伏食如故。」諸葛瑾輟食，反嘲之曰：「援植梧桐以待鳳凰，有何燕雀，自稱來翔。何不彈射，使還故鄉？」

〔註178〕詳見《史記・張釋之列傳》，標點本，頁2757。
〔註179〕括號內字據《世說新語・排調篇》改之。見余嘉錫：《世說新語箋注》（臺北：華正書局，2002年），頁780～781。下引《世說新語》皆據此本，不再詳註。

	7.羊戎好爲雙聲。江夏王設齋，使戎鋪舒法坐戎處分，曰：「官教前床，可開八尺。」江夏曰：「開床小狹。」戎復唱曰：「官家恨狹，更廣八分。」文帝與戎對曰：「金溝清泄，銅池漾洩；極佳光景，當得劇藝。」
	8.吾遣張溫聘蜀，百官皆餞焉。秦宓未往，諸葛亮累催之。溫曰：「彼何人也？」亮曰：「益州學者也。」及至，溫問宓曰：「君學乎？」宓曰：「五尺僮子皆學，何必小人？」溫復問曰：「天有頭乎？」宓曰：「有之。」溫曰：「何方？」宓曰：「天處高而聽卑，《詩》云『鶴鳴九皋，聲聞于天。』若其無耳，何以聽之？」溫曰：「天有足乎？」宓曰：「『天步艱難，之子不猶。』若其無足，何以步之？」溫曰：「天又姓乎？」宓曰：「姓劉。」溫曰：「何以然也？」答曰：「今天子姓劉，故以此知之。」溫曰：「日生乎東乎？」宓曰：「雖生於東，而沒於西。」
	9.習鑿齒詣釋道安，值持鉢趨堂。鑿齒乃翔往眾僧之齋也，眾皆捨鉢斂衽，唯道安食不輟，不之禮也。習甚恚之，乃厲聲曰：「四海習鑿齒，故故來看爾。」道安應曰：「彌天釋道安，無暇得相看。」習愈忿曰：「頭有鉢上色，鉢無頭上毛。」道安曰：「面有匙上色，匙無面上坳。」習又曰：「大鵬以南來，眾鳥皆戢翼；何物凍老鴟，腩腩低頭食？」道安曰：「微風入幽谷，安能動大才？猛虎當道食，不覺蚤虻來。」於是習無以對。
II 以他人姓名爲嘲，而答者爲優	1.盧志問陸士衡：「陸抗、陸遜是卿何物？」答曰：「如卿於盧斑、盧毓相似。」
	2.崔正熊詣郡，郡將姓陳，問正熊：「君去崔杼幾世？」答曰：「正熊之去崔杼，如明府之去陳恒也。」
	3.安成公何勖與殷元喜共食。元喜即淳之子也。勖曰：「益殷蓴羹。」元喜徐舉頭曰：「何無忌諱。」勖乃無忌子。
	4.劉悛勸謝淪酒曰：「謝莊兒不得道不能飲。」對曰：「苟得其人，自可沉恬。」悛乃沔之子。
	5.楊子州（世說作楊氏子）年七歲，甚聰慧。孔永（或作孔君平）詣其父。父不在，乃呼兒出，爲設果，有楊梅。永指示兒曰：「此真君家果。」而答曰：「未聞孔雀是夫子家禽。」

第一類所列舉之「既有才學而又有捷智者」，其特徵在於既能在學識、才藝方面各擅勝場，又能在日常生活之應對進退中藉著語言充分展現其才學、技藝。如裴楷、王景文、郭淮、傅亮、鍾毓、秦宓等人，多能在短時間內引據諸子、經、史、詩歌，為自己解圍或是以言語儡服眾人。一來顯示其學識之淵博，同時也展現其敏捷的應變能力。再如羊戎與江夏王、習鑿齒與釋道安之對話，前者所擅長的是當時盛行的、講求音聲相諧之語言遊戲方面的才藝；後者則展現了以即席之韻語試探的才華。而第二類「以至諱為嘲，而答者為優」中之諸例，則多是六朝士人相互嘲謔之事，其中所引以為嘲謔之重心則在於他

人之「至諱」，如姓氏、父祖姓名等。然觀其內容雖爲嘲謔之詞，卻暗含風雅之趣。關於此一風氣，張蓓蓓曾於其博士論文中針對《世說新語》中相似之事例提出相當精闢的分析，云：

> 此諸條皆在暗中貶人，其言甚平而順，使人無法尋釁，甚至反當爲其巧點而一笑。魏晉人極重視人物之巧言之才，甚至涉於嘲謔，亦以爲足以見才，未必傷德；是故當時人與人相互嘲謔，蔚爲風氣；《世說》有〈排調〉一門，記此類事有六十五條之多，又有〈輕詆〉一門，記此類事亦有三十三條。〈排調〉、〈輕詆〉之事盛多，正是魏晉名士好逞詞鋒的過激表現。〔註180〕

魏晉人所重視的「巧言之才」，蕭繹似同樣重視。

今觀《金樓子・捷對》中記載之事多直接引用自《世說新語》，然《世說》三十六門中具備各類型之名士典型，蕭繹卻特別著重於人物之敏捷應對，並將其整合爲〈捷對篇〉，其於此方面的關注也就十分明顯了。

（3）對名士風流的取與捨

蕭繹品評人物所著眼之內容主要如「學識」、「才藝」、「氣質」、「捷對」之外，這些項目大體不出於魏晉品鑒人物的標準之外。值得注意的是，蕭繹一方面繼承前代品鑒人物之觀點，但卻也變化出自己的品鑒風格。在《金樓子》中，有多則資料直接纂鈔於《世說新語》，而後再加以潤飾，標注出重點；又或者是模擬《世說新語》之筆法，寫出自身對於當代人物的評論。就這個部分而言，大體可視爲蕭繹對《世說》的追隨，並無新意。但是《金樓子》卻另有部分人物品評之言，頗異於《世說》之觀點。以下我們先看看《金樓子》中直接引用、模擬《世說》觀點與筆法之事例：

> 晉中朝庾道季云：「廉頗、藺相如，雖千載死人，凜凜如有生氣；曹攄、李志，雖久在世，黯黯如九泉下人。人皆如此，便可結繩而理。」並抑抗之論也。（《金樓子・立言上》）〔註181〕

> 魏長高有雅體，而才學非所矜（經）。初官出，虞存嘲之曰：「與卿約法三章，談死，文筆刑，商略底罪。」魏怡然而笑，無忤於色。

〔註180〕氏著：《漢晉人物品鑒研究》，同前註221，頁343～344

〔註181〕引自《世說新語・品藻》，原文如下：庾道季云：「廉頗、藺相如雖千載上死人，懍懍恆如有生氣。曹蜍、李志雖見在，厭厭如九泉下人。人皆如此，便可結繩而治，但恐狐狸猯狢噉盡。」見《箋注》，頁535～536。

更覺長高之爲高，虞存之爲愚。（《金樓子‧立言上》）〔註182〕

兩者資料同出自《世說》，庾道季對人物的品評手法，能以一種抽象的審美角度，藉著兩組人物的對比，凸顯出高下優劣，爲《世說》常見題材，蕭繹抄錄於此，僅略加改動，並於文末加一短評。第二條資料亦是如此，魏長高「怡然而笑，無忤於色」之表現是《世說》中典型的名士風流之姿，蕭繹直接引用，僅於文末評曰「更覺長高之爲高，虞存之爲於愚。」則以長高之名、虞存之姓與「高」、「愚」諧音，巧妙地附和《世說》之意，增加此事之趣味。又如以下兩例：

鄭泉願得五百斛船貯酒，四時甘肥，置兩頭。謂人言：「死必葬我於陶家之側，百年之後，形化爲土，得爲酒器，豈不美哉？」（《金樓子‧雜記下》）

畢卓常飲廢職，比舍郎釀熟，卓因醉，夜至其甕間取酒飲之，掌酒者不察，執而縛之。郎往視之，乃畢吏部也。遽釋其縛，卓遂與主人飲於甕間，取醉而去。卓嘗謂人曰：「右手持酒杯，左手持蟹螯，拍浮酒池中，便足了一生也。」（《金樓子‧雜記下》）

看來蕭繹對於魏晉以下名士灑脫不羈、任性自得之言行，放達之人生觀，亦頗能以一種品賞之眼光，予以重視。

然而對於魏晉名士所崇尚之「風流」，蕭繹並非全然認同，對同時代人物之任誕違禮言行，蕭繹便多有微詞，如其論蕭賁，曾言：

蕭賁忌日拜官，又經醉自道父名。有人譏此事。賁大笑曰：「不樂而已，何妨拜官？溫酒之談，聊慕言在。」了無忤色。賁頗讀書而無行，在家徑偷祖母袁氏物，及問其故，具道其母所偷，祖母乃鞭其母。出貨（貨）之，所得餘錢，乞問，乃估酒供醉。本名「渙」，兄弟共以其懨，因呼爲「賁」。此人非不學，然復安用此學乎？（《金樓子‧立言上》）

先不論蕭繹與蕭賁之間有何恩怨過節，又或者蕭賁本身是否眞若蕭繹所言之「頗讀書而無行」，但由引文中可知，儘管蕭繹重視人之「學」與「不學」，

〔註182〕引自《世說新語‧排調》，但文字上略有增刪，今錄《世說》原文備考：「魏長齊雅有體量，而才學非所經。初宦當出，虞存嘲之曰：『與卿約法三章：談者死，文筆者刑，商略抵罪。』魏怡然而笑，無忤於色。」《金樓子》中直接鈔自《世說》之人物品評之語，尚見於〈雜記下篇〉：「李元禮冽冽如長松下風，周君颼颼如小松下風。」按此條即出自《世說‧賞譽》。

但也同樣看重人物之「德行」。於「才學」之外，「立身處世之誠信」以及「對
尊長的孝敬之心」，亦是蕭繹把持之準則。對於違禮放誕之人，蕭繹的態度顯
然大不同於魏晉品鑒之風，而採取一種較爲保守、傳統的態度。再看到蕭繹
對王藍田與王羲之有隙一事的評論，云：

> 王懷祖之在會稽居喪，每聞角聲即灑掃，爲逸少之弔也。如此累年，
> 逸少不至。及爲楊州，稱逸少罪。逸少於墓所自誓，不復仕焉。余
> 以爲懷祖爲得，逸少爲失也。懷祖地不賤乎逸少，頗有儒術，逸少
> 直虛勝耳。才既不足以高乎物，而長其狠傲，隱不違親，貞不絕俗，
> 生不能養，死方肥遯，能書，何足道也？若然魏颺之善畫，綏明之
> 善棊，皆可凌物者也。懷祖構怨，宜哉。主父偃之心，蘇季子之歎，
> 自於懷祖見之。（〈立言篇上〉）

此事亦見於《世說・仇隙篇》，但《世說》並未明顯評論二人之是非對錯，蕭繹
卻據此事論斷「懷祖爲得，逸少爲失」。其評論之觀點傾向於同情王藍田，指責
王羲之，認爲羲之雖善書，但卻恃才傲物，又不能眞正做到超然歸隱，以致於
招致自身諸多禍患並憤慨而終，可謂咎由自取。而藍田對其報復也是正當反應。
原《世說・仇隙》中所錄之事，大多意在呈顯出魏晉時人激烈之情性；但同樣
的事件在蕭繹筆中，卻加入了道德是非的論斷，由此亦可看出蕭繹品藻人物之
觀點除了具有「審美鑑賞」的眼光之外，亦融入傳統儒家的道德觀。

　　藉由以上之分析，蕭繹於《金樓子》中所觸及之人物品評之課題，大致
呈現出以下幾點特色：其一、無論是蕭繹所蒐聚之關於人物品評方面的資料
或是出自於蕭繹筆下的品評之言，大體呈現出重視「博學」、「才藝」、「氣質」、
「捷對」幾個項目，而這些標準一方面顯示出蕭繹對於人物的品評角度，一
方面既著重於天生之才智與氣質；也重視人物在學識方面的積累。在魏晉以
下講究「天才」、「機智」之風潮下，蕭繹並不否定積學之必要，甚至提倡「博
學」，以此作爲名士標準。其二、對於名士某些程度的任性自得，灑脫不羈，
蕭繹不吝給以賞譽；但是對於違禮、無行之人，儘管其才學過人，蕭繹則給
予嚴厲的評判。其三、在品評人物的形式上，蕭繹雖多襲用《世說》之言，
但並非亦步亦趨，除了纂錄《世說》中典型之品評事例外，蕭繹亦能藉由某
些事例抒發其個人的感慨，一反《世說》賞譽爲主的觀點，對人物之得失是
非給予具體的分析與論斷。就以上以幾點而言，蕭繹一方面能充分體會魏晉
人物品鑒之精神，但同時又能融入傳統儒家的觀點於其中；一方面能以欣賞

之眼光品鑒人物，卻也同時以史家之筆法，具體褒貶、指陳是非。就這個部分而言，《金樓子》實有其可觀之處。

2、奇聞軼事

《金樓子》中另有一部份的內容頗異於傳統子書，所記多屬歷代之奇聞軼事，甚至還有發生在蕭繹自身之事；多數爲纂鈔自其他書籍，少部分則是出自蕭繹筆下。這些內容蕭繹將其彙整收入〈志怪篇〉中，並自言其寫作此篇之動機，蕭繹云：

> 夫耳目之外無有怪者。余以爲不然也。水至寒而有溫泉之熱，火至熱而有蕭邱之寒；重者應沉而有浮石之山，輕者當浮而有沉羽之水。淳于能剖臚而理腦，元化能刳腹以浣胃；養由拂蛉蜻之左翅，燕丹使眾雞之夜鳴，皆其例也。謂夏必長而蒜麥枯焉，謂冬必死而竹柏茂焉，謂死必終而天地無窮焉，謂生必死而龜蛇長存焉。若謂受氣者皆有一定，則雉有化蜃，雀之爲蛤，蠣蟲假翼，川黿奮蜇，鼠化爲鴽，草死爲螢，人化爲虎，蛇化爲龍，其不然乎？及其乾鵲知來，猩猩識往，太皞師蜘蛛而結罟，金天據九扈以爲政，軒轅候鳳鳴而調律，唐堯觀蓂莢以候時，此又未必劣於人也。逍遙國蒽變而爲韮，壯武縣桑化而爲柏，汝南之竹變而爲蛇，菌郁之藤化而爲鮨。盧躭爲治中，化爲雙白鵠；王喬爲鄴令，變作兩蜚鳧。諒以多矣，故作〈志怪篇〉。（《金樓子・志怪》）

這段文字可視爲〈志怪篇〉之序言，可看出蕭繹之所以寫作此篇，主要是出於對許許多多常理無法解釋的怪異之事物的「好奇心」。「夫耳目之外無有怪者。余以爲不然也。」所表現的是對怪異之事的正視與重視。在這段文字中，蕭繹將各種難以解釋的事物化爲一個個典故，堆疊鋪陳出一個奇幻炫麗、神秘詭譎的陌異之境。但是若我們詳細考察此段文字中所提及之「怪事」，可發現，蕭繹所定義的「怪事」，並非鬼靈精怪之事，而著重在不合常理之事物。而所謂的不合常理是個籠統的說法，詳細而言，又可區分爲以下幾點：

（1）異於尋常可見之自然現象

> 水至寒而有溫泉之熱，火至熱而有蕭邱之寒；重者應沉而有浮石之山，輕者當浮而有沉羽之水。

（2）人類的特異能力

> 淳于能剖臚而理腦，元化能刳腹以浣胃；養由拂蛉蜻之左翅，燕丹

使眾雞之夜鳴。

（3）不同物種之間的相互變化

鼠化爲鴛，草死爲螢，人化爲虎，蛇化爲龍。

（4）動植物所具備的特異功能

乾鵲知來，猩猩識往，太皞師蜘蛛而結罟，金天據九扈以爲政，軒轅候鳳鳴而調律，唐堯觀蓂莢以候時。

蕭繹顯然是將志怪的內容，限於人類知識和經驗所不能解之怪異事物與現象，至於超乎人類知識經驗之外的事物，如鬼怪、神仙、妖魅一類之事，則不是其關注的內容。而逐一考察〈志怪〉中各條資料，確實合於蕭繹此序中對「志怪」之「怪」的界定，大致將全篇內容加以歸類，可分爲以下幾類：

（1）記載各地奇異之士的異能或特徵

秦青謂友人曰：韓娥東之齊，至雍門鬻歌，既而餘響繞梁，三日不絕。遇逆旅人辱之，娥因舉聲哀哭，一哭，老少悲愁，三日不食；娥復舉聲長歌，一里拄舞，不能自禁，忘向之悲也。乃厚賂之，雍門人至今善歌。

外國方士能咒，能臨淵禹步。……即興雲雨。

大秦國人長十丈，小秦國人長八尺，一足國人長九吋。

（2）記載天地之間各種奇異之物

巨龜在沙嶼間，背上生樹木如淵島，嘗有商人依其採薪，及作食，龜被灼熱，便還海，於是死者數十人。

鯨鯢一名海鰌，穴居海底，鯨入穴則水溢爲潮來，鯨出穴則水入爲潮退。鯨鯢既出入有節，故潮水有期。

豫章有石，以水灌之便熱，以鼎置其上，灼食即熱。張茂先，博物君子也。

雷孔章，亦一時之學士也，入洛齎此石以示張。張曰：「所謂燃石也。」余從兄勵爲廣州，嘗致數片，煮食猶須燒之。

晉寧縣境內出大鼠，狀如牛，……散落其毛，悉成小鼠，盡耗五稼。

（3）記載各地之奇異風俗

東南有桃都山，山有大桃樹，上有天雞。……樹下有兩鬼，……

女國有橫池水，婦人入浴，出則孕，若生男子，三年即死。

（4）紀錄古史傳說中的奇異事件

秦王遣徐福求桑椹於碧海之中，海中止有扶桑樹，長數千丈，樹兩根同生，更相依倚，是名扶桑。仙人食其椹，而體作金光，飛騰元宮也。

孔子冢在魯城北，塋中樹以百數，皆異種，魯人世世無能名者。傳言孔子弟子既皆異國之人，各持其國樹來種之。孔子塋中至今不生荊棘草木。

魏明帝時，京兆人食噉兼十許人，遂大肥，……

（5）自身經驗

余丙申歲婚，初婚之日，風景韶和，末乃覺異。妻至門而疾風大起，折木發屋。無何而飛雪亂下，帷幔皆白，翻灑屋內，莫不縞素。乃至垂覆闌瓦有時飛墜，此亦怪事也。至七日之時，天景恬和，無何雲翳，俄而洪濤波流，井涸俱溢，昏曉不分。從叔廣昌住在西州南門，新婦將還西州，車至廣州門，而廣州殞逝，又怪事也。喪還之日，復大雨窪，車軸折壞，不復得前。爾日天雷震西州廳事，兩柱俱時粉碎，於時莫不戰慄，此又尤爲怪也。

荊州高齋，盛夏之月無白鳥，余亟寢處於其中。及移餘齋，則聚蚊之聲如雷，數丈之間如此之異。

（6）少數涉及神鬼精怪之事

利水內有木材，元嘉中大水，有千餘段木流出，斧跡未滅。俗曰：漢將攻越，築城伐木於利水，未運之，一夜忽失數千段，咸爲鬼所匿。今所流木，昔鬼匿之者。

山精如小兒而獨足，足向後，喜犯人，名蚑，呼之即止。一名熱，六（亦）可兼呼之。夜在山中見胡人者，銅鐵精也；見秦人者，百歲木也。中夜見火光者，亦久枯木也。

入名山，牽白犬，抱白雞，山神大喜，芝草及寶玉等自出。

觀以上各類之內容，實爲蕭繹匯集了古籍資料以及個人親身經歷而成的古今怪事類編，且其關注之主題與《山海經》以來的博物類的志怪小說有極高的

相似性。歷代子書之中或多或少亦曾出現過奇人、異物之記載，但像蕭繹這般，直接以「志怪」爲篇名，纂鈔彙整各類怪事以成子書中之獨立篇章者，則是前所未有的。蕭繹將「志怪」題材列入子書之中，一方面是子學傳統的歧出；另一方面，也足以反映魏晉以降志怪之風的盛行。

藉由分析蕭繹於《金樓子》中所關注的幾個議題，可以發現蕭繹所寫作的這部子書，大致上囊括了所有由東漢以降，以迄梁朝，所有新興子書的關注面向，如由論政至論史、由闡述道理至對各種學術的研究、由對群體的關切至對個人興趣的關切。在《金樓子》中，我們所看到的，不再是從前專意於「述道論政」的傳統子家精神，而是更爲雜學性、個人化的子書新潮流。傳統子家之興治理想在《金樓子》中雖也略有觸及，但蕭繹顯然更關心於一些與政治無關的、而契合於其個人興趣的面向；對於傳統諸子之「博明萬事」，蕭繹顯然引爲追尋之典範，但《金樓子》中廣泛蒐聚而來的資料，卻難以歸納出一套思維理序。蕭繹大量地從古今典籍中選取材料，以圖連綴成其一家之言，然而，若以傳統子學爲典範，蕭繹《金樓子》顯然不足以列入諸子之流。

二、表現形式

透過對《金樓子》中幾個重要議題的分析、歸納，我們可以看到蕭繹雖有意躋身諸子之列，但其書中的關注面向卻已然歧出於傳統諸子。《金樓子》不只是在「主題」、「內容」方面有異於傳統諸子，其於「表現形式」方面，也與傳統諸子相差甚遠。全書中，除了少數篇章，如〈立言〉上下篇、〈雜記〉上下篇曾自古代子書中抄錄一些與治道、爲人處世相關之話語，以及蕭繹個人就此所闡發之小小議論頗有諸子遺風之外，其他的篇章與傳統子書有著明顯的差別。充斥於《金樓子》中的，多是一些前人的話語、歷史傳說、奇事軼文以及蕭繹對其所經歷之事的紀錄。這些組成成分在傳統子書中，雖亦時有所見，然而傳統諸子中所有的資料都有一個共同的指涉意義，即闡述其一家之言。反觀蕭繹所作之《金樓子》，在資料的連綴之後，雖偶有一些個人觀點的論述，但卻未成體系，於是每一個篇章看起來只是一些類似材料的集合，而非有明確立論宗旨的論述性文字。而從蕭繹所選取、彙編的材料來看，這些材料雖有出自於諸子者，但經過蕭繹的整理之後，卻具有異於諸子之新面貌。以下便就《金樓子》所呈現出來的形式特徵，進一步探討其與傳統諸子之異同。

（一）《金樓子》之史書特徵

照理說，隨著學術門類彼此之間界線日益清晰，史書與子書的內容也應該是彼此獨立分明，而非重疊相似。但事實卻非如此，除了上述關於東漢以降之子書中「史」之成分日益增加的趨勢外，在蕭繹所寫作的《金樓子》中，更有許多篇章幾乎就是史書中才有的內容。蕭繹於《金樓子》中，以獨立之篇章有系統、有主題地蒐集、整理相關的史料，匯聚而爲一篇篇歷代帝王史、后妃史、蕃候史。所以他既爲子書之作者，同時也是史書的作者。不只是《金樓子》中大量的史事中可以看出蕭繹對於「記載、整理歷史」的興趣，透過史志以及《金樓子·聚書》、〈著書〉等篇，亦可看出蕭繹對於蒐集史書、寫作歷史的意圖。關於蕭繹對於史學方面之興趣已於前文中詳論之，此部分所欲討論者，乃是《金樓子》一書中，哪些內容充分體現出「史書之形式特徵」？進而以此辨析《金樓子》與史書之關係。

在剖析《金樓子》中「史書」之成分前，有必要對魏晉南北朝之史學有一概略之瞭解。萬繩楠曾對此時期之史學發展作出下列評論：

> 我國史學在魏晉南北朝時期，取得過重大的發展。其主要表現是：「體制不經」，「正史」之外，出現了許多新部門，而同一種正史，又著者輩出，觀點翻新，體制亦有改創，在史學史上，形成了一種前所未有的繁榮局面。〔註183〕

萬氏所謂的「體製不經」，主要反映在當時「新部門、新體制史學著作的紛紛湧現」，依其研究，當時史學領域之新部門、新體制約有下列幾項：「少數民族史」、「典章制度史」、「傳記史學與郡國之書（地方志）」、「輿地之學」、「氏姓之書」、「簿錄之學（目錄學）」、「起居注」、「雜史」、「考古與文物」、「通史」。而以上諸項魏晉南北朝史學之新發展反映於《金樓子》中者，便有四項，分別爲：「傳記史學與郡國之書（地方志）」、「氏姓之書」、「簿錄之學（目錄學）」、「雜史」、「通史」。

先就「簿錄之學（目錄學）」言，《金樓子》中一個頗爲明顯的史學特徵即在於〈著書篇〉。蕭繹於此篇中，一一列舉其個人或是敕令臣子所撰著之書籍。此一書目所錄雖然只限於其一家著述，但卻是有系統地依據經、史、子、集、釋家書籍等大類將眾書井然有序地分類排比。蕭繹既愛讀書、又愛藏書，再加

〔註183〕見氏著：《魏晉南北朝文化史》（臺北：雲龍出版社），〈第九章　史學文獻的蓬勃發展〉，頁283。

上「當時私家藏書皆有目錄」，﹝註184﹞所以有這篇簿錄之作，實屬正常。然而，作爲「子書」之《金樓子》，竟收錄此類性質明顯屬於史學範疇之篇章，其背後所蘊含之意義，頗值得注意。再就〈著書篇〉中所錄圖書之性質而言，則涉及了「傳記史學與郡國之書（地方志）」、「氏姓之書」兩類著作，前者如：《孝德傳》、《忠臣傳》、《丹陽尹傳》、《仙異傳》、《全德志》、《懷舊志》、《研神記》、《晉仙傳》、《繁華傳》、《荊南志》、《江州記》等；後者則如：《同姓同名錄》。僅從蕭繹所撰之書籍目錄，便可略窺其在史學方面之涉入，而《金樓子》中尚有其他篇章，更爲具體地反映出史書之形式對蕭繹撰作子書的影響。以《金樓子》中之〈興王〉、〈箴戒〉、〈后妃〉、〈說蕃〉等篇之內容觀之，便混雜了「雜史」、「雜傳」、「通史」三類史書之特徵。何謂「雜史」？《隋志》有言：

> 靈、獻之事，天下大亂，史官失其常守。博達之士，愍其廢絕，各記聞見，以備遺亡。是後群才景慕，作者甚眾。又自後漢已來，學者多鈔撮舊史，自爲一書，或起自人皇，或斷之近代，亦各其志，而體制不經。又有委巷之說，迂怪妄誕，眞虛莫測。然其大抵皆帝王之事，通人君子，必博采廣覽，以酌其要，故備而存之，謂之雜史。

歸納言之，所謂的「雜史」蓋有三要件：其一、鈔撮舊史，自爲一書，體制不經。其二、多有委巷之言，迂怪妄誕，眞虛莫測。其三、所記多爲帝王之事。以此三要件檢視《金樓子》中〈興王〉、〈箴戒〉等篇，可發現大多能夠符合，此二篇可說是蕭繹由古代經史典籍之中纂鈔出的歷代帝王興衰史。而《金樓子》中之「雜傳」特徵亦反映於〈說蕃〉、〈后妃〉等篇，今觀《隋志》所著錄之「雜傳」類史書，大多皆是替帝王之外的、具有同一類特徵之人物所作的「類傳」，例如「忠臣傳」、「列女傳」、「孝子傳」，甚至如「志怪」性質之作品，亦收錄於此。以此觀之，蕭繹在〈說蕃〉、〈后妃〉中分別依「有德」、「無德」分類蒐羅關於歷代蕃王、后妃之事跡，亦甚類似「雜傳」之作。再如《金樓子·志怪篇》，此篇中搜聚之奇聞軼事，亦與《隋志》「雜傳」中志怪類書籍有極高的相似性。在上述篇章中，蕭繹皆是以一種欲包羅眾史、貫徹古今的筆法纂輯史料、匯聚成篇。其論帝王、蕃臣、后妃皆是由上古，逐步論述至梁，儼然是欲繼承史遷之「通古今之變，成一家之言」的史家筆法。《金樓子》書中篇章所呈現之「通史」體例，顯然並非巧合之作，因爲蕭繹之父親梁武帝便曾敕令吳均編修《通

﹝註184﹞ 語出余嘉錫：《目錄學發微》（香港：中華書局，1975 年 4 月），〈目錄學源流考中晉至隋〉，頁 93。

史》四百八十卷。據《梁書・吳均傳》記載，此書：「起三皇，迄齊代，均草本紀、世家，功已畢，惟列傳未就。」〔註185〕章學誠亦言此書：「梁武帝以遷、固而下，斷代爲書，於是上起三皇，下迄梁代，撰爲《通史》一編，欲以包羅眾史。史籍標通，此濫觴也。」〔註186〕由此而言，蕭繹在《金樓子》中有系統地編纂歷代帝王史、蕃臣史、后妃史，或許是受到其父的影響，爲成一部通史之作預先作準備。

　　以上，我們從各個方面剖析《金樓子》在形式方面與史籍重疊之特徵，可發現，蕭繹雖以「子」爲其書命名，然而其書卻有將近半數的內容歧出於傳統子學之外，而直接可併入史學領域中進行討論。就這點而言，我們一方面可藉此觀察當時史學發展之勃興；另一方面則能感受到，當「子家」撰作「子書」時，必須藉著史料之纂錄以及少許的史論來增加篇幅，而傳統諸子對現實社會的關懷轉變爲對著陳跡往事抒發一己心得時，子家之興治精神無疑是日漸衰退與轉變了。

（二）《金樓子》之類書特徵

　　由《金樓子》中可得一深刻的印象，即此書多纂鈔之陳言，而少蕭繹個人之意見，而所纂鈔之內容又分類收於各篇之中，這樣的寫作形式很容易使我們聯想到「雜纂」、「類書」一類的著作。在《隋志・子部》「雜家」中，除了收載歷代典型之雜家外，連「雜纂」、「類書」之作都納入其中，此現象固然是當時子學轉變的「一個縮影」，〔註187〕凸顯出東漢後期以降之子家多半只能沿用陳言，而不再能自成一家之言；然而，《金樓子》在《隋志》中明顯被歸於傳統雜家中，卻已然和這類「雜纂」、「類書」之作有極高的相似性。

　　今觀《金樓子》全書，自〈興王〉至〈雜記〉，除少數篇章外，〔註188〕其內容皆可於古代典籍中找到原文出處，而每一篇章中則收錄主題相近的陳言、舊事。如〈興王〉、〈箴戒〉所載，乃古今興盛或衰敗一國、一朝之帝王生平事蹟；〈后妃〉所載則是古今帝王之妻或有德、或無德之言行；〈終制〉雖看似爲蕭繹自述之文，實則囊括了古今人物儉葬的言論、作爲；〈戒子〉則收錄前人用以「戒子」之嘉言；〈說蕃〉則列舉古今蕃臣之品行、事跡，分類

〔註185〕《梁書・吳均傳》
〔註186〕章學誠：《文史通義・釋通》，頁373。
〔註187〕語出氏著：〈《傅子》探賾〉，收於氏著：《魏晉學術人物新研》，頁124。
〔註188〕如〈自序篇〉、〈著書篇〉、〈二南五霸篇〉。

加以排比；〈立言〉上下篇則複製歷代經典，重組之後列於一篇之中；〈捷對〉則蒐羅古今人物的機智言語；〈志怪〉則多纂鈔古籍中之奇異見聞；〈雜記〉上下篇則多有與其他篇章重疊之主題，或有時人佳言妙語、或有時人軼事，各條之間無密切關連，而亦多可從其他書籍中覓得相關字句。

　　蕭繹寫作子書的策略乍看之下是追隨《呂氏春秋》、《淮南子》、《新序》、《說苑》等，雜取各家之說，分類彙整而後成書。這一類「率取古說，分類條列」〔註189〕之作，本即具有類書的樣貌，只是因爲同時具備濃厚興治精神，並能以一家之宗旨連綴各篇章中之資料，使全書有一連貫性、主體性，故能有超越類書之處。然而，蕭繹《金樓子》卻顯然未能達到此一境界，我們能夠想像蕭繹欲成一子的強烈企圖心，但《金樓子》卻比較像是蕭繹個人的抄書本子，只能視作子書的底本、草稿。以〈戒子篇〉爲例，在此篇中，蕭繹大可以盡量發揮其個人戒子的獨特觀點，抒發其一家之言。但是，全篇只見蕭繹詳記抄錄了前人戒子之警句，而後於每條資料之後，偶爾綴以個人小小感想，茲引數例如下：

> 后稷廟堂金人銘曰：「戒之哉！無多言，多言必敗；無多事，多事多患。勿謂何傷，其禍將長；勿謂何害，其禍將大。」崔子玉座右銘曰：「無道人之短，無說己之長，施人慎勿念，受恩慎勿忘。」凡此兩銘，並可習頌。

> 杜恕家戒曰：「張子臺視之似鄙樸人，然其心中不知天地間何者爲美、何者爲惡，敦然與陰陽合德。作人如此，自可不富貴，禍害何因而生？」

> 陶淵明言曰：「天地賦命，有生必終，自古聖賢，誰能獨免？但恨室無萊婦，抱茲苦心，良獨惘惘。汝輩既稚小，雖不同生，當思四海皆爲兄弟之義。……汝其慎哉！」

> 顏延年云：「喜怒者性所不能無，常起於褊量，而止於宏識。然喜過則不重，怒過則不威。能以恬漠爲體，寬裕爲器，善矣。大喜蕩心，微抑則定；甚怒傾性，小忍則歇。故動無響容，舉無失度，則爲善也。……」

整篇〈戒子〉幾乎全由這些古人戒子、庭誥之語所組成，蕭繹似欲「託古人

〔註189〕資料待補。

以見意」，但全篇幾乎就是戒子類的名句彙編，和傳統諸子的形式頗有差距。其他各篇亦有類似的情形。以上所言即是《金樓子》中的類書特徵。

（三）《金樓子》之文集特徵

事實上，「諸子」之書本身亦是諸子之文的結集，唯其中能以「思想宗旨」貫之，呈顯其「一家之言」；而「文集」之中，亦非全然無涉思想義理，若唐、宋代古文大家之文集，亦足以見其思想宏旨。然而精確而言，「文集」與「諸子」兩者之間確實有其不同之處。若我們將《隋志》中「子部」與「集部」中的作品相互對照，並查考《隋志》對此兩類作品的概括定義，便可發現，「諸子」與「文集」各自有著獨立的特徵。《隋志》於「子部」最末言：

> 《易》曰：「天下同歸而殊塗，一致而百慮。」儒、道、小說，聖人之教也，而有所偏。兵及醫方，聖人之政也，所施各異。世之治也，列在眾職，下至衰亂，官失其守。或以業遊說諸侯，各崇所習，分鑣並騖。若使總而不遺，折之中道，亦可以興化致治者矣。《漢書》有〈諸子〉、〈兵書〉、〈數術〉、〈方技〉之略，今合而敘之，爲十四種，謂之子部。

其中所欲強調者，乃是諸子在現實政治中的功能性、實用性，諸子之道雖各有異，然皆可用於「興化致治」。而《隋志》在定義「文集」時則言：

> 文者，所以明言也。古者登高能賦，山川能祭，師旅能誓，喪紀能誄，作器能銘，則可以爲大夫。言其因物騁辭，情靈無擁者也。唐歌虞詠，商頌、周雅，敘事緣情，紛綸相襲，自斯已降，其道彌繁。世有澆淳，時移治亂，文體遷變，邪正或殊。

由引文便可看出，「文集」之特徵在於爲文者能「因物騁辭，情靈無擁」，而此類作品內容則以「敘事緣情」爲主。這便和「諸子」之文有著很大的差異，據此，我們也能釐清「諸子」、「文集」之間的差異：前者所談論之議題多偏向於「公領域」，且多以一種理性的、外向的眼光，對外界進行批判，並提出一己之見解、主張，而文多議論。後者所表達者，則傾向於「私領域」之範疇，涉及了個人情感的表達，多是以一種內省的、抒情的角度，書寫個人之感受，更重要的，則是爲文者能「因物騁辭」，在文辭方面引人注目。以這些區別爲前提，重新檢視《金樓子》，可發現此書雖以「子」爲名，然其寫作基調卻直似「文集」。以下從兩個方面指出《金樓子》中的文集特徵：

1、「內省」之傾向

不同於傳統諸子對於外在政治、社會等現實問題的關懷，蕭繹於其書中似更爲關心與其個人存在有關之問題。對於外在世界，蕭繹是站在旁觀者的角度，透過大量圖書的搜聚、閱讀、鈔纂的過程，瞭解之、進而抒發少許的心得、感想，而無法提出具有開創性意義的個人觀點，重新闡述一套完整的思想體系。但是，詳細閱讀《金樓子》之後，我們可以清楚感受到，蕭繹是藉著寫作這樣一部書籍，來建構他的知識體系及個人價值。書中，蕭繹一方面鈔纂古人之陳言，一方面也藉此與古人對話，在前人經歷之事件中，重新檢視自己、反省自己。書中既多前人陳言，卻也充滿了蕭繹對自我性格的剖析、自我生命歷程的紀錄。今觀《金樓子・自序篇》，便有許多資料可看出蕭繹的自我省察，如：

> 余不閑什一，憎人治生，性乃隘急。刑獄決罪，多從厚降；大辟之時，必有不忍之色。多所捶扑，左右之間耳。劉之亨嘗語余曰：「君王明斷不凡。」此皆大寬小急也。天下萬事，泛泛罪犯，余皆寬貰之，必有不遜者，多不蒙宏貸也。（《金樓子・自序》）

文中蕭繹直陳自己的性格「隘急」，雖然自己能力並無過人之處，但就是無法放心交給別人處理；且「大寬小急」，對於大事總是不苛求，對於小事則十分嚴格，像是斷獄方面，多能厚待罪犯，給予改過自新的機會；然而對於左右親近之人，則「多所捶扑」。興膳宏曾就此段文字提出：

> 「大寬小急」，就是蕭繹的自我診斷。在江陵陷落之時，他說不定也是這樣想著的。這樣內省的傾向，在《金樓子》中隨處可見，是相當冷靜的眼光。〔註190〕

興膳宏所提出的《金樓子》中「內省的傾向」頗值得我們思考，畢竟，以「子書」之標準，蕭繹應該是以一種「外視」的眼光，對現實週遭種種問題，提出解決之辦法；而此種「內省的傾向」反倒是一般文學作品中，屬文者剖析個人情感經驗時經常採取的觀點，頗有別於傳統子書作者的書寫筆調。

2、「爲文」之用心

另外，使《金樓子》看似蕭繹「文集」的關鍵還在於此書中「刻意爲文」之迹。以〈志怪篇〉之序言爲例：

> 夫耳目之外無有怪者。余以爲不然也。水至寒而有溫泉之熱，火至

〔註190〕氏著：《六朝詩人群像》（東京：大修館書店，2001年），〈梁元帝蕭繹大寬小急〉，頁159。

熱而有蕭邱之寒；重者應沉而有浮石之山，輕者當浮而有沉羽之水。
淳于能剖臚而理腦，元化能刳腹以浣胃；養由拂蛉蜻之左翅，燕丹
使眾雞之夜鳴，皆其例也。謂夏必長而蒜麥枯焉，謂冬必死而竹柏
茂焉，謂死必終而天地無窮焉，謂生必死而龜蛇長存焉。若謂受氣
者皆有一定，則雉有化蜃，雀之為蛤，蠰蟲仮翼，川黽奮蜚，鼠化
為駕，草死為螢，人化為虎，蛇化為龍，其不然乎？及其乾鵲知來，
猩猩識往，太皞師蜘蛛而結罟，金天據九扈以為政，軒轅候鳳鳴而
調律，唐堯觀蓂莢以候時，此又未必劣於人也。逍遙國蔥變而為韭，
壯武縣桑化而為柏，汝南之竹變而為蛇，菌郁之藤化而為。盧耽為
治中，化為雙白鵠；王喬為鄴令，變作兩蜚鳧。諒以多矣，故作〈志
怪篇〉。（《金樓子・志怪》）

其意不過是認為「天地之間實有可怪者」，「故作〈志怪篇〉」，但全篇卻大量
羅列了各種古今怪事之典故，並以工整之駢句謀篇，全篇似為以志怪為題之
賦。再如〈自序篇〉中之開頭語，蕭繹言：

人間之世，飄忽幾何？如鑿石見火，窺隙觀電，螢睹朝而滅，露見
日而消，豈可不自序也？（《金樓子・自序》）

此段文字同樣也並無深意，但字裡行間所流露出的、關於時間流逝之哀感，
卻是中國文學傳統中常見的情懷，而一連四個比喻，兩兩成雙的排比，更能
深化文句之間的無常之悲。在傳統子書中，這麼抒情的文字是少見的，因人
生短暫無常而興起的書寫動機反而較常見於文學作品中。

就以上觀之，無論是從蕭繹撰文之觀點或是從其文中所流露的文詞之
美、感傷情懷，都可看出《金樓子》近於蕭繹文集之特徵。

（四）《金樓子》之小說特徵

范文瀾於《文心雕龍注・諸子》中有言：「《隋書・經籍志》子類著錄魏晉
人所撰書多種，在雜家、小說家者尤不鮮。」〔註191〕其說反映出魏晉以降子書
在思想方面日趨貧弱，但是，當時除了雜家、小說家兩類子部著作明顯增多之
外，更有另一現象值得我們注意：即便非小說家類之子書，也多充斥了「小說」
之性質，具備了「志怪」、「志人」兩方面的題材，《金樓子》便是一例。

《金樓子》中近於「志怪」之內容集中於〈志怪篇〉，而「志人」之題材

〔註191〕氏著：《文心雕龍注》（臺北：臺灣開明書店，1993年），卷四、〈諸子篇〉注
第十二，頁22。

則多出現於〈捷對篇〉與〈雜記篇〉中。在「志怪」方面，蕭繹所記之內容多纂鈔於古代志怪類的小說中，如《山海經》、《博物志》、《搜神記》、《幽明錄》、《續搜神記》、《述異記》，所述之事以博物類爲多，可以想見蕭繹試圖將古籍之中所有博物類之傳聞盡收於其書之中，翻閱《金樓子・志怪篇》，映入讀者眼簾的便是一個接一個神奇國度的奇異事、物。在「志人」方面，則可發現蕭繹對《世說新語》的模擬之迹，今將《金樓子・捷對篇》與《世說新語》做一比較如下表：

《金樓子》	內　　　容	出自《世說》或與《世說》所載內容相似者
〈雜記下〉	李元禮冽冽如長松下風，周君颺颺如小松下風。	《世說・賞譽》
〈捷對篇〉	晉武帝受禪，探得「一」字，朝士失色。裴楷對曰：「天得一以清，地得一以寧，侯王得一以爲天下貞。」	《世說新語・言語篇》、《晉書卷五三、裴楷傳》
	盧志問陸士衡：「陸抗、陸遜是卿何物？」答曰：「如卿於盧珽、盧毓相似。」	《世說新語・方正篇》
	陳大武該問鍾毓曰：「皋陶何如人？」對曰：「君子周而不比，群而不黨也。」	《世說新語・排調篇》
	崔正熊詣郡，郡將姓陳，問正熊曰：「君去崔杼幾世？」答曰：「正熊之去崔杼，如明府之去陳恒也。」	《世說新語・言語篇》
	魏文帝受禪，郭淮晚到。帝曰：「防風後至，便行大戮。」對曰：「五帝教民以德，夏后始用刑書。臣在唐虞之世，知免防風之戮。」	《魏志》卷二六；《世說新語・方正篇》注
	楊子州（世說作楊氏子）年七歲，甚聰慧。孔永（或作孔君平）詣其父。父不在，乃呼兒出，爲設果，有楊梅。永指示兒曰：「此眞君家果。」而答曰：「未聞孔雀是夫子家禽。」	《世說新語・言語篇》、《御覽》引《郭子》
	習鑿齒詣釋道安，值持鉢趨堂。鑿齒乃翔往眾僧之齋也，眾皆捨鉢斂衽，唯道安食不輟，不之禮也。習甚恚之，乃厲聲曰：「四海習鑿齒，故故來看爾。」道安應曰：「彌天釋道安，無暇得相看。」習愈忿曰：「頭有鉢上色，鉢無頭上毛。」道安曰：「面有匙上色，匙無面上坳。」習又曰：「大鵬以南來，眾鳥皆戢翼；何物凍老鴟脯脯低頭食？」道安曰：「微風入幽谷，安能動大才？猛虎當道食，不覺蚤　來。」於是習無以對。	參看《太平御覽》引《晉書》；又見《世說新語・補》卷三〈言語〉中，注引〈安和上傳〉。

　　由表中可見蕭繹於《金樓子》中實抄錄不少《世說新語》的內容，尤其是〈方正〉、〈言語〉、〈排調〉中人物之間的巧言妙對，蕭繹更是直接纂鈔並收入〈捷對篇〉中。

　　除了從古史小說、《世說新語》中纂鈔「志怪」、「志怪」之題材引為己書內容外，《金樓子》中更特別的是，蕭繹親自撰寫的「志怪」、「志人」之小說。〈志怪篇〉中記載：

> 豫章有石，以水灌之便熱，以鼎置其上，灼食即熟。張茂先，博物君子也。雷孔章，亦一時之學士也，入洛齎此石以示張。張曰：「所謂燃石也。」余從兄勵為廣州，嘗致數片，煮食猶須燒之。(《金樓子·志怪》)

關於「燃石」之事，亦見於《幽明錄》，然蕭繹不僅是抄錄之，而是繼續前人之記載，以親身實驗的結果，增添傳說之內容。又如〈志怪篇〉中另一則資料：

> 余丙申歲婚，初婚之日，風景韶和，末乃覺異。妻至門而疾風大起，折木發屋。無何而飛雪亂下，帷幔皆白，翻灑屋內，莫不縞素。乃至垂覆闌瓦有時飛墜，此亦怪事也。至七日之時，天景恬和，無何雲翳，俄而洪濤波流，井澗俱溢，昏曉不分。從叔廣昌住在西州南門，新婦將還西州，車至廣州門，而廣州殞逝，又怪事也。喪還之日，復大雨窪，車軸折壞，不復得前。爾日天雷震西州廳事，兩柱俱時粉碎，於時莫不戰慄，此又尤為怪也。(《金樓子·志怪》)

則記載了蕭繹初婚之日所遇見的各種怪異徵兆，如「妻至門而疾風大起」連屋中梁柱都折斷，再如之後下的大雪、七日之後瞬間驟至的大洪水，以及自己叔叔的突然過世，一切詭異的現象彷彿都與其新娶進門的妻子有關。透過史書，可知蕭繹與其妻確實不睦，但以小說之誇張筆法，穿鑿附會影射其妻之不祥，卻是前所未見的志怪題材，亦是子書中之首例。

　　在《金樓子》中，還可發現多則蕭繹親自寫作的「志人」小說，這部分的內容不只侷限於簡短的言語記載，而多具有情節性、故事性，足以反映人物個性，如〈雜記上篇〉便載：

> 劉撝少有豪氣，家產富厚，自奉養伎妾藝貌，當時絕倫。築館穿池，雅有佳趣，飲食珍味，貴游莫及。當世之士，皆願與交，撝隨方接對，無不諧款。齊武帝微時，撝未之識，時嘗附人車載至撝門，同乘與撝善，獨下造焉，言畢而辭退，撝怪而問焉，對曰：「與蕭侍郎

同車。」撝自至車後請焉，既而歡飲如舊相識。齊武甚懷之。（《金
樓子・雜記上》）

關於「劉撝」，應是「到撝」，在《南齊書》中言其「資籍豪富，厚自奉養，
宅宇山池，京師第一，妓妾姿藝，皆窮上品。才調流贍，善納交遊，庖廚豐
腴，多致賓客。」〔註192〕又言「宋世，上數遊會撝家，同從明帝射雉郊野，
渴倦，撝得早青瓜，與上對剖食之。上懷其舊德，意昒良厚。至是一歲三遷。」
〔註193〕究竟齊武帝與到撝之間有何淵源，《南齊書》未詳。但透過蕭繹之記載，
我們看出齊武帝對到撝的懷念其來有自，畢竟在武帝「微時」，到撝非但不輕
視他，反而十分禮遇，這樣一種雪中送炭的恩情，固然值得武帝感懷。這樣
的記述，既似雜史、又似軼事、志人小說。〈雜記上〉另有一筆資料，亦是如
此：

> 世人相與呼父爲鳳毛，而孝武亦施之祖，便當可得通用，不知此言
> 意何所出。王翼在座，聞孝武此言，遽造謝超宗，向侍衛坐天旨云：
> 「弟有鳳毛，無不曾見此物，暫借一看。」翼非惟不曉此旨，近不
> 知超宗是謝鳳之兒。超宗感觸既深，狼狽起還內裡避之。翼謂超宗
> 還內檢取鳳毛，坐齋中待望久之。超宗心懼微歇，兼冀其已悟，於
> 是更出對客。翼又謂之曰：「鳳毛止於一看，本不將去，差無損失，
> 那得遂不見借？」超宗又走，乃令門人密往喻之，翼然後去。翼即
> 是於孝武座呼羊肉爲蹲鴟者，乃其人也。超宗字幾卿，中拜率更令。
> 騶人姓謝，亦名超宗，亦便自稱姓名云：「超宗蟲蟻，就官乞睞。」
> 〔註194〕幾卿既不容酬此言，騶人謂爲不許，而言之不已，幾卿又走。
> （《金樓子・雜記上》）

此段文字中所提及之王翼，應即是《顏氏家訓・勉學》中所記載「呼羊肉爲
蹲鴟」的「江南權貴」。〔註195〕蕭繹於《金樓子》中記載了謝超宗與王翼、與
同姓名者之間兩則故事，前者以王翼之愚蠢要求烘托超宗不直接道破的溫和
有禮；後者則藉著與超宗同姓名者的無賴，反襯出超宗之大度能容。這樣的
文字極似《世說》藉著事件、對話凸顯人物風流氣度之筆法，遠不止於補史，

〔註192〕《南齊書》卷三七〈到撝傳〉，標點本，頁 647。
〔註193〕同前註，頁 648。
〔註194〕四庫本作「睞」
〔註195〕見《顏氏家訓・勉學》，《集解》本，頁 206～207。亦見《南齊書》卷三六。

其中的構局成篇亦極具故事性，和同時期之志人小說可並列觀之。

就以上觀之，《金樓子》由書名以至內部架構雖「看似」子書，然其具體內容已夾雜了「小說」的性質，既有博物類之「志怪」題材，又有凸顯人物風流之姿的「志人」筆法。胡應麟《詩藪》外編卷二有言：「梁武纂輯諸書至二千餘卷，宇宙間日力有限，那得如此？中或諸臣秉筆，帝總其成耳。簡文幾七百卷，湘東幾四百卷，計亦當爾。……武帝、簡文、湘東制作，千不存一，似亦不在多也。」其下注云：「今唯元帝《金樓子》尚行，小說易傳，亦一驗也。」〔註196〕胡氏直接將《金樓子》視爲小說一類，或許稍有偏頗，但其能明確指出《金樓子》中的小說特徵，卻頗能指引我們思考此書在形式方面、異於傳統諸子之處。

〔註196〕胡應麟：《詩藪》外編卷二，引自蔡鎮楚編輯之《中國詩話珍本叢書》第十一冊（北京：北京圖書館出版社，2004年），頁283～284。

第四章　六朝子學變質原因試探

　　自東漢以降以迄梁朝，士人寫作「子書」的風氣雖盛，史志之中所羅列的子書著作也日益增加，「子學」看似歷久彌新，粲然可觀，然透過輯佚而來的零碎資料，實際檢閱、分析此時期之子書，可觀察到六朝諸子無論是在本質上或在形式上，都與傳統諸子明顯不同。而這些歧出於傳統諸子的特徵並非個別現象，藉由對蕭繹《金樓子》的詳細考察，可發現散見於六朝諸子輯佚資料中的諸種變質，皆可見於《金樓子》。無論是由「著書心態」或是「內容」、「形式」來看，蕭繹《金樓子》皆有別於傳統諸子；而其中之種種差異則又與六朝諸子的發展演變趨勢若合符節。概括而言，六朝子學之變質主要反映於兩大方面：其一、諸子「興治精神」的衰退。其二、子書「關注題材」的改變。無論是先秦諸子百家、或是西漢諸子，子家所面對的時代議題或有差異，但其對於政治的關懷卻是一致的。那種亟欲以一己之說建立一套立身行事、經世治民之準則的企圖心，正是傳統諸子最鮮明的特徵。在此「興治理念」的主導下，傳統子書之內容自然也充滿了政治性，在統一政權之背景下，西漢子家雖不再像先秦諸子具有極高的自主性，能以己說四處遊說君主，但其對於時政的關切卻化爲奏議書疏，字裡行間仍是意在「興治」；其思想雖未如先秦諸子「各有宗旨」，但也充分雜取先秦眾家之長，提供人主一套完整的治世寶典。此後，東漢諸子雖流於時事評議、批判，理事重複且無甚高論，但多少仍略帶有諸子講學議政之風。然而三國以降以迄南朝，子書內容則愈來愈駁雜，子家對於政治的關懷亦日漸淡薄。泛觀六朝子書，扣除佛道教相關著作，以及對前代諸子的注解之作，僅就近於傳統諸子者而論，或有近似史書的事件記述、人物傳記，或有近似經史考證之語，或有文

學性的自我表述、華美駢文，或有近似類書的資料纂編，或有近似小說的奇聞軼事。上述各種特徵雖可於傳統諸子書中覓得端倪，但昔日子書中的配角，在六朝子書中卻轉化爲主要的題材，不可不說是傳統子學發展中值得注意的轉變趨向。

毫無疑問的，六朝子書確實存在著異於傳統諸子的眾多變異，在觀察其轉變趨向之餘，引人深思的問題是：究竟是何原因造成六朝子學的變質？傳統子學所奠定的精神、形式各方面的典範爲何日趨式微、轉變？在本章節中，便試圖從各種面向廣泛地來探討影響六朝子學變質的諸種原因。

在探討六朝子學變質成因時，很容易歸因於時代與時代間的各種差異造成的影響。畢竟，一時代有一時代的學術，前代之學術儘可以在後世繼續發展，但隨著政治、社會、經濟、文化等各種外在條件的改變，舊有的學風亦會產生對應的轉化。先秦時期之所以能有諸子百家爭鳴局面，與其時政治制度、社會組織、經濟制度之巨變密切相關，舊有制度的崩解造成的、思想言論的自由開放之風，爲子學的發展提供了最適合的條件。馮友蘭曾言：

> 董仲舒之主張行，而子學時代終；董仲舒之學說立，而經學時代始。〔註1〕

又言：

> 自春秋時代所開始之政治社會經濟的大變動，至漢之中葉漸停止；此等特殊之情形既去，故其時代學術上之特點，即「處士橫議」、「各爲其所欲爲以自爲方」之特點，自亦失去其存在之根據。〔註2〕

其說確實爲先秦子學在漢中葉之後發展性與影響力的弱化提出合理的解釋，而六朝子學之變質亦可以此觀點來理解，將其成因歸諸其時代背景與先秦時期的差異。然而，透過對傳統子學的發展所作的考察，可發現，關於六朝子學之變質，實有錯綜複雜的原因，尚不能如此這般簡單歸因於時代背景的差異性。經由對先秦以至六朝各階段子書的綜覽與分析，可發現時代的轉變對此時期之子學發展造成的具體影響，主要反映於兩大方面：其一爲六朝子家心態上的轉變，其二則爲六朝學風的整體發展。以下便聚焦於此兩大面向，希望進一步釐清六朝子學變質之原因。

〔註1〕 馮友蘭：《中國哲學史》（臺北：台灣商務印書館，1990年），頁40。
〔註2〕 同前註，頁41。

第一節 六朝子家心態上的轉變

一、諸子興治精神的淡化

今日我們對於先秦諸子的討論，多集中於各家學說思想上的特殊性，然而綜觀先秦時期諸子百家，其立言、著書的心態卻具備了高度的一致性。於此，章學誠曾清楚的指出，其言：

> 蓋官師治教合，而天下聰明範於一，故即器存道，而人心無越思。官師治教分，而聰明才智，不入於範圍，則一陰一陽，入於受性之偏，而各以所見爲固然，亦勢也。夫禮司樂職，各守專官，雖有離婁之明，師曠之聰，不能不赴範而就律也。今云官守失傳，而吾以道德明其教，則人人皆自以爲道德矣。故夫子述而不作，而表章六藝，以存周公舊典也，不敢舍器而言道也。而諸子紛紛，則已言道矣。莊生聞之爲耳目口鼻，司馬談別之爲六家，劉向區之爲九流。皆自以爲至極，而思以其道易天下者也。〔註3〕

章氏將先秦諸子百家爭鳴的原因，歸諸於「官師治教分」，認爲當既有的官方政府之學術失去原有之權威，不再能作爲世人軌範時，則天下有聰明才智者，將各依其性之所長，「思以其道易天下」。而這也正是《莊子・天下篇》所言之「道術將爲天下裂」、「天下之人各爲其所欲焉以自爲方」。承此，余英時亦言：

> "哲學的突破"造成王官之學散爲百家的局面。從此中國知識階層便以"道"的承擔者自居，而官師治教遂分歧而不可復合。先秦諸學派無論思想怎樣不同，但在表現以道自任的精神這一點上是完全一致的。〔註4〕

余氏所提出之「以道自任的精神」，雖是針對中國古代知識階層所具有之特性來談，但卻也可視爲是對先秦諸子共同精神的高度概括。在先秦子書中，不論諸子於思想上有多少差別，然其心態上卻抱持著重建新秩序的理想，試圖藉著對「道」的重新詮釋，發明一套能對治當時社會諸種複雜問題的方法。諸子之道，一方面在回溯傳統，試圖爲己說在歷史文化的傳統中尋求正當性；另一方面則重視現實人生的問題，將其智力才幹投入眼前的政治、社會、教

〔註3〕 章學誠：《文史通義・原道中》，頁 132～133。
〔註4〕 余英時：〈古代知識階層的興起與發展〉，收於氏著：《中國知識人之史的考察》（桂林：廣西師範大學出版社，2004 年），頁 47。

育、文化各方面，在舊有秩序崩解之後，重新建構一套新秩序，以為社會群眾的共同依歸，而後者所凸顯的「人文精神」、「興治理想」，較諸前者，實更能代表傳統諸子之精神特徵。而此亦即司馬談所言之：

> 夫陰陽、儒、墨、名、法、道德，此務為治者也。〔註5〕

此一精神，在充滿淑世情懷的儒、墨兩家最為明顯。然而即使是談「逍遙」、「無為」、「天道」之莊子，仍有〈人間世〉、〈應帝王〉之作，「不但不離乎人間，並且不忘情於政治」；〔註6〕而傾向於「堅白同異」邏輯名辨討論之名家，其說亦可歸結於治道；再如陰陽家鄒衍之流，「則把當時僅有的天文智識強挽到實際政治上應用，講天文還是在講政治原理，講仁義道德，講人文精神」〔註7〕。〔註8〕所以，先秦諸子對於政治的態度是積極的，其念茲在茲者，皆著眼於社會、著眼於百姓。而其身份雖是平民，但卻自尊、自重，同時也受到君主、諸侯的看重，或「各著書言治亂之事，以干世主」，〔註9〕或「受上大夫之祿，不任職而論國事」，〔註10〕更有甚者，「一怒而諸侯懼，安居而天下熄」。〔註11〕子家在先秦，尤其是戰國時期，可說是備受禮遇的。其參與政治無須遵守固定的法治儀度，言行亦自由開放，諸子周遊列國，「各以其說，取合諸侯」，合則立談之間，即取相位。其言談、學說，自有其主體性，無須刻意迎合上位者，子家地位之高可說是空前絕後。

　　但這樣的光景隨著秦漢大一統政府的成立，亦隨之消失，子家地位亦逐漸低落，其著書立說之心態亦逐漸有別於先秦諸子。以西漢時期的子家而言，雖對於先秦諸子講學議政的風氣心領神會、憧憬嚮往，但現實環境卻不再能與先秦時期相提並論。錢穆曾對西漢學者有這樣的描述：

> 西漢學者的出身，是鄉村的純樸農民，是循謹的太學生，是安分守己的公務員，是察言觀色的侍衛隊。如此循循娖娖，再說不上奇偉非常特達之遇。而因此卻造成西漢一代敦篤、穩重、謙退、平實的風氣。〔註12〕

〔註5〕　司馬談：〈論六家要旨〉
〔註6〕　同註452，頁58。
〔註7〕　語出錢穆：〈中國智識份子〉，《國史新論》，《錢賓四先生全集》，冊30，頁156。
〔註8〕　此段主要參考余英時、錢穆兩人之說，統整二家之說而成。
〔註9〕　司馬遷：《史記‧孟子荀卿列傳》
〔註10〕　《鹽鐵論‧論儒》
〔註11〕　《孟子‧滕文公下》，參見《孟子集注》，頁371。
〔註12〕　錢穆：《國史新論‧中國智識分子》，《錢賓四先生全集》，冊30，頁162。

這既是西漢學者共有的形象，亦是西漢諸子共同的特徵。此時期之諸子雖仍有興治的企圖，但其身份卻是「臣僚」，其著書立說多是站在君主的立場，爲其設想治世之良方，提供具體可行的主張；其學說則少能如先秦諸子般，有自成一家之學的格局，而多只能以「疏通、整理與綜合」〔註13〕之法，將先秦百家言做一系統化、條理化的吸收與整理。雖然西漢諸子如陸賈、賈誼、董仲舒、劉向等人，仍能繼承先秦諸子「述道言治」的傳統，化議論於奏議書疏之中，但其心態上畢竟已逐漸不同以往。

　　上述所談幾位西漢諸子，對於政治的態度仍是積極的、亟欲圖治的，他們的地位雖不如先秦諸子，但其說仍頗受上位者重視，尚能直接進入政治核心，給予上位者適時的諫言，其持說能具體統合前代諸子學說，頗爲正大，對於現實政治問題有很強的針對性、與參考價值。傳統諸子興治的精神傳統，到西漢諸子時進一步提升爲「經世致用」。至西漢中期，董仲舒甚至將公羊《春秋》，拉抬至王官學的地位，欲以此爲漢代一王之法，原爲諸子之一之儒家，地位高漲，幾乎成爲經學的解釋者、代言人。〔註14〕進德修業而後參與政治以協助君主治國安民遂成爲西漢諸子普遍抱持的理想。隨著東漢政治的日益敗壞，士人心態亦發生轉變，反映於此時諸子書中，則可看到東漢子家雖仍有「經世致用」的意圖，但實際政治卻無可爲，而既有之學術——經學亦發生僵化的現象，於是東漢子家大力抨擊時政，提出諫言。子學在此時雖呈現出蓬勃的氣象，但諸子之言論卻批判多於建議，其理論、思想的高度或是格局，都難追步前人。以揚雄、桓譚、王充、王符、崔寔、荀悅、仲長統諸家爲例，可發現子家關注之重心已由政治、社會，逐步轉移至個人的學術興趣，揚雄之仿《論語》而作《法言》，王充對於天道、命論、性論的討論，都可看到諸子心態上逐漸偏離傳統的政治傾向，仲長統甚至於詩作中表現出隱逸出世的思想。〔註15〕而王符、崔寔、荀悅、仲長統，思想雖各有所偏，大抵不出儒、法之流，其書多能切指時弊，但缺少具有主體性理論之提出，反而易流於牢騷、抱怨。此外，其書中亦時有歧出「興治」議題之內容。東漢諸子

<hr>

〔註13〕王繼訓：《漢代諸子與經學》（西安：陝西人民出版社，2004年），頁164。
〔註14〕參考自錢穆：〈孔子與春秋〉，收於《兩漢經學今古文評議》（北京：商務印書館，2001年），頁282～286。
〔註15〕此處乃指仲長統：〈樂志論〉，參考自余英時之意見，其說詳見〈漢晉之際士之新自覺與新思潮〉，收於氏著：《中國知識階層史論（古代篇）》（臺北：聯經，1980年）。

書之內容雖已漸異於先秦諸子，但此時子家對於政治的關注卻仍遙承先秦諸子。唯此時諸子對於政治、社會的影響力較諸先秦、西漢卻呈現衰頹之勢。在東漢末期外戚宦官專權，國事日壞的情勢下，諸子雖能針對時弊，提出批判，但眞正具有羽翼世道、澄清天下之氣魄者，反而是「矯厲節操、氣俠相尚」〔註16〕的名士，如李膺、陳蕃、范滂等。而後隨著黨錮之禍，名士大受摧折，東漢也接踵而亡。

　　三國時期之子家大體上仍延續東漢諸子的批判精神，但其所評議的對象，卻由時政轉而爲歷史事件、人物，而子書之內容則由「述道言治」落實爲兵法、禮制之討論。由東漢末年以迄於三國時期，子家所遭遇的、大時代的動盪不安，和先秦在某一部份是相近的，但是此時子家在心態上，卻不再有「以道自任」的胸襟、氣魄，他們雖多實際參與政事，但是對於政治卻是灰心而又恐懼；於書中亦頗能陳述治道，但卻缺乏一分先秦諸子對政治、社會自覺的承擔，以往之「處士橫議」反而被瑣碎事理的論述、明哲保身的箴戒格言取代。如周昭於其書中所言：

> 古今賢士大夫所以失名喪身、傾家害國者，其由非一也。然要其大歸，總其常患，四者而已。急議論，一也。爭名勢，二也。重朋黨，三也。務欲速，四也。急議論則傷人，爭名勢則敗友，重朋黨則蔽主，務欲速則失德。此四者不除，未有能全也。〔註17〕

又如陸景於《典語》中亦有〈誡盈〉一文，其言：

> 重臣貴戚、隆盛之族，莫不罹患搆禍，鮮以善終，大者破家，小者滅身，唯金張子弟，世履忠篤，故保貴持寵，祚終昆嗣。〔註18〕

由此二人之言，可看出以往強調「興治」的諸子，在此時似已不再以國家、天下爲主要關懷，而是日漸由改善政治、社會，轉求個人、家族的保全之道。此時子家心態上的轉變實承繼了東漢以來士人政治關懷的淡化。東漢末年，政治腐敗、局勢多變，品格低下的宦官當權；奉行儒家經典，砥礪氣節，參政、議政不畏強權者，卻遭到了黨錮之禍的打壓。三國割據，在位者乘勢而起，憑藉著權謀法術鞏固政權、治理百姓，在朝爲官者稍一不愼，即被視爲

〔註16〕語出張蓓蓓：《東漢士風及其轉變》（國立臺灣大學中國文學研究所碩士論文，指導教授：何佑森，1979年6月），頁152～153。
〔註17〕周昭：《周子》，引自馬國翰《玉函山房輯佚書》，頁2584。
〔註18〕陸景：《典語》，引自馬國翰《玉函山房輯佚書》，頁2589。

異己，動輒得咎，朝不保夕。如此亂世，士人之出處進退、言談舉止皆須格外謹慎，對照先秦時期諸子遊說君主，評議時政，剖陳治道的盛況，或戰國策士配六國相印，雄辯滔滔的景象，再難重現。據周昭、陸景所言，為官者須「忠篤」，戒「議政」、「爭名」、「結黨」，方能全身避禍。這樣的時局，即便子家有滿腔熱血，也沒有舞台表現；更遑論外在種種壓力對其氣節、格局的銷磨、限制。另有一批讀書人，則選擇避世隱居，韜光養晦，以待賢主，如孔明；或在一鄉之中以身作則，教化百姓，如管寧。無論如何，此時士人的地位以及對政治的關懷，皆無法與先秦時期相提並論。

此種對政治的疏離感，發展至兩晉、南朝則愈演愈烈。此時國君得位多不正，儘管在位亦無甚功績，殺害異己之事更甚於三國時期，皆造成人心的背離。《晉書‧阮籍傳》云：

> 籍本有濟世志，屬魏晉之際，天下多故，名士少有全者，籍由是不與世事，遂酣飲為常。[註19]

阮籍所作出的痛苦抉擇，便是此一心態的表現。士人睹政治之不可為，遂將心力轉向門第、朋友、個人。在政治以外的圈子中，尋求身心之安頓、精神之寄託。在他們心中，「門第」、「個人」更重於「國政」，「孝友」更在「忠君」之上。與其投身政治，在無可為之中消耗心神，甚至招致禍患；不如回過頭經營另一個新天地、新樂園。於是子家擺脫了天下、國家的使命感，轉向個人興趣，如談史、論人、考證名物、志人、志怪等；諸子馳說、求有用於世的意圖轉而為清談所取代；士人經國濟世之心，亦轉為崇尚個人風流之表現；道家思想亦由黃老治術逐步往養生一路開展。[註20] 先秦諸子百家之學在此時雖頗為盛行，各家思想皆有研究者予以統合、創新，然而諸子志切用世的精神，卻日益弱化。此時之子家雖多能覺察出「子書」的定義與價值，亦亟欲以子書建立一家之言，如曹丕、葛洪、蕭繹皆是如此，然而他們實際所撰寫之子書卻失卻了子之所以為子的、最重要的精神、宗旨，即興治的理想與實際理論的提出。子書之中儘可以有優美的文詞、自我情感的抒發、對史事的記載、議論等內容，但這些只能是配角，子書中最重要的仍是子家欲以其說興治的終極關懷。然而，這樣的精神與理念在六朝子書中卻漸趨淡薄。此

[註19]　《晉書》卷四九〈阮籍傳〉，標點本，頁 1360。

[註20]　此說參考錢穆之意見，見〈中國智識分子〉，《國史新論》，《錢賓四先生全集》，冊 30，頁 166～167。

種變質，雖有其複雜的成因，但其癥結卻在於此時子家心態上的轉變，亦即傳統諸子興治精神的淡化。

二、著書以留名的企圖：寫作子書亦是證明自己才學之途徑

馮友蘭嘗言：

> 中國哲學家，多講內聖外王之道。「內聖」即「立德」，「外王」即「立功」。其最高理想，即實有聖人之德，實舉帝王之業，成所謂聖王，即柏拉圖所謂哲學王者。至於不能實舉帝王之業，以推行其聖人之道，不得已然後退而立言。故著書立說，中國哲學家視之，乃最倒痨之事，不得已而後爲之。故在中國哲學史上，精心結撰，首尾貫串之哲學書，比較少數。往往哲學家本人或其門人後學，雜湊平日書札語錄，便以成書。成書既隨便，故其道理雖足自立，而所以扶持此道理之議論，往往失於簡單零碎，此亦不必諱言也。〔註21〕

馮氏所說之「中國哲學家」，雖然涵蓋範圍甚廣，但其所指出之哲學家講求「內聖外王之道」以及「實舉帝王之業，以推行其聖人之道」的理想，卻與先秦諸子所奠定之子學精神暗合。而其所謂哲學家「不得已」而後著書立說之動機，亦符合先秦諸子講學、立言之心態。然而此種心態在六朝子家身上，卻難以復見。部分六朝子家雖時有經世治民、內聖外王之理想，於其書中，這樣的理想卻往往只流於口號般的宣示，其書中所涉及之議題，多有與內聖外王之道無關者。此時諸子雖多能體察子書異於其他著述的特徵與價值，但是卻少有人能夠重振諸子學風，藉著書立說以圖興治於天下。建功立業固然是知識份子潛在的企圖，但他們實際所能夠達到的目標，卻只是藉著著書立說以留名不朽。張舜徽即針對此現象言：「自東漢以來，士子競以著書爲弋名之具，雄實開其先云。」〔註22〕余嘉錫亦言：「東漢以後，文章之士，恥其學術不逮古人，莫不篤志著述，欲以自成一家。流風所漸，魏、晉尤甚。」〔註23〕皆明白且中肯地指出自東漢至魏晉，學者著述心態之轉變，而六朝諸子之立言動機亦隨此風潮而有異於先秦諸子。

進一步考察此時子家何以如此看重著書立言，其原因似非全如余嘉錫所

〔註21〕馮友蘭《中國哲學史》上冊，頁9。
〔註22〕張舜徽《廣校讎略》，頁9~10。
〔註23〕余嘉錫《古書通例·漢魏以後諸子》，頁76。

言，是「文章之士，恥其學術不逮古人」，而可對照當時政治、社會整體環境的大勢對士人心態所造成之影響來理解。學者多已就六朝士人之「人生行為」、「讀書態度」、「內心意願」等各個層面剖析此時期士風之轉變，所論甚詳，但此處僅著眼於幾項特徵，以與此時子家心態作一對照。大體而言，由先秦之百家爭鳴以至西漢初期之黃老盛行、中期以後之儒學獨尊，學術、思想雖由多元趨向統一，但士人多仍以「經世濟民」為念；隨著經學蓬勃發展，士人通經已非單純為了「學道致用」而有追逐「利祿」之想，然對於政治，士人尚還願意參與。但是魏晉以下，讀書人對於外在環境的關懷之情卻漸趨薄弱，「開門是朋友，關門是家族」，〔註24〕由讀書而仕進仍是士人普遍的出路，但其終極目標卻不再著眼於社會群體之和諧，而在於維持個人、門第之利益、勢力。余英時即言：

> 魏晉以下純學術性之儒學雖未嘗中斷，而以經國濟世或利祿為目的之儒教則確然已衰。士大夫于如何維繫社會大群體之統一與穩定既不甚關切，其所縈懷者唯在士大夫階層及士大夫個體之社會存在問題。〔註25〕

余氏之說意在論述魏晉以降各家思想流派之形成以及新思潮的發展，但其所指涉的、士人之心理，卻具體展現於六朝眾多子書之中。以六朝之政治環境而言，並不允許士人自由評論時政、大放厥詞，士人的政治關懷日益消減，但是若由另一個角度觀之，則可說此時士人藉此能跳出傳統儒學的思考框架，重新思考公私領域、個體存在價值等問題。建功立業固然足以不朽，忠君愛國亦能萬古流芳；但是當此二者皆無法實現時，人生在世，個人存在的價值根源又該寄託於何處？這正是六朝士人所面對的共同問題。此時人既然在政治上無法「立功以不朽」，惟有寄望於藉學術「立言以不朽」；既不再以國政為己任，思力之投入則在諸種才藝的培養與鑽研。加上當時士人地位的升降多取決於是否有「才學」，而非以「政治才能」為優先考量。政治當權者亦需藉著充實、展現其「才學」來鞏固其地位、尊嚴。〔註26〕整個時代凸顯出「重才」傾向，亦促使對政治冷感的士人轉而熱中於學術、才藝的表現。

〔註24〕語出錢穆：〈中國智識份子〉，《國史新論》，《錢賓四先生全集》，冊30，頁166。

〔註25〕余英時：〈漢晉之際士之新自覺與新思潮〉，頁289。

〔註26〕參考趙翼：《廿二史札記》卷十二〈齊梁之君多才學〉中之意見，引自王樹民：《廿二史札記校證》（北京：中華書局，2001年11月），頁245。

其所重者，爲個人、家族、門第，參與政治的目的在於維持家族門第，以方便培養個人以及家族子弟的才學，顯揚名聲。著書立言者，「炫才」的成分更多於「興治」。今觀六朝時期之子書作者，往往同時也擁有其他類的著作，如詩歌、文章、史書、類書、小說等，他們的出身大多由於「富才學」、「有著述之才」，或因「著作郎」起家，或活躍於當時的文學集團之中，「子書」之寫作，不再是「不得意」、「不得已」時的寄託，而是彰顯自身才能、爲自己謀出路的有效途徑。王瑤曾於〈政治社會情況與文士地位〉一文中談到：

> 姚察《梁書》江淹等傳論云：「觀夫二漢求賢，率先經術；近世取
> 人，多由文史。」所謂「近世」即指魏晉以來世風的轉變。《南史·
> 始安王遙光傳》言其「從容曰：『文義之事，此是士大夫以爲伎藝
> 欲求官耳。』《南史·劉系宗傳》云：「（齊）武帝常云：『學士輩
> 不堪經國，唯大讀書耳。經國，一劉系宗足矣。沈約、王融數百
> 人，於是何用。』」典籍文義，正是貴門子弟高貴的招牌，和寒素
> 人士仕進的手段。……由經術取士轉變爲文史，是整個社會學術
> 思想的轉變，也是由兩漢累世經學的家法到「人人有集」的高門
> 風範的轉變。〔註27〕

便清楚對此時期士人亟欲藉文史著作以圖仕進的心理，正因如此，六朝子書的內容往往也透露出子家「矜多炫博」的心理，六朝諸子之「興治精神」衰退的同時，子家們新增了他們所感興趣的新議題到子書之中。政治性減少了，多的是偏向文藝的、學術的，由對外在社會的分析、評論，轉而成爲個人化的抒情雜感、筆記；傳統子家對天下百姓的懸念，化爲對「個人存在」的觀察與紀錄，子書之中不再以「治道」爲主要內容，而轉而討論「個人安身立命」的議題，甚至進一步轉入哲學探討之興趣；其餘子書雖列於史志中之子部，然而子書作者對於「子」的定義卻從「立一家言，以當一國之法」，轉而爲「藉撰著以留名不朽」，然其著作內容既無開闊之陳意、格局，所作則易流於陳言之雜纂與個人之瑣碎雜記，遂隨著時代逐漸汰逝，備受冷淡。然而無論其成就高低，此時人之著述心態總歸來說主要是爲了表現自己、證明自己存在的價值意義，子家關懷面向之轉變亦肇因於此。

〔註27〕 王瑤〈政治社會情況與文士地位〉，《中古文學史論》（北京：北京大學出版社，1986 年 1 月），P27。

第二節　六朝學風的發展及其對子學的影響

　　論及六朝子學之變質，除了與子家心態之轉變有關外，亦與當時整體學風的發展互有影響。傳統子書之中原本即涉及各種學術，且能具體反映當代學術風氣，其所涵蓋之內容，或有成爲後世獨立學術門類者；然而六朝時期之子書雖列名子部，但卻時染經、史、文學、類書、小說之特徵，而漸失子書之本色。這固然與當時子家著述心態上異於傳統子家有關，但就學術發展的趨向來看，卻存在著不得不然之因素。六朝時期之學術特色，可說是新舊錯綜，多元並起。傳統之學術門類，如經學、史學、文學在此時皆走出了一番新氣象，此外則另有新興學術，如類書編纂、小說創作等，於此時蓬勃開展。六朝子學在此風氣中，雖也自成體系，具有獨立存在的特色、價值，但卻同時受到其他學術門類的浸染，而帶有異於傳統子書的面貌。以下即從六朝時期學術發展之情形，來看其對當代子學的影響。

一、六朝學風之發展

（一）史學之發達

　　六朝史學之發達主要表現於以下幾個方面：一、史書數量多。二、史書種類豐富多樣。三、私家修史者多。原本附庸於《漢書・藝文志》中《春秋》類下的史部著作，於此時蔚爲大國。據前人統計資料顯示，《漢志》著錄之史籍不過十一種三百五十餘卷，到了梁朝，短短四百年間驟增爲一千零二十種，一萬四千八百八十八卷。〔註28〕可見六朝時期子書無論在種類或數量上，都呈現驚人的成長。由《漢志》到《隋志》，史書亦從《春秋》之屬，獨立而爲史部，其中又可細分爲十三類，也凸顯了此時代史學觀念日益成熟，史書地位逐漸提升。除此，此時致力於史書寫作者人數之多，更是古今少有的盛況。除了官方設置「專掌史任」之職位，延攬人才撰作史籍，如東晉之王隱、虞預、干寶、孫盛，南朝之徐爰、蘇寶生、沈約、裴子野等；富有才學之「在野史家」〔註29〕爲數亦不少，如范曄、習鑿齒、袁宏、裴松之、蕭子顯、臧容緒、吳均等，他們的成就亦不容小覷。值得一提的是，此時期史學之興盛

〔註28〕參考胡寶國之意見，其說詳見氏著：《六朝史籍概述》（北京：中華書局，2005年3月），頁28。

〔註29〕語出瞿東林：《中國史學史綱》（北京：北京出版社，1999年），頁223。

實與帝王之獎掖提倡有關。六朝時期，官方設有「著作郎」、「佐著作郎」、「修史學士」等官職，出身寒微的讀書人往往藉此而得到仕進的機會，「史學」遂與經學、文學同受學人重視。此時帝王及其子弟亦多親身投入史書之編纂、撰述，如晉、司馬彪有《續漢書》，劉宋、劉義慶有《徐州先賢傳贊》、《江左名士傳》，梁武帝有《通史》，梁簡文帝有《昭明太子傳》、《諸王傳》等。至於梁元帝蕭繹帶領之下編修、纂輯之史書更多達九部，如：《孝德傳》、《忠臣傳》、《丹陽尹傳》、《懷陽志》、《全德志》、《古今同姓名錄》、《荊南地記》、《江州記》、《貢職圖》等。無論這些史籍是否確實出自帝王及其子弟之手，他們對於史學的參與、關注卻直接促成了六朝史學之繁盛。由此觀之，六朝時期，無論官方或是民間，無論帝王子弟或平民百姓，對於寫史、修史的熱中卻是一致的，史學之興，由此可見一斑。

（二）文學之發達

文學的發達更是六朝時期最重要、也最爲人稱道的學術表現。無論是文學體裁、文學觀念、或是實際創作，在此時期都有長足的進步與拓展。就文體而言，五言詩的成熟、七言詩的開創、駢文的興盛，乃至吳歌西曲、冶艷宮體，都是中國文學史上燦爛的一章。各有風格的文學主張，如建安風骨、正始之音、太康詩歌、永明新體，以及由上位者所帶領的文學集團彼此酬相唱和、論辯精進的文學創作與理論，亦皆爲此一時代之文學點染絢麗之色彩。我們可以從史書中看到，六朝時期士人仕進的管道，其中之一便是以文學表現爲選取標準；而許多在政壇位居高位者，同時也是文學集團中的重要人物。三國時期，曹丕、曹植皆曾「置官署」以延攬文學之士，徐幹、應瑒、蘇林、劉廙、邯鄲淳、劉楨、任嘏等人便在其中。東吳孫權亦選拔優秀文才，如諸葛恪、張休、顧譚、陳表等，在太子孫登身邊「侍講詩書，出從騎射」。文人地位於此時亦大大提升，雖仍屬於文學侍從之流，但卻頗受帝王賞識、重用。所謂「上有好者，下必甚焉」，當代文士一方面在文學領域中尋求個人存在的價值意義，另一方面也藉著文學創作表現個人才學精思，以圖仕進，影響所及，各種文學活動層出不窮，文集著作與日增多。時人從傳統經世濟民的牢籠中跳脫出來，詩酒風流，以文遣懷，遂成爲另一新的生命寄託。隨著創作增多，文學理論也逐漸進步。陸機〈文賦〉、劉勰《文心雕龍》、蕭統《昭明文選》、鍾嶸《詩品》，以及蕭繹《金樓子》中所觸及的「文筆之辨」，在在皆反映當代重要的文學觀念與批評理論。六朝時期文學領域之之多樣與繁盛，自不待言。

（三）　類書編纂成風

隨著史學、文學之興盛，對史料、隸事、典故之需求亦隨之而起，類書之編纂亦蔚然成風。前文提及之文學集團所從事之文學活動之中，即包含了大型類書的纂鈔。由上位者所領導的文學集團，時有以隸事爲競賽的雅集，或有文士受飭鈔纂經史子集之精華，或由帝王、重臣號召聚集儒者、文士，共同纂鈔、整理古今類事之舉。《南齊書·陸澄傳》即曾記載王儉召集文士與陸澄以隸事爲競一事：

> 儉自以博聞多識，讀書過澄。澄曰：「僕年少來無事，唯以讀書爲業。
> 且年已倍令君，令君少便鞅掌王務，雖復一覽便諳，然見卷軸未必
> 多僕。」儉集學士何憲等盛自商略，澄待儉語畢，然後談所遺漏數
> 百千條，皆儉所未睹，儉乃歎服。儉在尚書省，出巾箱机案雜服飾，
> 令學士隸事，事多者與之，人人各得一兩物，澄後來，更出諸人所
> 不知事復各數條，并奪物將去。〔註30〕

《南史》亦曾載有梁武帝召集文士策經史事：

> 初，梁武帝招學之士，有高才者多被引進，擢以不次。峻率性而
> 動，不能隨眾沉浮。武帝每集文士策經史事，時范雲、沈約之徒皆
> 引短推長，帝乃悅，加其賞賚。會策錦被事，咸言已罄，帝試呼問
> 峻，峻時貧悴冗散，忽請紙筆，疏十餘事，坐客皆驚，帝不覺失色。
> 自是惡之，不復引見。及峻《類苑》成，凡一百二十卷，帝即命諸
> 學士撰《華林遍略》以高之，竟不見用。〔註31〕

由上述諸事，皆可看出當時對隸事、典故博記能力的看重，以及因此而起的抄書之風與類書之盛。

（四）志怪、志人小說之興盛

六朝學術值得注意者，還在於此時人好奇志怪，喜於談論人物之風氣，以及此風影響下志怪、志人小說之興盛。據魯迅之考察：

> 中國本信巫，秦漢以來，神仙之說盛行，漢末又大暢巫風，而鬼道
> 愈熾；會小乘佛教亦入中土，漸見流傳。凡此，皆張皇鬼神，稱道
> 靈異，故自晉迄隋，特多鬼神志怪之書。〔註32〕

〔註30〕《南齊書》卷三九、列傳二十〈陸澄傳〉，頁685。
〔註31〕《南史》卷四十九、列傳三十九〈劉懷珍附傳〉，頁1219～1220。
〔註32〕魯迅：《中國小說史略》（《民國叢書》第二編、第六十一本）（上海：上海書

可說是由中國文化的特殊背景以及人們心態，分析六朝志怪之風的成因。至
於當時志人小說的繁多，則可聯繫於漢末以降人物品鑒之盛行。漢末以迄魏
晉，盛極一時的人物評議之風，既有其政治實用目的，個人交友之作用，亦
與當代清談之風有關。黨錮之後，藉品評人物論議時政的風氣減弱，然而六
朝時期人們對於人物批評與品鑒的興趣卻未曾衰歇，甚至由人物之談論，論
及品鑒之理則。甚至在傳統人格典範之外，開展出另一種存在價值、與道德
標準。在此風氣影響下，志人小說自然應運而生。除了歷史背景與人物心理
之因素外，志怪、志人小說之興盛，還受到漢魏以後史書，尤其是「雜傳」
流行的影響。「雜傳」所記爲正史傳記以外之人物，作者「因其志尚，率爾而
作」，並「雜以虛誕怪妄之說」，廣收各種遺文軼事、虛構想像之語，如曹丕
《列異傳》、嵇康《高士傳》即爲此類。〔註33〕以下如干寶《搜神記》、葛洪
《西京雜記》、劉義慶《世說新語》，亦多可見雜傳之痕跡。雖然這些雜有「史
傳」、「史料」、「筆記」性質之作，未能算是成熟的小說，然而，卻充分代表
了一個時代的學術風氣。

（五）玄學、佛、道之興盛

提及六朝學術，則不能不談當時思想之主流：玄學、與佛、道二教。玄
學之內容，大體而言在會通儒道、兼涉名法諸家學說，以哲理思辨之方法，
探討「自然名教」、「有無」、「本末」、「體用」、「言意」等議題，透過對形而
上之本體的探求，尋求天地之間萬事萬物依循之理，以及個人存在之價值、
政治人倫存在之依據。透過對三玄之注解、清談品題，士人於此展現者，不
僅只是學術上的成就，更開啓了新的生命型態與情志寄託。「崇尚玄遠」亦不
止於學術風尚，也影響了一時代人的精神樣態與生命情調。除了玄學，六朝
佛教、道教亦提供人們身心安頓的依歸。三者之間雖有理論上的歧異，卻也

店，1990 年），頁 55。

〔註33〕此採《隋書·經籍志》〈雜傳類〉小序之說，原文如下：「又漢時，阮倉作
《列仙圖》，劉向典校經籍，始作《列仙》、《列士》、《列女》之傳，皆因其
志尚，率爾而作，不在正史。後漢光武，始詔南陽，撰作風俗，故沛、三
輔有耆舊節士之序，魯、盧江有名德先賢之讚。郡國之書，由是而作。魏
文帝又作《列異》，以序鬼物奇怪之事，嵇康作高士傳，以敘聖賢之風。因
其事類，相繼而作者甚眾，名目轉廣，而又雜以虛誕怪妄之說。推其本源，
蓋亦史官之末事也。載筆之士，刪採其要焉。魯、沛、三輔，序贊並亡，
後之作者，亦多零失。今取其見存，部而類之，謂之雜傳。」參見《隋書》，
標點本，頁 982。

不斷調和交融，促成當世思想領域的發達。玄學、佛、道思想之興盛，一方面反映於當時大量的玄論、玄注，及佛道經典；同時也可從上位者的熱中參與得到驗證，甚至是詩文之中，都雜有玄思、佛理、仙心。玄、佛、道三家思想遂與傳統之儒學，構成了六朝文化重要的一環。

二、六朝子學之表現

　　六朝子家身處於各種學術並起且蓬勃發展的時代，其寫作子書的題材自然也會受到當代學風的影響。尤其當六朝子家無法肆無忌憚地評論時政，仕進之途又與個人才學表現有關時，子書的寫作策略亦隨之發生轉變。子家各依自身興趣、專長，著書立說，子書之中不再聚焦於天下、國家，也不再圍繞著帝王之道，跳脫了傳統子書的藩籬，子家逐漸將眼光由外界轉向自身，將一己之才華、風流盡顯於著述之中。一方面是關懷面向不同於傳統諸子，另一方面也是因為子家若依循既有的子書寫作模式已無法突破前人的成就，勢必從其他學術中尋找題材，重構其子書之內容。

　　以蕭繹《金樓子》而言，便具體而微地展現了六朝子學浸染其他其他學門的特徵。蕭繹並非不瞭解子書的精神、價值，因為在其書中一再透露出其欲兼諸子百家之學力圖興治的抱負。然而，當其實際寫作一部子書時，卻寫出了不同的型態。在閱讀《金樓子》時，可以感受到這部書雖具有子書的部分特質，例如蒐集了歷代諸子之名言錦句，又如借史事以自我勸誡、惕勵，加上其於書中不時透露的興治意圖，與傳統子書頗為形似。然而，深入閱讀整部《金樓子》卻可看到許多篇章之內容已經超越了傳統子書的範疇，而近於史學、文學、小說，甚至可視為一本記載蕭繹生活見聞、讀書心得的綜合筆記。對照於此，蕭繹所談之「興治」，反而淪為一種點綴，其所嚮往者在成一家之言，有用於世；然其實際採取的寫作策略，卻朝著學術的方向前進，頗有以此書矜多炫博的意味。此一子書發展過程中的轉變，不單只見於《金樓子》中，自東漢諸子以迄於魏晉，眾家子書之中便已呈現此一趨勢。

（一）子書近史

　　六朝時期部分立言頗為正大、傳統的子書作者在寫作子書時，多採取「統整」、「綜合」之法，以「史」的眼光，由古至今對一切政治、歷史、文化作一總結，試圖藉此歸納凝煉出一套治國處世之法；然於其總結古今知識、經

驗時，卻往往隨著個人專長與興趣的不同，而促使其著作偏向了子書以外的其他學術著作之領域。以曹丕《典論》爲例，〈奸讒〉篇中藉著評論何進、袁紹、劉表等人事蹟，欲闡「輕信奸讒，而招致滅亡」之理，頗有子書引史事以勸誡之意味，但相較於先秦諸子，其對於史事之記載過於詳盡，反而有喧賓奪主之嫌，而使得全篇文字近於史傳。此外於傅玄《傅子》之中更有直似魏書底本之史事記載，又如杜恕《篤論》〔註 34〕、殷基《通語》〔註 35〕、袁準《正論》〔註 36〕則有近似家傳、譜牒之作，其他六朝子書之中更有許多近當代史事的記載與評論，尤其南朝蕭繹《金樓子》更是集上述諸人之大成，於子書中以獨立之篇章爲歷代興治一朝或敗亂一國之昏君與賢臣、后妃各立一合傳，又於其中收錄其爲父母所寫之傳記文字，且多有類似自傳的敘述。此類子家之言雖仍圍繞著治世之理而開展，多有箴戒之語，然而其形式卻更接近史書著作。就此點而言，或許與魏晉史學之勃興有相當大的關連。魏晉學者對於寫作史書的興趣與成就是有目共睹的，金毓黻曾言：

> 魏晉以後，轉尚玄言，經術日微，學士大夫有志撰述者，無可抒其蘊蓄，乃寄情乙部，一意造史。〔註 37〕

而從《隋志・史部》來看，則得見六朝史籍之私人著述既多，於體制方面則推陳出新，突破原有之史書體例，而擴大了史學的領域、史書的種類。整體而言，不論是質或量，都反映了六朝史學的興盛。由此觀之，六朝子書之中層出不窮的、近於史書的記述，實其來有自。但六朝子書近史之趨向，卻並非單向受到史學興盛的影響，而似與當時之史學發展彼此相互作用而產生質變。多位學者皆曾注意到此時期史書中之史家議論頗有諸子議論之風，荀悅《漢紀》、袁宏《後漢紀》尤爲其中顯例。胡寶國即曾針對此現象提出精闢的分析，認爲：

> 史書中出現了類似子書式的議論，可能與這一時期興起的著作子書的風氣有關。〔註 38〕

〔註 34〕 杜恕：《篤論》中多筆資料論及杜氏一門之事，類似家傳。參見《全三國文》卷四十二，頁 429。

〔註 35〕 馬國翰：《玉函山房輯佚書》，殷基《通語》載有殷基記敘其父殷禮之事，似爲其父作傳。見子編儒家類，頁 2591。

〔註 36〕 馬國翰：《玉函山房輯佚書》，袁準《正論》收有〈袁氏世紀〉，類似家傳、譜牒。見子編儒家類，頁 2603。

〔註 37〕 語出氏著：《中國史學史》（臺北：國史研究室，1972 年），頁 70。

〔註 38〕 胡寶國：《漢唐間史學的發展》〈史論〉，頁 112。

由此，我們可以合理推論六朝時期，子學與史學兩者之間是相互影響的，故子書作者於寫作時很容易採取史書之形式，著重於人物事蹟的記載；偏向於以史爲鑒，採取史家之筆法。而史書之中則浸染了諸子「述道言治」之風，以史事作爲自身立論的根據。六朝學術彼此之間的滲透與交互作用於此可見一斑。

此一趨勢亦可見於六朝子書之中關於經學之討論內容的增多。於漢曾盛極一時的經學雖然隨著漢之滅亡而衰微，但六朝學者對於經學的研究興趣卻未曾消失。六朝子書之中，多有涉及此類討論者。如蔣濟《萬機論》、王肅《王子政論》、袁準《正論》、虞喜《廣林》、譙周《法訓》、傅玄《傅子》、蕭繹《金樓子》，便多有涉及禮服、禮制、經書訓詁、名物考證一類的內容。其中原因一部份涉及了時代變亂、朝代更迭所引發的禮制問題，子書之中自然會對此提出相應之討論與解決之道；另一方面則反映此時期禮學之興盛。至於子書之中的經書考證、名物考證則可視爲子家矜誇博學的表現。以此類內容收入子書之中的風氣既起，其餘諸家便依此策略廣收此類題材欲成子書，欲往此一方向前進，則子書之中則有專以此類題材爲主體者，如：虞喜《廣林》、《志林》、崔豹《古今注》、劉杳《要雅》〔註39〕等，子書至此又復一變。

（二）子書近文集

另外，隨著中國文學於此時邁向前所未有的高峰，學者對於文學的瞭解、實踐皆頗爲可觀。於此風氣影響之下，傳統子書卻逐漸流於文美義淺、無關宏旨，近似文集之作，蓋此時子書文以露才揚己爲主，新苑圍大開，如顧譚《顧子新語》、陸景《典語》、秦菁《秦子》、裴玄《新言》，便屬此類。以秦菁《秦子》爲例，其中有言：

> 無盛之卮，雖赤瓊碧璵，無貴也；不斷之劍，雖含影承光，無取也。
> 〔註40〕

被歸類於道家類的《秦子》，由輯佚所得之文句來看，雖稍見思理，但其所欲表述之理，卻極普通；而眞正引人注目的則在於其文字的精緻、優美，對仗工整又兼具視聽之美感，雖只存片言隻語，但其原文之藻飾華采，卻得以想見。除此，六朝時期學者亦多於子書之中以獨立篇章討論文學理論，曹丕《典論‧論文》首開此風，蕭繹於《金樓子》中，亦在此潮流之中，大談文筆之辨以及文人及其作品之分類理論。另需注意者，爲此時期子書之中子家自我

〔註39〕馬國翰：《玉函山房輯佚書》，頁2855。
〔註40〕馬國翰：《玉函山房輯佚書》，頁2832。

表述、抒情的成分有增高之**趨勢**。且此處所言之「自我表述」、「抒情」並非子家硜欲興治、有志欲伸的激憤之感，而著重於對自我存在的觀察與反省以及心緒雜感的抒懷。關於此點，葛洪《抱朴子外篇》中亦略有觸及，如其〈自敘〉一篇，便極似一篇完整的自傳，詳細記載關於自身的家世背景心性好惡以及心志意向等等，其中又言：

> 洪之爲人也騃野。〔註41〕

> 洪稟性尫羸，兼之多疾，貧無車馬，不堪徒行，行亦性所不好。
> 〔註42〕

> 且自度性篤嬾而才至短，以篤嬾而御短才，雖翕肩屈膝，趨走風塵，猶必不辦，大致名位而免患累，況不能乎？未若修松、喬之道，在我而已，不由於人焉。〔註43〕

更可看出葛洪對自我深切的觀照與省察，此類文字雖出於子家之口、見於子書之中，但其精神卻更近似於傳統文學作品中的抒情傳統。而此一現象亦見於蕭繹《金樓子》，興膳宏曾就〈自序篇〉中一段文字：

> 余不閑什一，憎人治生，性乃隘急。刑獄決罪，多從厚降；大辟之時，必有不忍之色。多所捶楈，左右之間，耳劉之亨。嘗語余曰：「君王明斷不凡。」此皆大寬小急也。〔註44〕

指出《金樓子》中有一「內省的傾向」，於全書之中隨處可見。確如其言，蕭繹於《金樓子》中還記載許多關於自身的事蹟，文字之間常可見其不加掩抑的個人情感，如將自己對妻子的厭惡，藉著志怪筆法醞於其中；而其對於父親的敬畏、崇仰之心，對於母親的愛敬、眷戀之情；又如其聽聞京師傳語「議論當如湘東王，仕宦當如王克時」時的沾沾自喜，於其字裡行間皆可得而見之。這些事例都表現出當時子書之內容愈來愈有文學意味，也拉近了子書與文集之間的距離。

（三）子書近類書

魏晉以降子學發展之重要趨向還在於大量增入近於雜纂、類事一類之子書。姚振宗曾將《隋志‧子部‧雜家》又別爲四類：第一部份始於《尉繚子》，

〔註41〕葛洪：《抱朴子外篇》，頁662。
〔註42〕同前註，頁664。
〔註43〕同前註，頁692。
〔註44〕蕭繹《金樓子‧自序》

終於《金樓子》，爲「四庫提要所謂雜學之屬」；第二部分自張華《博物志》至殷仲堪《論集》，「皆雜家之不明一體者」，「四庫提要所謂雜考、雜說、雜品、雜纂之屬」；第三部分則由《皇覽》至《書鈔》，歸爲「類事之屬」；第四部分則收錄佛教傳記、譜錄，別爲「釋家之屬」。就此點而言，則又可聯繫於六朝抄書之風與類書編纂之盛。觀此時期學者鈔纂、彙編之書籍，大致有三大類，以表格示之如下：

一、由歷代典籍中，尤其是諸子百家之作，選錄有補治道者聚爲一書。	二、私人編纂之雜事雜記與歷代名言典故。	三、私人或由當代文學集團之領袖號召組織學者共同編纂之大型典故事類彙編。
·何望之《諫林》 ·陸澄《述政論》、《政論》 ·范泰《古今善言》 ·虞通之《善諫》 ·庾仲容《子鈔》 ·崔安《帝王集要》	·崔豹《古今注》 ·張顯《古今訓》 ·陸澄《闕文》 ·劉霽《釋俗語》 ·盧辯《稱謂》、《墳典》 ·戴安道《纂要》 ·沈約《俗說》、《雜說》、《袖中記》、《珠叢》 ·庾肩吾《采璧》 ·謝吳《物始》 ·杜臺卿《玉燭寶典》 ·李穆叔《典言》 ·荀士遜《典言》 ·朱澹遠《語麗》、《語對》 尚有多本作者不詳者，觀其書名亦屬此類，如： 《雜略》、《前言》、《會林》、《對林》、《文府》、《對要》、《雜語》、《眾書事對》、《雜事鈔》、《雜書鈔》……等。	·《皇覽》 （魏文帝曹丕使諸儒繆卜等撰集經傳，隨類相從，凡千餘篇。） ·蕭子良《四部要略》 ·劉孝標《類苑》 ·劉杳《壽光書苑》 ·《華林遍略》 （梁武帝命諸學士徐僧權、徐勉、何思澄、顧協、劉杳、王子雲、鍾嶼等人編纂而成。）

第一類書如今多已亡佚，唯庾仲容之《子鈔》賴唐、馬總之抄撮整理，其書中精華遂得而保留於《意林》之中。其書多選取歷代子書之精華名句，排比而成，而內容則又偏向經世治民、立身處世之理，收於子部之中，卻已遠於能「自成一家言」之傳統諸子。傳統諸子「興治」的精神於其中雖隱然存在，但據馬總原序所言之著述動機：「上以防守教之失，中以補比事之闕，下以佐

屬文之緒。」〔註45〕則此書又非單純以「興治」爲唯一目標，而又爲了因應當時文士創作時「用事」、「典故」之需求。此一文學寫作上之需求在第二類的子書之中，則又愈演愈烈，子書作者於書中考釋名物、廣收歷代佳句、妙對，以及典故、類事，其書中內容幾乎已無政治性的議題，只見隸事、麗句充斥其中。且此一風氣不僅只是文士個人的興趣，而是整個魏晉南朝的學術潮流。除了文學方面的類事、典故彙編之作外，盛行於南朝的佛教也有類似的著作，南齊竟陵王蕭子良即有《淨住子》二十卷，《梁書》、《南史》所載元帝蕭繹之《內典博要》，則又將抄書範圍由五經、子、史、文集擴及佛教典籍，傳統子書之內容又再一變。而此抄書、纂輯類書之風除了表現在《隋志・子部・雜家》中新增的類目、著作中，還表現爲六朝子家寫作子書的寫作策略，以《金樓子》爲例，歷來便備受眾家批評其內容多纂鈔前人陳言，缺乏己見。蓋子書近於類書之現象，實是「才」少者，欲藉「學」補之的表現，相對於當代重才之風而來的附屬風氣；亦與文學、史學發展需要典故、史料之實際需求有關。

（四）子書近小說

六朝子學之變質還表現在當時子書內容多有談及人物品評、奇聞軼事，而流於志人、志怪小說之形式者。此固然與小說體裁的發展有關，但亦涉及了時人心態問題，與士人對政治灰心、背離有莫大的關係。鑑於東漢末年，名士評議政事，集體對抗卑劣當權者卻反招殺身之禍；六朝以降之士人，遂變「清議」爲「清談」。所談內容則由國事、大道，轉爲人物風流、奇聞軼事。

「小說」歸於子部雖始自《漢志》，然而《漢志》所載之著作，雖多「街談巷語，道聽塗說者之所造也」卻也略有涉及治術者，如《鬻子說》有言：

> 發政施令爲天下福，謂之道。上下相親，謂之和。不求而得，謂之信。除天下之害，謂之仁。信而能和者，帝王之器。聖王在位，百里有一士，猶無有也。王道衰，千里一士，則猶比肩也。〔註46〕

其他如：《待詔臣饒心術》、《待詔臣安成未央術》，觀其書名，亦似與治術有關。然而《隋志・小說類》中所錄書籍，則轉出傳統子部小說家的侷限，開展出更接近後世小說、笑話集一類的新型態。如裴啓《語林》便爲著名的志人小說《世說新語》多加採錄，至梁朝殷芸，則又採二書之精撰爲《小說》；

〔註45〕見馬總：《意林・序》（臺北：新文豐出版社，1974年），頁2。
〔註46〕《意林》卷一，同註493，頁1。

而《郭子》、《笑林》、《笑苑》、《解頤》則多載詼諧不經之事。志怪之作於《隋志》中，雖只有張華《博物志》收於「子部、雜家類」，其餘則歸於「史部、雜傳類」；然而，今考《隋志‧子部》中諸家子書，多有不屬於「子部、小說家」，亦不見於「史部、雜傳類」，但其內容卻與上述志人小說、笑話集、志怪小說相似者。如：曹丕《典論》、周昭《周子新論》、傅玄《傅子》、孫綽《孫子》、殷基《通語》、袁準《正書》、《正論》、蔣濟《萬機論》、唐滂《唐子》、杜恕〈興性論〉、裴玄《裴氏新言》、華譚《新論》、葛洪《抱朴子》等子書，便多有討論古今人物的內容，或論人物優劣，或記名士之風流問答。由此觀之，正與六朝清談品題之風相符合，子書之中既反映了當時清談之風，也深受此風之浸染。又如：梅氏《梅子新論》、虞喜《志林》、陸雲《陸子》、陸機《陸氏要覽》、沈約《雜說》等子書，則多記子家耳聞或親歷之鬼怪異事。而蕭繹《金樓子》則集此二者之大成，於其書中闢有〈捷對〉、〈志怪〉兩篇，前者多採《世說新語》之風流對答；後者則記親身經歷之怪事，或詳載前代志怪小說，如張華《博物志》中的故事片段；此外，蕭繹還頗好記述時人因無才、不學而引人戲謔之事。以上，亦與當時人好清談、好奇志異之風氣息息相關。

（五）子書雜染玄學、儒道之思想

　　清談、志怪之外，玄學、佛道二教之興，也促使六朝子學發生相應的轉變。朝向本體論方法發展之玄學，因思想方法之進步而開啟了士人心力投注的新園地。就思想方面而言，既有的儒、道、名、法、雜等諸家思想，彼此間相互整合、兼併，一方面對歷代思想作一總理，另一方面也逐步偏向於抽象思理的談辯、考證；在形式方面，仍有類似傳統子書的著作，但亦有以經傳注解之形式注解前代子書之作，如注《太玄》、注老、注莊之作大增。而於原有之九流十家外，傳統子學至此又加入了佛道二教之思想與相關著作。佛教是外來新思想的傳入，有助於人心安頓；道家也依傍佛學之興而盛行。如葛洪《抱朴子內篇》、苻朗《苻子》即多有道教錬丹、符籙、導養，以及神仙黃白之術，由心靈之安頓，進一步寄望成仙不死的可能。中國之道家思想由黃老之談三黃五帝之道、論治術，進而為莊、老盛行之玄學，好談仙異之《列子》，又轉而為道教之金丹符籙，傳統子學興治精神之淡化由此亦得見之。而隨著佛教思想在中國的蔓延、盛行，子部之中除新增有闡述佛家思想理論以及佛教高僧事蹟之作，如《釋氏譜》、《高僧傳》、《內典博要》外，釋家之屬

外，尚有子家於著作中討論佛教思想者，如顧歡《夷夏論》、張融《少子》等。亦是當世學風影響子學發展之一端。

由以上可知，六朝子學之變質，既有來自本身融合、多元的改變需求，又有來自外在新興學術、思想的衝擊、浸染，當傳統諸子的「興治」理想在六朝子家心中逐漸淡化之時，子書之內容自然也發生相應的轉變。

第五章　結　論

　　經由上述討論，可知傳統子學之發展到了六朝時期所呈現之各種變質，實非子學本身的突變，而是在時代背景、學術環境、士人心態各方面轉變的影響下，隨之而起的相應變化。六朝士人縱情於個體存在價值的追尋、文學與藝術的創作，游心於人物風流之賞譽、形上本體之探求，以表現一己風流才情、滿足自我人生理想的處世態度，固然淡化了傳統諸子興治的精神，也喪失了諸子承擔世道風俗移易的自覺意識，實可說是諸子精神的墮落。然而，六朝子書卻也因此開展出不同的氣象：

　　其一、題材方面

　　六朝子書將經學、史學、文學、小學，以及各種盛行於當代的學術、思想表現，一併納入了子書的範疇，使得六朝子書之內容更加多元、豐富。

　　其二、形式方面

　　六朝子書或以史家雜傳的形式抒發一己之見；或馳騁文采在書中展現對於文學觀念的認知，或以美文抒發淺顯的義理、以及私領域的感懷；或以志人、志怪的手法，記述當世的文化、風俗，展現時人對於世俗趣味的關注；或以類書之形式纂錄條列各種文獻資料以作為史書、文學寫作時之材料。

　　其三、風格方面

　　六朝諸子擺落了早期諸子經世濟民的興治傳統，其志遂不在聚焦於提出一家之言，以當一國之法；心力關切重心轉入家族門第的興盛，個人存在價值的不朽，子書所談大體為人生安頓之處世方向、自我才學興趣的表露，明顯有異於傳統諸子以天下國家為己任的風格。

以此觀之，六朝子學實有其學術史上的價值與地位。而蕭繹《金樓子》，一部囊括了大部分六朝子學轉變特質之子書，其成就與地位似乎也應該重新審視、評價。

第一節　蕭繹《金樓子》的成就與地位

以《金樓子》作爲主軸，觀察六朝子學之發展，一方面可看出當時子學確實發生一系列的轉變；一方面則有助於我們釐清蕭繹這部子書之作，所具有的學術價值。關於蕭繹《金樓子》的成就與地位，主要有三：其一、保存古代文獻。其二、反映當代學風。其三、更新子書形式。以下依序分述之。

一、保存古代文獻

對於《金樓子》保存古代文獻的價值，四庫館臣早已明言：

> 其書於古今聞見事迹，治忽貞邪，咸爲苞載。附以議論，勸誡兼資，蓋亦雜家之流。而當時周秦異書，未盡亡佚，具有徵引。如許由之父名，兄弟七人，十九而隱；成湯凡有七號之類，皆史外軼聞，他書未見。又〈立言〉、〈聚書〉、〈著書〉諸篇，自表其撰述之勤，所紀典籍源流，亦可補諸書所未備。〔註1〕

今觀《金樓子》全書，確實如館臣所言，具有「補諸書之未備」之功。歷覽《金樓子》之內容，廣涉經學、子學、史學、文學、小學等範疇，即使書中多有纂鈔他書的痕跡，卻也有不少資料是《金樓子》獨有，而他書未見者，或反爲後世著作所引用者。不論是何種情形，此書對於古代文獻的保存與校勘都有莫大的助益。就《金樓子》中纂鈔而來的資料觀之，以《漢書》、《世說新語》、《文心雕龍》爲多，至於其他經史子集之作，亦在蕭繹徵引範圍之中。雖多爲前人陳言，但是字句之間卻頗有異於今本之處，可作爲版本校勘、資料彙補之依據。〔註2〕李慈銘《桃華聖解盦日記》己集五二曾云：

> 元帝爲人險薄忮忍，所長不過艷詩小賦，故此書大半勦襲子史中語，間及文藝。……惟其時古書多存，偶一引用，亦足以證佐見聞。〔註3〕

〔註1〕《四庫全書總目》，卷一一七・子部・雜家類一。
〔註2〕對此，鍾仕倫於已詳細考察出多種例證，此處不再贅述。其說參看氏著：《金樓子》研究，頁70～84。
〔註3〕語出李慈銘：《桃華聖解盦日記》，同前註313，頁405。

其說前半對蕭繹並無好評，卻也於文末客觀點出《金樓子》足以「證佐見聞」
之功。另外，若由《金樓子》中非纂鈔之內容而言，則更能收「證佐見聞」
之效。如蕭繹於書中記載關於自身以及父親、母親、妻子，近當代人物等事
迹，多有史書不傳者，有助於我們瞭解當代人物與史實。〔註4〕

二、反映當代學風

　　《金樓子》的貢獻還在於具體反映六朝時期學術風氣與士人心態的表現。
雖然平心而論，《金樓子》實在不似先秦、兩漢時期之子書，書中既無足以作為
一家之言的思想體系，又充斥著許多與傳統諸子精神無關的主題、內容。但是，
這樣一部子書，卻恰好充分地呈現魏晉以降、以迄南朝，學術發展的新趨勢，
以及士人對於人生安頓、生命價值的新目標。六朝時期，士人關注之重心已由
「政治國家」轉移至「家族個人」，子書之中所討論的議題，亦從「經世濟民」
轉移至「學術興趣」。跳脫了傳統諸子興治意念的牢籠，於是各種足以展現個人
才學、興趣之議題，皆可為子書中的題材。蕭繹對於撰寫歷史的興趣，對於文
學觀念的辨析，以及蒐集軼事傳聞、品評人物的愛好，在在都與六朝時期的學
風相互呼應。其書中或有抄襲、沿用《世說新語》、《文心雕龍》之處，然而卻
證明了這兩部書在當時的影響，及此二書背後所蘊含的時代意義。蕭繹對前人
資料的抄襲與沿用與評論，也可看出六朝人對於前代學術的選取、繼承與革新。
當年蕭繹於江陵點燃的一把火固然讓許多珍貴的文獻典籍付之一炬，誠令人感
到惋惜與悲哀；然而蕭繹身後留下的《金樓子》，卻流傳至今，將當代的學術、
文化，重現於世人眼前。其間的功過是非，實難計算。

三、更新子書形式

　　在中國學術的發展演變過程中，形式的創新往往可以使舊有的學術煥發
出另一番風貌，吸引更多知識份子投注心力於其中，使其得以延續久遠。放
眼傳統經學、史學、文學之發展，莫不如此。傳統子學至六朝時期，亦在前
人的基礎上，轉出了子書形式的另一種可能。觀察六朝子書，輯佚資料已略
微反映出當時子書形式的新面貌，但是，零星資料尚不足以證明當時子書的
具體變化。透過《金樓子》，則讓我們瞭解，輯佚資料所出現的子書新形式，

〔註4〕　事例參看本論文第三章、第四節，頁 131～146。

並非是偶然、巧合，而是當時之新風。士人受限於才思之不足、識見之淺薄，加上前代諸子樹立之典範難以超越，故不得不憑藉其他形式，完成自身對於「成一家之言」的渴望，於是六朝子書遂多考證經史、議論史事、記言記事、個人抒懷之作。子書之中遂不再以政事評論、義理闡述爲主，亦不限於傳統子書習見的語錄體、論說文或奏議書疏，而近於讀書筆記、雜傳、小說，甚至是刻意美化、抒情化的文章。六朝人或許再難提出足以和先秦諸子匹敵的高妙見解，但是卻讓子書不再是高不可攀的憧憬，能靠著個人學問的積累、見聞的增繁，加以串連、匯聚，而成就之。子書於此時不再是知識份子議論政事的工具，而是文人學者露才揚己、安頓生命的新寄託。在此背景下，自然「家家有製，人人有集」，〔註5〕無論才高才淺，都能撰述爲文，自成一子。雖然後人每多嗤之爲疊床架屋，此時子書大多亦隨著時間的淘選，亡佚甚多。但是，若將史志記載、輯佚資料與《金樓子》並觀，我們可以想見六朝時期子書可能的形式，以及當時士人對於子書創作的熱中。在《金樓子》中，或許找不著蕭繹自成體系的一家言，但是卻能窺見當時眾多諸子共同的關注議題，以及他們欲藉子書炫才揚名以不朽的共同嚮往。儘管六朝子籍至今多已亡佚，子學發展至六朝實若存若亡；但是在唐宋以後文人的文集、筆記中，卻仍能找到和六朝諸子相仿的論述筆調與關注題材。以此而言，傳統諸子在六朝時期，就某個層面看來，是一種墮落、衰微，而從另一個面向來看，反倒是開闢了一種新形式，提供當時士人揮灑自我的管道，也持續影響後世的學術發展。

第二節　前人對《金樓子》評價之重探

　　歷來學者對蕭繹及其書的評價大致皆不甚高，偶有正面評價亦只強調其人博學勤述，以及其書中對於文筆之辨的見解在文學批評史上的地位。大部分的評價則多屬負面，著眼於《金樓子》中纂鈔資料過多，缺乏個人思想體系；另外則有學者根據蕭繹人格特質、以及歷史功過，而忽視《金樓子》的眞正價值。鑑於蕭繹《金樓子》在六朝子學甚至是六朝學術實具有不可掩抑的成就與價值，因此回顧歷來評論家的意見，也就有了重新商榷的必要。

〔註5〕語出《金樓子·立言上》。

一、纂鈔之中，亦見用心

　　蕭繹撰寫《金樓子》時，確實纂鈔了許多古今典籍，對於《世說新語》、《文心雕龍》更多有直接抄襲的痕跡。就此點而言，頗受學者批評。譚獻《復堂日記》論蕭繹撰作《金樓子》，云：

　　　　自謂切齒不韋、淮南之倩人，而雜乎子史，取《淮南》者尤多。又與《文心雕龍》、《世說新語》相出入，未免於稗販也。〔註6〕

孫詒讓〈札迻〉亦指出《金樓子‧立言》：

　　　　多雜摭古書語而《淮南子》尤多，今不備舉。〔註7〕

日本學者興膳宏亦云：

　　　　梁元帝撰《金樓子‧立言》篇把〈指瑕〉篇中批判曹植所用措辭的一節及其上文數十字大致照樣收錄。〈立言〉篇通篇記載了古今的名言成句。〔註8〕

上述學者之意見，大致針對蕭繹撰寫《金樓子》並無創新，只是襲用「古書語」、「古今名言成句」，直可視爲「稗販」之作。事實上，《金樓子》確實充斥著許多成言、古語，然而這不表示蕭繹刻意剽竊他人智慧結晶，或《金樓子》毫無學術價值。在本篇論文中，透過詳細的檢視、考察，可發現《金樓子》雖多有纂鈔之迹，卻仍能看出蕭繹的觀點與用心。在浩瀚的古籍中，若要選取資料，匯聚爲一書，勢必要先對古籍的內容作一翻閱讀理解的功夫，王夫之曾云：「取帝之所撰著而觀之，搜索駢麗，攢集影跡，以誇博記者，非破萬卷而不能。」〔註9〕就算蕭繹撰寫此書確實有炫才的成分，但是他的博覽、勤學，卻不容否定。只是，《金樓子》一書並非單純的纂鈔之作，纂鈔之外，亦有許多蕭繹獨立爲之的論述，如文筆之說、爲父母記傳、記錄自己的事蹟、考定經史、紀錄近人言談，這些都能反映蕭繹在六朝學風影響下，進一步付諸實踐的努力。儘管，《金樓子》中並無完整的思想體系、獨特見解，卻也能看出蕭繹如何以一個梁朝帝王的觀點，擇取古代典籍的精華，給予評價，總結出順應新時代的新看法。因此，蕭繹雖然在才思、視見方面遠不及傳統諸

〔註6〕　譚獻：《復堂日記》，半廠叢書本。

〔註7〕　孫詒讓：《札迻》（學術筆記叢刊，梁運華點校，北京：中華書局，1989 年 1 月），卷十，頁 340。

〔註8〕　興膳宏〈顏之推的文學論〉，《六朝文學論稿》，彭恩華譯（湖北：岳麓書社，1986 年 7 月），頁 117。

〔註9〕　王夫之：〈論梁元帝讀書〉，《讀通鑑論》（北京：中華書局，1975 年），頁 593。

子，但《金樓子》卻是他耗費一生精力的心血結晶，雖非傳世佳作，其中用心卻值得我們嘉許。黃伯思稱其：「以帝子之尊，不嗜聲色而沉酣文史纂述，殆二百卷，勤博至斯，自可賞慕。」〔註10〕確爲公允之評。

二、因人廢書，實非客觀

此外，學者每多根據蕭繹人格特質、以及歷史功過，而忽視《金樓子》在學術史方面的貢獻與地位。以王夫之爲例，便以傳統儒家的立場，大力抨擊蕭繹：

> 江陵陷，元帝焚古今圖書十四萬卷。或問之，答曰：「讀書萬卷，猶有今日，故焚之。」未有不惡其不悔不仁而歸咎於讀書者，曰：「書何負於帝哉？」此非知讀書者之言也。帝之自取滅亡，非讀書之故，而抑未嘗非讀書之故也。取帝之所撰著而觀之，搜索駢麗，攢集影跡，以誇博記者，非破萬卷而不能。于其時也，君父懸命于逆賊，宗社垂絲於割裂；而晨覽夕披，疲役於此，義不能振，機不能乘，則與六博投瓊、耽酒漁色也，又何以異哉？夫人心一有所倚，則聖賢之訓典，足以錮志氣於尋行數墨之中，得纖曲而忘大義，迷影跡而失微言，且爲大惑之資也，況百家小道，取青妃白之區區者乎？
>
> 〔註11〕

文中雖也提及蕭繹著作的特色，卻只是簡短地以「搜索駢麗，攢集影跡，以誇博記者」潦草帶過，而只偏重於批判蕭繹之勤學等同於「與六博投瓊、耽酒漁色」，且「忘大義」、「迷微言」，與國事無益，純粹是個人消遣寄託，無涉經世大道。這種說法遙承《梁書》編者姚思廉的意見，姚氏評蕭繹：

> 其篤志藝文，採浮淫而棄忠信；戎昭果毅，先骨肉而後寇讎。雖口誦六經，心通百氏，有仲尼之學，有公旦之才，適足以益其驕矜，增其禍患，何補金陵之覆沒，何救金陵之滅亡哉！〔註12〕

其說亦是略其著作之價值，指出蕭繹人格特質的瑕疵，及後來招致梁朝亡於西魏的悲哀。就算《梁書》中也曾稱許蕭繹：

> 世祖聰悟俊朗，天才英發。……既長好學，博總群書，下筆成章，

〔註10〕黃伯思：〈跋《金樓子》後〉，《東觀餘論》，卷下，頁 377。
〔註11〕同註 503。
〔註12〕姚思廉《梁書・敬帝紀》

　　出言爲論，才辯敏速，冠絕一時。〔註13〕

但是，後世學者對蕭繹的關注卻始終著眼於他過於極端的性格、對學問的愛好，以及亡國之君的形象，並未能對《金樓子》給予全面、客觀的研究、評價。就人格與功績而言，蕭繹的確不能列入賢主明君之流，甚至予人兇殘、褊急、不孝、不友的負面印象，若因此將其書置而不談，恐有因人廢言之失。在蕭繹身處的時代，自有其必須要承擔的歷史功過；然而《金樓子》經歷了時代的淘選得以存於今日，我們不必因此給予過度的讚許，卻也應該公允地重新考察其內容，作出客觀的評價。

〔註13〕同前註。

引用及重要參考文獻

　　本目錄中，古籍依經、史、子、集四部分類，各部之中依著作年代先後排序。近人專著依姓氏筆畫為序，同一作者之著作則按照出版年代排序。期刊與單篇論文大體依時代先後排序，遇同一作者之文章則並列一處，再以發表時代先後為序。

一、古　籍

（一）經　部

1. 《四書章句集注》，〔宋〕朱熹撰，臺北：大安出版社，1996 年 11 月。
2. 《尚書集釋》，〔民國〕屈萬里撰，臺北：聯經出版社，1983 年。
3. 《禮記今註今譯》，〔民國〕王夢鷗撰，臺北：台灣商務印書館，1970 年 1 月。

（二）史　部

1. 《史記》，〔漢〕司馬遷著，〔日〕瀧川龜太郎《史記會注考證》，臺北：萬卷樓，1996 年。
2. 《漢書》，〔漢〕班固著，〔唐〕顏師古注，北京：中華書局，1996 年。
3. 《後漢書》，〔劉宋〕范曄著，〔唐〕李賢等注，北京：中華書局，2001 年。
4. 《三國志》，〔三國〕陳壽撰，〔劉宋〕裴松之注，北京：中華書局，1982 年。
5. 《晉書》，〔唐〕房玄齡等撰，北京：中華書局，2003 年。
6. 《梁書》，〔唐〕姚思廉撰，北京：中華書局，2003 年。
7. 《南齊書》，〔梁〕蕭子顯撰，北京：中華書局，1972 年。

8. 《南史》，〔唐〕李延壽，臺北：鼎文書局，1994 年。

9. 《隋書》，〔唐〕魏徵等撰，北京：中華書局，2002 年。

10. 《七志》，王儉撰，收於廣文編譯所編：《別錄、七略輯本》，臺北：廣文書局，1969 年。

11. 《七略》，阮孝緒撰，收於廣文編譯所編：《別錄、七略輯本》，臺北：廣文書局，1969 年。

12. 《廿二史箚記校證》，趙翼著，王樹民校證，北京：中華書局，2001 年。

13. 《隋書經籍志考證》，姚振宗撰，北京：北京圖書館出版社，2005（爲續修四庫全書影印本，收入《隋唐五代五史補編》，第貳冊）。

14. 《兩晉南北朝史》，呂思勉著，上海：上海古籍出版社，2005 年 11 月。

（三）子　部

1. 《墨子閒詁》，孫詒讓著，北京：中華書局，2001 年。

2. 《莊子校詮》，王叔岷撰，（中央研究院歷史語言研究所專刊之八十八）臺北：中央研究院歷史語言研究所，1999 年。

3. 《莊子今註今譯》，陳鼓應撰，臺北：商務，1999 年。

4. 《老子四種》，臺北：大安出版社，2003 年 8 月。

5. 《韓非子集釋》，陳奇猷撰，高雄：復文圖書出版社，1991 年 7 月。

6. 《鄧析子》，臺北：世界書局，1955 年。

7. 《管子校釋》，〔漢〕管子著，顏昌嶢校釋，長沙：嶽麓書社，1996 年 2 月。

8. 《新語校注》，〔漢〕陸賈著，王利器校注，北京：中華書局，1997 年 10 月。

9. 《新書校注》，〔漢〕賈誼著，閻振益、鍾夏校注，北京：中華書局，2000 年。

10. 《淮南子集釋》，〔漢〕淮南王劉安著，何寧集釋，北京：中華書局，1998 年 10 月。

11. 《說苑校證》，〔漢〕劉向著，向宗魯校證，北京：中華書局，1987 年。

12. 《新序校釋》，〔漢〕劉向著，石光瑛校釋，北京：中華書局，2001 年 1 月。

13. 《法言義疏》，〔漢〕揚雄著，汪榮寶撰、陳仲夫點校，北京：中華書局，1987 年。

14. 《論衡校釋》，〔漢〕王充著，黃暉校釋，北京：中華書局，1996 年。

15. 《新論》，〔漢〕桓譚著，上海：人民出版社，1977 年。

16. 《政論》，〔漢〕崔寔著，成都：四川人民出版社，1997（諸子集成補編影

印嚴可均輯《全後漢文》，本）。

17. 《申鑒》，〔漢〕荀悅著，臺北：中華書局，1981（四部備要本據漢魏叢書本校刊）。

18. 《中論校注》，〔漢〕徐幹著，徐湘霖校注，成都：巴蜀書社，2000 年 7月。

19. 《昌言》，〔漢〕仲長統著，成都：四川人民出版社，1997（諸子集成補編影印《玉函山房輯佚書》，本）。

20. 《鹽鐵論》，〔漢〕桓寬著，北京：中華書局，1991 年。

21. 《典論》，〔三國魏〕曹丕著，《全上古三代秦漢三國六朝文・全三國文》，卷八，頁 84～94。

22. 《體論》，〔三國魏〕杜恕著，《全上古三代秦漢三國六朝文・全三國文》，卷四十二，頁 421～428；《玉函山房輯佚書》，子編儒家類，頁 2578～2580。

23. 《世要論》，〔三國魏〕桓範著，《全上古三代秦漢三國六朝文・全三國文》，卷三十七，頁 370～378；《玉函山房輯佚書》，子編法家類，頁 2745～2748。

24. 《典語》，〔三國吳〕陸景著，《全上古三代秦漢三國六朝文・全三國文》，卷七十，頁 669～672；《玉函山房輯佚書》，子編儒家類，頁 2589～2590。

25. 《默記》，〔三國吳〕張儼著，《全上古三代秦漢三國六朝文・全三國文》，卷七十三，頁 688～689；《玉函山房輯佚書》，子編雜家類，頁 2825～2828。

26. 《袁子正書》，〔晉〕袁準著，《全上古三代秦漢三國六朝文・全三國文》，卷五十五，頁 570～580；《玉函山房輯佚書》，子編儒家類，頁 2604～2606年。

27. 《通語》，〔晉〕殷基（一作興）著，《全上古三代秦漢三國六朝文・全三國文》，卷八十一，頁 841～842；《玉函山房輯佚書》，子編儒家類，頁 2591～2592。

28. 《廣林》，〔晉〕虞喜著，《玉函山房輯佚書》，子編儒家類，頁 2627～2631。

29. 《陸子》，〔晉〕陸雲著，《玉函山房輯佚書》，子編道家類，頁 2706～2708。

30. 《抱朴子外篇校箋》，〔晉〕葛洪著・楊明照校箋，北京：中華書局，2004年 5月。

31. 《世說新語箋注》，〔南朝宋〕劉義慶著，余嘉錫箋注，臺北：華正書局，2002 年。

32. 《顏氏家訓集解》，〔北齊〕顏之推著，王利器集解，北京：中華書局，2002年 8月。

33. 《金樓子》，〔南朝梁〕蕭繹，見王雲五主編：四庫全書珍本別輯，臺北：商務印書館，1975 年。

34. 《意林》，〔唐〕馬總撰，臺北：新文豐出版社，1984 年。

35. 《直齋書錄解題》，〔宋〕陳振孫，上海：上海古籍出版社，2005 年 8 月。

36. 《詩藪》，〔明〕胡應麟著，收入蔡鎮楚編輯之《中國詩話珍本叢書》，第十一冊，北京：北京圖書館出版社，2004 年。

37. 《讀通鑑論》，〔清〕王夫之，北京：中華書局，1975 年。

38. 《四庫全書總目提要》，臺北：藝文印書館，1987 年。

39. 《文史通義校注》，〔清〕章學誠著，葉瑛校注，北京：中華書局，2004 年。

40. 《述學》，〔清〕汪中著，清代學術筆記叢刊影印清代稿本百種匯刊本，收於第三十二冊，北京：學苑，2005 年 2 月。

41. 《鐵橋漫稿》，〔清〕嚴可均著，收入《續修四庫全書》集部，別集類，no.1489，上海：上海古籍出版社，2002 年。

42. 《桃華聖解盦日記》，〔清〕李慈銘著，收入《歷代日記叢鈔》，v.80～82，北京：學苑，2006 年。

43. 《復堂日記》，〔清〕譚獻著，河北：河北教育出版社，2001 年。

44. 《札迻》，〔清〕孫詒讓著，梁運華點校，收入《學術筆記叢刊》，北京：中華書局，1989 年 1 月。

45. 《推十書》，〔民國〕劉咸炘著，成都：成都古籍書店，1996 年。

（四）集　部

1. 《文心雕龍注》，〔南朝梁〕劉勰著，范文瀾注，臺北：台灣開明書店，1993 年。

2. 《文心雕龍校釋》，〔南朝梁〕劉勰著，劉永濟校釋，臺北：正中書局，1954 年。

3. 《全上古三代秦漢三國六朝文》，嚴可均撰，北京：商務印書館，1999 年。

4. 《玉函山房輯佚書》，馬國翰撰，揚州市：廣陵書社，2004（1990 年據光緒十年楚南湘遠堂刊本整理、影印後出版社重印）。

二、近今人專書

1. 王瑤：《中古文學史論》，北京：北京大學出版社，1986 年 1 月。

2. 王鐵：《漢代學術史》，上海：華東師範大學出版社，1995 年。

3. 王志平：《中國學術史‧三國兩晉南北朝卷》（上下冊），李學勤主編，南昌：江西教育出版社，2001 年。

4. 王錦民：《古學經子》，北京：華夏出版社，1996 年。

5. 王繼訓：《漢代諸子與經學》，西安：陝西人民出版社，2004 年。

6. 任繼愈：《中國哲學發展史（秦漢)》，北京：人民出版社，1998 年。

7. 牟宗三：《中國哲學十九講》，臺北：學生書局，2002 年。

8. 余英時：《中國知識人之史的考察》，桂林：廣西師範大學出版社，2004 年。

9. 余英時：《中國知識階層史論（古代篇）》，臺北：聯經，1980 年。

10. 余嘉錫：《古書通例》，台北：台灣古籍，2003 年 5 月。

11. 余嘉錫：《四庫提要辨證》，臺北：藝文印書館，1989 年。

12. 呂思勉：《經子解題》，上海：華東師範大學出版社，1995 年。

13. 李振綱：《智者的叮嚀，諸子的生存智慧》，河北：河北大學出版社，2001 年 9 月。

14. 林麗眞：《魏晉玄學研究論著目錄》，臺北：漢學研究中心，2005 年 11 月。

15. 金毓黻：《中國史學史》，臺北：國史研究室，1972 年。

16. 胡道靜：《中國古代的類書》，北京：中華書局，1982 年。

17. 胡寶國：《六朝史籍概述》，北京：中華書局，2005 年 3 月。

18. 唐長孺：《魏晉南北朝史論叢》，北京：三聯書店出版社，1955 年 7 月。

19. 唐長孺：《魏晉南北朝史論叢續編》，北京：三聯書店出版社，1978 年 11 月。

20. 唐翼明：《魏晉清談》，臺北：東大圖書公司，1992 年 10 月。

21. 徐興無：《劉向評傳》，南京：南京大學出版社，2005 年 5 月。

22. 袁行霈：《中國文學史》，北京：高等教育出版社，2004 年。

23. 張國剛、喬治忠：《中國學術史》，上海：東方出版中心，2002 年 7 月。

24. 張舜徽：《廣校讎略》，武昌：華中師範大學出版社，2004 年。

25. 張滌華：《類書流別》，北京：商務印書館，1985 年 9 月。

26. 張蓓蓓：《中古學術論略》，臺北：大安出版社，1991 年 5 月。

27. 張蓓蓓：《認識國學》（中華民國中山學術文化基金會中山文庫人文系列），臺北：台灣書店，2000 年。

28. 張蓓蓓：《魏晉學術人物新研》，臺北：大安出版社，2001 年 12 月。

29. 梁啓超：《中國學術思想變遷之大勢》，臺北：臺灣古籍出版社，1995 年 8 月。

30. 郭紹虞：《中國文學批評史》，臺北：文史哲出版社，1988 年。

31. 陳韻珊、徐德明：《清嚴可均事蹟著述編年》，臺北：藝文印書館，1995 年。

32. 陳麗桂：《兩漢諸子研究論著目錄 1997～2001》，臺北：漢學研究中心，2003 年 9 月。

33. 傅剛：《昭明文選研究》，北京：中國社會科學出版社，2000 年 1 月。

34. 曾春海：《兩漢魏晉哲學史》，臺北：五南出版社，2001 年。

35. 馮友蘭：《中國哲學史》，臺北：商務印書館，1990 年。

36. 馮天瑜、鄧建華、彭池：《中國學術流變》，上海：華東大學出版社，2003 年。

37. 逯欽立：《先秦漢魏晉南北朝詩》，北京：中華書局，1983 年。

38. 逯耀東：《魏晉史學及其他》，臺北：東大圖書公司，1998 年 1 月。

39. 逯耀東：《魏晉史學的思想與社會基礎臺北：東大圖書公司，2000 年 2 月。

40. 萬繩南：《魏晉南北朝文化史》，臺北：雲龍出版社，2002 年。

41. 葉慶炳：《中國文學史》，臺北：台灣學生書局，1997 年。

42. 趙以武：《梁武帝及其時代》，南京：鳳凰出版社，2006 年 4 月。

43. 劉師培：《論文雜記》（收於洪治綱主編之《劉師培經典文存》），上海：上海大學出版社，2004 年。

44. 魯迅：《中國小說史略》（《民國叢書》第二編、第六十一本），上海：上海書店 1990 年。

45. 穆克宏：《魏晉南北朝文學史料述略》，北京：中華書局，1997 年 1 月。。

46. 興膳宏：《六朝詩人群像》，東京：大修館書店，2001 年。

47. 錢穆：《兩漢經學今古文評議》，北京：商務印書館，2001 年。

48. 錢穆：《國史大綱》，北京：商務印書館，2005 年。

49. 錢穆：《國史新論》，臺北：聯經，1995 年。

50. 錢穆：《國學概論》，北京：商務印書館，2003 年。

51. 鍾仕倫：《金樓子研究》，北京：中華書局，2004 年。

52. 瞿林東：《中國史學史綱》，北京：北京出版社，1999 年。

三、學位論文

1. 許德平：《金樓子校注》，臺北：嘉新水泥公司文化基金會，1969 年。（此書爲許氏之博士論文，指導教授爲王夢鷗，因受到國立政治大學中國文學研究所推薦，故爲嘉新水泥公司，選印出版爲「文化基金會叢書」：研究論文第 103 種。）

2. 張蓓蓓：《東漢士風及其轉變》，國立臺灣大學中國文學研究所碩士論文，指導教授：何佑森，1979 年 6 月。

3. 張蓓蓓：《漢晉人物品鑒研究》，國立臺灣大學中國文學研究所博士論文，指導教授：何佑森，1983 年 6 月。

4. 杜志強：《蕭繹及其《金樓子》論稿》，西北師範大學碩士論文，指導教授：蒲秋征，2002 年 6 月。

5. 邵曼：《《金樓子》研究》，上海師範大學人文與傳播學院，指導教授：曹旭 2005 年 5 月。

四、期刊與單篇論文

（一）期　刊

1. 章太炎：〈諸子學略說〉，《國粹學報》第二年、第八期，1906 年 9 月。今可見於《章太炎政論選集》上冊（北京：中華書局，1977），頁 285。

2. 王重民：〈清代兩個大輯佚書家評傳〉，《輔仁學志》，3：1，頁 1～30，1932 年。

3. 陶存煦：〈姚海槎先生年譜〉，《文瀾學報》，第 1 期，頁 335～352，1935 年。

4. 陳訓慈：〈山陰姚海槎先生小傳〉，《文瀾學報》，第 1 期，頁 353～354，1935 年。

5. 諸億明：〈現存兩部最古的圖書目錄──談《漢書‧藝文志》和《隋書經籍志》〉，《文史知識》，第 7 期，頁 53～59，1982 年。

6. 許抗生：〈論魏晉時期的諸子百家學〉，《中國哲學研究》，第 3 期，頁 31～42，1982 年。

7. 逯耀東：〈漢晉間史學思想變遷的痕跡──以列傳和別傳爲範圍所作的討論〉，《臺大歷史學報》，第 22 期，頁 1～15，1998 年 12 月。

8. 曹旭：〈論蕭繹的文學觀〉，《上海師範大學學報》（哲學‧社會科學版），28：1，頁 15～21，1999 年 1 月。

9. 劉少虎：〈論漢代著述之風的形成〉，《益陽師專學報》，1999 年第 4 期，頁 94～97，1999 年。

10. 辛德勇：〈由梁元帝著述書目看兩晉南北朝時期的四部分類體系──兼論卷軸時代卷與帙的關係〉，《文史》，第四輯、總期數 49，頁 51～63，1999 年。

11. 胡曉薇：〈“以著述當諫書”──關於劉向對《新序》故實的評論〉，《四川師範大學學報（社會科學版）》，26：2，頁 133～137，1999 年 4 月。

12. 興膳宏：〈《隋書經籍志》解說（上）〉，《書目季刊》33：1，頁 1～13，1999 年 6 月。

13. 興膳宏：〈《隋書經籍志》解說（下）〉，《書目季刊》33：2，頁 1～14，1999 年 9 月。

14. 劉晟：〈蕭繹《金樓子‧立言》主旨辨正〉，《華南師範大學學報》（社會科學版），頁 45～52，2000 年 4 月。

15. 王繼訓：〈淺論兩漢時期的諸子百家學〉，《中國海洋大學學報（社會科學

版）》，2003 年第 2 期，頁 13～16，2003 年。

16. 杜志強：〈蕭繹及其《金樓子》研究史述評〉，《西北師大學報》（社會科學版），41：1，頁 56～59，2004 年 1 月。

17. 杜志強：〈蕭繹及其《金樓子》研究史述評〉，《河西學院學報》，2004 年，20：6，頁 33～37。

18. 儲佩成：〈蕭繹的三篇寓言〉，《常州工學院學報》，17：5，頁 1～2，2004 年 10 月。

19. 丁原基：〈十九世紀山左學者馬國翰與許瀚之文獻學〉，《國家圖書館館刊》，94：2，頁 173～199，2005 年。

（二）單篇論文

1. 錢穆：〈中國古代散文——從西周至戰國〉《中國學術思想史論叢（二）》，《錢賓四先生全集》，臺北：聯經出版社，1995 年，頁 463～462。

2. 錢穆：〈略論魏晉南北朝學術文化與當時門第之關係〉，《中國學術思想史論叢（三)》，《錢賓四先生全集》，臺北：聯經出版社，1995 年，頁 247～267。

3. 錢穆：〈綜論東漢到隋的史學演進〉，《中國史學名著》，《錢賓四先生全集》，臺北：聯經出版社，1995 年，頁 155～175。

4. 劉躍進：〈關於《金樓子》研究的幾個問題〉，《中國典籍與文化論叢》第四輯，北京：中華書局，1997 年 12 月，頁 165～185。

5. 張蓓蓓：〈從中古諸子學術談《劉子新論》的定位〉，《王叔岷先生學術成就與薪傳研討會論文集》，2001 年 8 月，頁 219～250。

6. 興膳宏：〈梁元帝蕭繹 大寬小急〉，《六朝詩人群像》東京：大修館書店，2001 年，頁 154～159。

7. 興膳宏：〈由兒子寫的一篇母親傳——關於《金樓子》后妃傳〉，收錄於葛曉音主編之《漢魏六朝文學與宗教》（上海：上海古籍出版社，2005），頁 8～19。

五、其 他

1. 張蓓蓓：《漢晉諸子講義》（此爲張師於臺灣大學講授「漢晉諸子」時，由游千慧同學所整理之筆記，本論文之主要思想、論點大體受到此一筆記之影響，故論文中雖未明白引用，仍於此載明。）。